华信经管 创新系列

ERP供应链管理系统
实验教程（用友 U8V10.1）

万新焕　桑　峻　主编

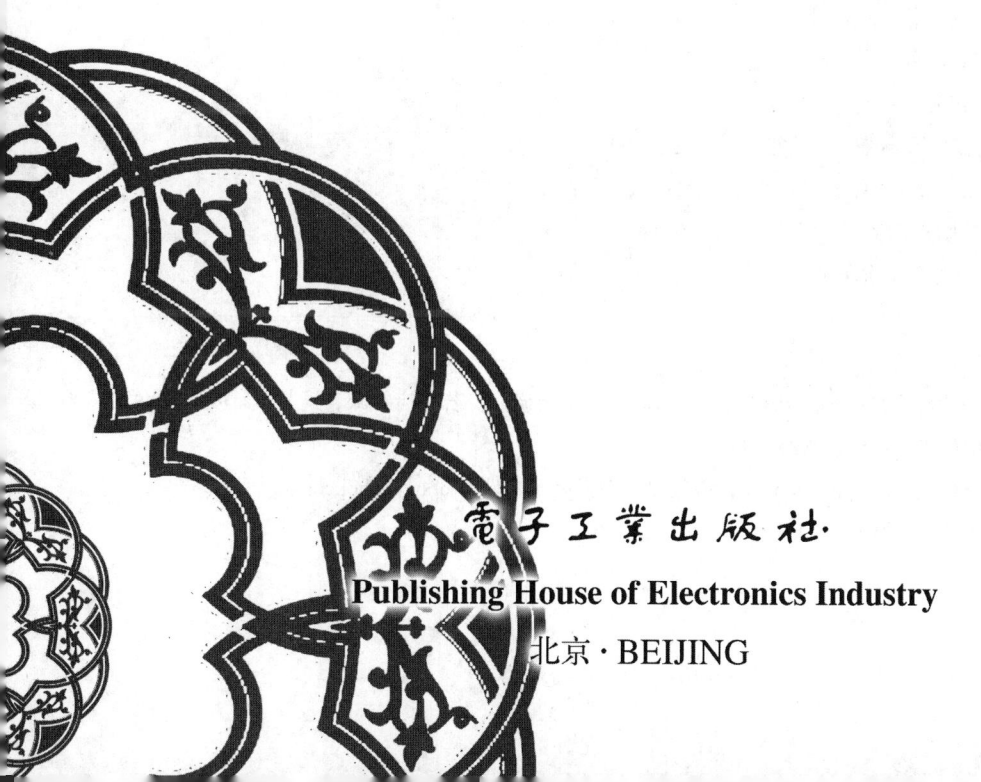

电子工业出版社
Publishing House of Electronics Industry
北京·BEIJING

内 容 简 介

本实验教程基于用友 U8V10.1 软件编写,以"强化实践、培养技能"为目标,在简述各模块理论知识的基础上,以模拟商业企业和工业企业的购销存业务为主线,全面、系统地介绍了 ERP 供应链管理系统的整体工作流程。全书共分 6 章:第 1 章介绍了供应链管理系统基础信息设置,第 2～5 章分别对采购管理、销售管理、库存管理和存货核算等模块的主要功能、业务概述、应用流程及具体操作进行了详细介绍,第 6 章对各模块的期末处理方法进行了讲解。通过本实验教程的学习,使读者能更深入地理解企业的业务流、资金流和信息流的集成性、实时性和共享性的内涵。

本书既可作为高等院校(含高职)经管类专业"供应链管理系统"课程的教材,也可作为用友 ERP 认证系列和相关技能竞赛的实验用书,还可作为对会计信息化人才培养的培训教材或学习参考资料。

未经许可,不得以任何方式复制或抄袭本书之部分或全部内容。
版权所有,侵权必究。

图书在版编目(CIP)数据

ERP 供应链管理系统实验教程:用友 U8V10.1 / 万新焕,桑峻主编. —北京:电子工业出版社,2018.2
(华信经管创新系列)
ISBN 978-7-121-33116-9

I. ①E… II. ①万… ②桑… III. ①企业管理—供应链管理—计算机管理系统—高等学校—教材 IV. ①F274-39

中国版本图书馆 CIP 数据核字(2017)第 293123 号

策划编辑:石会敏
责任编辑:石会敏
印　　刷:三河市良远印务有限公司
装　　订:三河市良远印务有限公司
出版发行:电子工业出版社
　　　　　北京市海淀区万寿路 173 信箱　　邮编:100036
开　　本:787×1092　1/16　印张:16.5　字数:417 千字
版　　次:2018 年 2 月第 1 版
印　　次:2021 年 12 月第 7 次印刷
定　　价:42.00 元

凡所购买电子工业出版社图书有缺损问题,请向购买书店调换。若书店售缺,请与本社发行部联系,联系及邮购电话:(010)88254888,88258888。
质量投诉请发邮件至 zlts@phei.com.cn,盗版侵权举报请发邮件至 dbqq@phei.com.cn。
本书咨询联系方式:(010)88254537。

前　　言

ERP(Enterprise Resource Planning)就是企业资源计划，包括企业内部资源和外部资源。内部的资源如人力资源、物料资源、资金资源、时间资源，外部的包括客户资源、供应商资源等。ERP就是将这些资源整合，从而使企业的采购、生产、销售、库存等得到优化管理。

本实验教程紧紧围绕适应社会职业岗位对ERP会计信息化人才的需要为目标进行编写，以服务广大师生为宗旨，以商业企业和工业企业的日常经营为原型而设计，将企业的购销存业务活动贯穿始终。在用友U8V10.1中的处理方法和处理流程主要涉及系统管理、总账、采购与应付管理、销售与应收管理、库存管理、存货核算和期末处理等功能模块。

本实验教程具体如下特色。

1. 内容新颖。本实验教程以用友新道股份有限公司最新推出的U8V10.1为蓝本，结合"营改增"政策而编写，保证了内容的新颖。

2. 体系完整。本实验教程分别设计了商业企业和工业企业的购、销、存业务，在对每个模块进行理论知识讲解的基础上，分模块设计了模拟实验内容，体现了理论知识与实践技能的融合，保证了教学内容体系的完整性。

3. 实用性强。本实验教程以商业企业的经济业务为主线，再附带工业企业的日常业务处理进行编写，所涉及的业务类型丰富，业务描述紧跟实际，能更好地培养学生的实践技能。

4. 通俗易懂。本实验教程以商业企业和工业企业的实际业务为出发点，遵循由浅入深、循序渐进的方式，易于学习者操作，通过对每个模块的模拟实验，轻松掌握购、销、存模块的功能特点及业务处理技能。

5. 资源丰富。本实验教程配有丰富的教学和学习资源，主要有PPT课件、工业和商业两套实验案例的账套备份、可视化操作视频等，方便教师教学和学生自学，以提高教学效率和学习效果。

本书由海南大学万新焕、海南政法职业学院桑峻任主编，万新焕负责对全书总纂和定稿。参与本书编写的人员还有海南大学研究生王小语。另外，感谢广东海洋大学寸金学院的赵男男老师提供的实验数据。

本书在撰写过程中参阅了相关教材和著作，在此对这些教材和著作的作者表示敬意和感谢！

本书配套的视频资料可到华信教育资源网(http://www.hxedu.com.cn)下载。

尽管教学中已经使用过相关内容，但书中疏漏和错误难免遗存，恳请各位读者不吝赐教。

编　者
2018年1月

目 录

第1章 供应链管理系统基础设置 ·· 1
   实验1.1 系统管理 ·· 3
   实验1.2 企业业务基础信息 ·· 13
   实验1.3 企业财务基础信息 ·· 33

第2章 采购管理 ··· 37
   实验2.1 采购管理系统初始化 ·· 42
   实验2.2 普通采购业务 ·· 58
   实验2.3 暂估业务 ··· 81
   实验2.4 受托代销业务 ·· 94
   实验2.5 采购退货业务 ·· 99
   实验2.6 其他采购业务 ··· 108

第3章 销售管理 ··· 117
   实验3.1 销售管理系统初始化 ·· 121
   实验3.2 普通批发赊销 ·· 129
   实验3.3 普通批发现销 ·· 148
   实验3.4 销售退货业务 ·· 167
   实验3.5 零售业务 ··· 176
   实验3.6 直运销售业务 ·· 181
   实验3.7 分期收款销售业务 ·· 190

第4章 库存管理 ··· 199
   实验4.1 调拨业务 ··· 202
   实验4.2 库存盘点 ··· 206
   实验4.3 其他出入库 ··· 210

第5章 存货核算 ··· 213
   实验5.1 存货价格及结算成本处理 ·· 221
   实验5.2 单据记账 ··· 226

第6章 期末处理 ··· 228
   实验6.1 期末处理 ··· 229
   实验6.2 账表查询及生成凭证 ·· 233

第7章 综合实验(工业企业) ·· 238
   实验7.1 系统管理与基础设置 ·· 238

实验 7.2 录入期初余额 ……………………………………………………… 242
实验 7.3 采购业务 ……………………………………………………………… 245
实验 7.4 销售业务 ……………………………………………………………… 248
实验 7.5 库存业务 ……………………………………………………………… 253
实验 7.6 出库与入库成本管理 …………………………………………………… 255

参考文献 ……………………………………………………………………………… 256

第1章
供应链管理系统基础设置

供应链管理系统是集进、销、存、财务、决策分析于一体的综合性进销存管理系统。运用先进的软件管理方法，使整个进销存业务流程完全可视化、可控化，使企业管理者一目了然，全面掌控整个企业的销售动态，时刻了解客户需求，高效运作资金，有效监管业务。使资金流与物流同步，并相互制约，加快了企业对市场的反应速度，提高了决策的有效性。

供应链管理系统主要涉及四个模块，即采购管理、销售管理、库存管理和存货核算。各个模块之间存在复杂的数据传递关系。在初始设置中，不仅要考虑到模块内部的数据联系与提取，还要充分利用系统外部资源，使供应链管理之间数据链接，各部门能共享系统数据，从而使信息资源的综合利用更为有效和充分。为此，在供应链管理系统初始化时，必须先设置四个模块统一的公用参数，按照系统规定的启用顺序依次进行相应的初始设置。

供应链管理系统的初始化工作主要包括：基础信息设置、系统参数设置、基础科目设置和期初余额录入四项内容。

1. 基础信息设置

供应链管理系统基础信息设置，主要设置各个系统公用的及各自特有的基本信息，这些基本信息确定系统的模块结构、管理组织、业务和财务信息，以及系统各模块运行的前提。设置时，要充分考虑本企业业务发展的情况，要为今后业务扩展留有余量。这些子系统共享公用的基础信息主要包括机构设置、客商信息设置、存货设置、财务信息设置、收付结算设置及业务基础设置等。财务公用的基础信息在财务链管理系统中已详细介绍，在此不再详述。下面主要介绍几个重要的业务基础设置。

1）仓库档案

存货一般是用仓库来保管的，对存货进行核算管理。首先应对仓库进行管理，因此进行仓库设置是供应链管理系统的重要基础准备工作之一。第一次使用本系统时，应先将本单位使用的仓库预先输入系统中，即进行"仓库档案设置"。在本系统中，可以对操作员管理仓库权限进行控制，包括查询、录入权限。具体操作员仓库权限的操作可以参照"基础设置"中"数据权限"进行设置。

2）收发类别

收发类别设置，是为了用户对材料的出入库情况进行分类汇总统计而设置的，表示材料的出入库类型，用户可根据各单位的实际需要自由灵活地进行设置。例如，可将收发类别分为：入库和出库两种类别，入库具体分为：采购入库、采购退货、调拨入库、盘盈入库和其他入库等；出库具体分为：销售出库、销售退货、调拨出库、盘亏出库和其他出库等。

3）采购类型

采购类型是由用户根据企业需要自行设定的项目，用户在使用用友采购管理系统填制采购入库单等单据时，会涉及采购类型栏目。如果用户的企业需要按采购类型进行统计，那就应该建立采购类型项目。例如，采购类型可分为：厂商采购、代销商进货、采购退回等。

4）销售类型

用户在处理销售业务时，可以根据自身的实际情况自定义销售类型，以便于按销售类型对销售业务数据进行统计和分析。例如，销售类型可分为：批发销售、经销商批发、销售退回、门市零售等。

5）费用项目

用户在处理销售业务中的代垫费用、销售支出费用时，应先行在本功能中设定这些费用项目。本功能完成对费用项目的设置和管理。例如，将费用项目设置为：运输费、包装费、保险费、业务招待费、广告宣传费等。

6）发运方式

用户在处理采购业务或销售业务中的运输方式时，应先行在本功能中设定这些运输方式。本功能完成对运输方式的设置和管理，用户可以根据业务需要方便地增加、修改、删除、查询、打印运输方式。例如，发运方式分为：铁路运输、公路运输、水路运输等。

7）非合理损耗类型

在企业的采购业务中，由于运输、装卸等原因采购的货物会发生短缺毁损，应根据不同情况，作出相应的账务处理。属于定额内合理损耗的，应视同提高入库货物的单位成本，不另作账务处理；运输部门或供货单位造成的短缺毁损，属于定额外非合理损耗的，应根据不同情况分别进行账务处理。因此，企业应在此事先设置好本企业可能发生的非合理损耗类型以及对应的入账科目，以便采购结算时根据具体的业务选择相应的非合理损耗类型，并由存货核算系统根据结算时记录的非合理损耗类型自动生成凭证。

2. 系统参数设置

系统选项也称系统参数、业务处理控制参数，是指在企业业务处理过程中所使用的各种控制参数，系统参数的设置将决定用户使用系统的业务流程、业务模式、数据流向。用户在进行选项设置之前，一定要详细了解选项开关对业务处理流程的影响，并结合企业的实际业务需要进行设置。由于有些选项在日常业务开始后不能随意更改，因此用户最好在业务开始前进行全盘考虑，尤其某些对其他系统有影响的选项设置更要考虑清楚。

3. 基础科目设置

通过科目设置功能来设置本系统中生成凭证所需要的各种存货科目、对方科目、运费科目、结算科目、税金科目等。因此，用户在制单之前应先在存货核算系统中将存货科目设置正确、完整，否则生成的凭证无法自动带出科目。

1) 存货科目的设置

存货科目是指在存货系统生成的凭证中，所需要的各种存货科目及差异科目。如果存货核算系统与总账系统集成使用，在本系统必须设置存货科目，以利于系统自动生成完整的凭证。

2) 对方科目的设置

对方科目是指在存货系统生成凭证所需要的存货对方科目所对应的会计科目。如果存货核算系统与总账系统集成使用，为保证系统生成凭证自动带出科目，应设置存货对方科目。对方科目的设置应按"收发类别+存货分类+部门+成本对象+存货"来设置存货的对方科目。

3) 运费科目的设置

运费科目设置用于本系统中对采购结算制单时，生成凭证所需要的各种运费科目。

4) 结算科目的设置

结算科目设置用于设置系统中对采购结算制单时，生成凭证所需要的各种结算科目。

5) 税金科目的设置

税金科目设置用于设置系统中对采购结算制单时，生成凭证所需要的各种税金科目。

4. 期初余额录入

在供应链管理系统基础设置中，期初数据录入是一个非常关键的环节，期初数据的录入内容及顺序如表1-1所示。

表1-1 期初余额录入

系统名称	操作	内容	说明
采购管理	录入	暂估入库 在途存货	暂估入库(货到单未到) 在途存货(单到货未到)
	期初记账	采购期初数据	无期初数据也要执行采购期初记账，否则无法开展日常采购业务
销售管理	录入并审核	期初发货单 期初委托代销发货单	已经发货、出库，尚未开发票的业务 已经发生但未完全结算的委托代销发货单
库存管理	录入并审核	期初结存 期初不合格品	库存和存货公用期初数据，只需录一个模块的期初数据，另一个模块通过取数功能直接取数
存货核算	录入并记账	期初余额 期初差异	库存和存货公用期初数据，两个模块之间可以相互取数

实验1.1 系统管理

【实验目的与要求】

通过本次实验，系统学习系统管理的主要内容和操作方法，理解系统管理员与账套主管两种身份权限的区别，掌握在系统管理中设置操作员、建立企业账套和分配操作员权限的具体操作，熟悉账套输出和引入的方法。

【实验准备】

已经安装用友 U8V10.1 软件。分析本企业所在行业性质、经济类型和生产经营特点，了解企业管理的核算内容和管理要求，制定本企业个性化的应用方案。将系统日期修改为"2018年9月1日"，由系统管理员admin（密码为空）登录"系统管理"。

【实验内容】

- 增加操作员。
- 建立核算单位账套。
- 对操作员进行授权。
- 启用供应链管理相关子系统。
- 账套备份。

【实验资料】

1. 建账信息

账套号：777；账套名称：沈阳恒泰祥贸易有限公司；启用会计期间：2018年9月1日。

2. 单位信息

单位名称：沈阳恒泰祥贸易有限公司；单位简称：恒泰祥贸易；单位地址：沈阳市浑南新区金桔一路168号；法人代表：赵大宝；邮政编码：100102；联系电话：024-81234567；税号：210113000888888。

3. 核算类型

该企业记账本位币为人民币（RMB）；企业类型为商业；行业性质为2007年新会计制度科目；账套主管张伟明；按行业性质预设会计科目。

4. 基础信息

该企业进行经济业务处理时，需要对存货、客户、供应商进行分类，企业有外币核算。

5. 分类编码方案

- 科目编码级次：4-2-2-2。
- 部门编码级次：2-2。
- 客户分类编码级次：2-2。
- 供应商分类编码级次：2-2。
- 存货分类编码级次：2-3。
- 收发类别编码级次：1-2。
- 结算方式编码级次：2。

6. 设置数据精度

该企业对存货数量、存货单价、开票单价、件数、换算率等小数位数均约定为2位。

7. 角色分工及其权限

- 001 张伟明（口令1）。
角色：账套主管。

- 002 陈丽莹(口令 2)。

角色：采购主管、销售主管、仓库主管、存货核算员

负责采购、销售、库存和存货业务，具有采购管理、销售管理、库存管理和存货核算的所有操作权限，还拥有公共单据、公用目录、总账、应收和应付的全部权限(此案例账套授予陈丽莹诸多权限，目的是为了便于操作，不用频繁更换操作员，实际工作中需要根据本单位实际情况授权)。

- 003 李惠玲(口令 3)。

角色：出纳。

具有出纳签字和出纳权限。

8. 启用的系统和启用日期

2018 年 9 月 1 日分别启用 777 账套的"采购管理"、"销售管理"、"库存管理"、"存货核算"、"总账"、"应收款管理"和"应付款管理"系统。

【实验指导】

1. 启动系统管理

操作步骤

执行"开始"|"程序"|"用友 U8V10.1"|"系统服务"|"系统管理"|命令，启动系统管理，如图 1-1 所示。

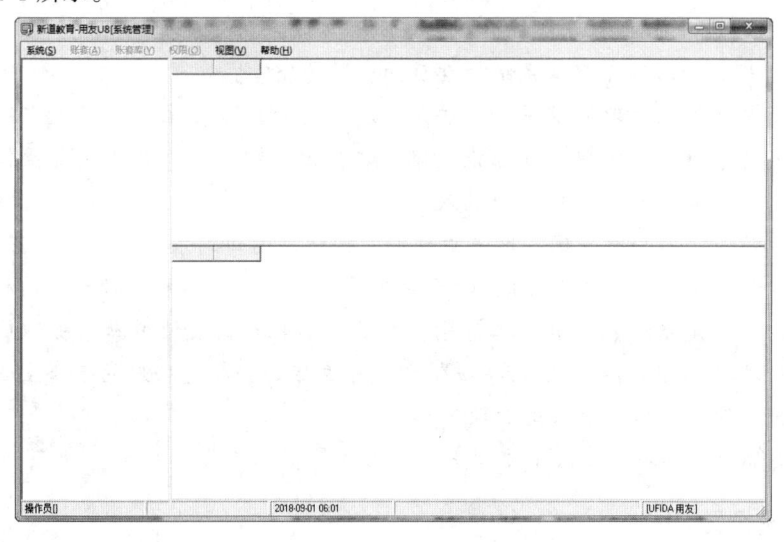

图 1-1　启动系统管理

2. 以系统管理员身份登录系统管理

操作步骤

(1) 由系统管理员(admin)执行"系统"|"注册"命令，打开"登录"系统管理对话框，如图 1-2 所示。

图1-2 登录系统管理

（2）系统中预先设定了一个系统管理员admin。第一次运行时，系统管理员密码为空，选择系统默认账套（default），单击"登录"按钮，以系统管理员身份进入系统管理。

注意：

- 系统管理员是用友U8V10.1管理系统中权限最高的操作员，只能有一个，他负责系统维护相关工作，对系统数据安全和运行安全负责，不参与日常操作。因此，企业安装用友U8V10.1管理系统后，应该及时更改系统管理员的密码，以保障系统的安全性。用友U8V10.1默认系统管理员的密码为空。
- 设置或更改系统管理员密码的方法是：在系统管理"登录"对话框中输入操作员密码后，选中"修改密码"复选框，单击"登录"按钮，打开"设置操作员密码"对话框，在"新密码"文本框中输入系统管理员的新密码，在"确认新密码"文本框中再次输入相同的新密码，单击"确定"按钮，返回到系统管理登录窗口。
- 鉴于系统管理在用友U8V10.1管理系统中的重要地位，系统只允许两种角色登录系统管理：一是系统管理员，二是账套主管。如果是初次使用本系统，第一次必须以系统管理员admin的身份注册系统管理，建立账套和指定相应的账套主管之后，才能以账套主管的身份注册系统管理。
- 考虑实际教学环境，建议不要设置系统管理员密码。

3. 增加操作员

在用友U8V10.1管理系统中，有两个与操作员相关的概念：角色和用户。角色是指在企业管理中拥有某一类职能的组织，这个角色组织可以是实际部门，也可以是由拥有同一类职能的人构成的虚拟组织。

用户是指有权登录系统，对应用系统进行操作的人员，即通常所说的"操作员"。每次注册登录用友U8V10.1，都要进行用户身份的合法性验证。

操作步骤

（1）以系统管理员的身份注册进入系统管理后，执行"权限"|"用户"命令，打开"用户管理"窗口。

（2）单击工具栏上的"增加"按钮，打开"操作员详细情况"对话框。

（3）输入编号"001"，姓名"张伟明"，认证方式"用户+口令（传统）"，口令和确认口令均为"1"，所属角色选择"账套主管"，如图1-3所示。

（4）单击"增加"按钮，保存设置。

（5）同样的方法，增加操作员"陈丽莹"、"李惠玲"。

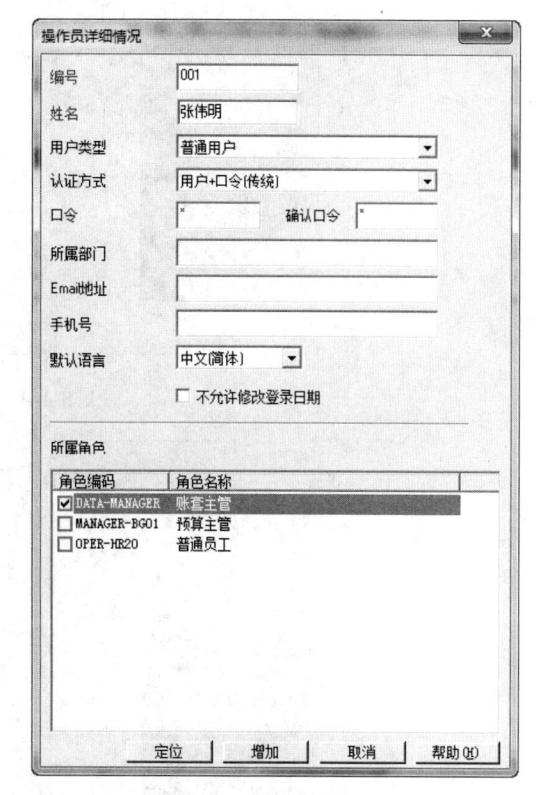

图1-3 增加操作员

注意：

- 用户和角色的设置可以不分先后顺序，但对于自动传递权限来说，应该是先设置角色，然后分配权限，最后进行用户设置。这样在设置用户时，选择其归属哪一种角色，则其自动具有该角色的权限，包括功能权限和数据权限。
- 一个角色可以拥有多个用户，一个用户可以分属多个不同角色，只有系统管理员才有权限设置角色和用户。
- 如果列表框中不显示新增用户，则单击"刷新"按钮进行页面更新。
- 用户编号在系统中必须唯一，即使是不同的账套，用户编号也不能重复。
- 所设置的操作员用户一旦被引用，便不能被修改和删除。如果操作员调离企业，可以通过"修改"功能"注销当前用户"。
- 如果修改了用户的所属角色，则该用户对应的权限也会随着角色的改变而相应改变。
- 如果角色已经事先设置，则系统自动显示所有的角色名称。用户自动拥有所属角色所拥有的所有权限，同时可以通过"权限"额外增加角色中没有包含的权限。

4．建立账套

操作步骤

（1）在"系统管理"窗口中，执行"账套"|"建立"命令，打开"创建账套"对话框，如图1-4所示。

（2）选择"新建空白账套"，单击"下一步"按钮，打开"账套信息"对话框，按实验资料录入新建账套的账套信息，如图1-5所示。

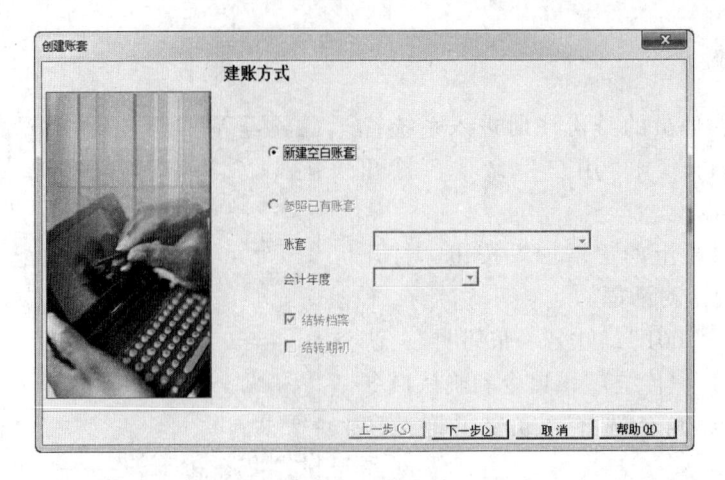

图 1-4　创建账套

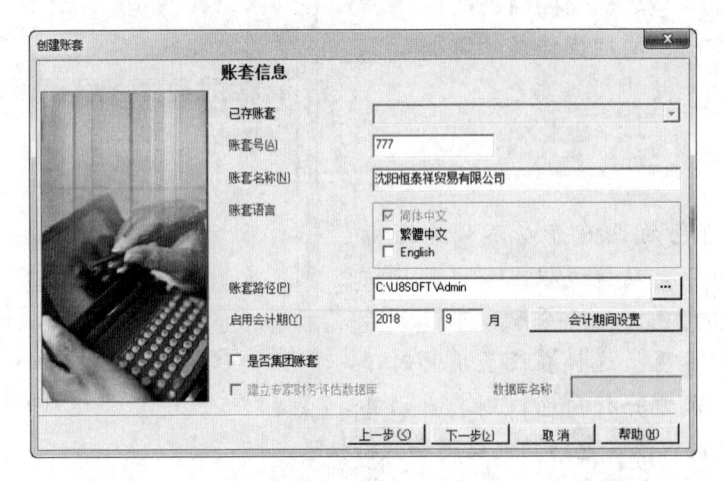

图 1-5　账套信息

注意：

- 账套号是账套的唯一内部标识，由3位数字构成，不允许与已存在的账套号重复，账套号设置后不允许修改。
- 账套名称是账套的外部标识，它将与账套号一起显示在系统正在运行的屏幕上。账套名称可以自行设置，并可以由账套主管在修改账套功能中进行修改。
- 系统默认的账套路径是 C：\U8SOFT\Admin，可以进行修改。
- 建立账套时，系统启用会计期将自动默认为系统日期，应注意根据实验资料进行修改，否则将会影响企业的系统初始化和日常业务处理等内容的操作。
- 如果选中"是否集团账套"复选框，则此账套为启用"集团财务"模块后的汇总分子公司数据的账套，不作企业之应用。
- 如果选中"建立专家财务评估数据库"复选框，并确定数据库名称，则此账套将会与专家财务评估模块集成应用。

(3) 单击"下一步"按钮，打开"单位信息"对话框，按实验材料输入单位信息。

(4) 单击"下一步"按钮，打开"核算类型"对话框。选择"商业"企业类型，行业性质默认为"2007 新会计制度科目",科目预置语言选择"中文(简体)",从"账套主管"下拉列表框中选择"[001]张伟明",如图 1-6 所示。

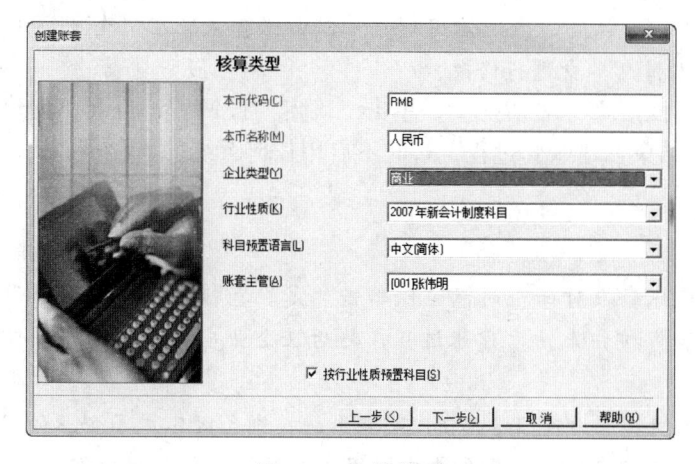

图 1-6 核算类型

> 注意:
> - 系统默认企业类型为"工业",可以修改,只有选择"工业"企业类型,供应链管理系统才能处理产成品入库、限额领料等业务;只有选择"商业"企业类型,供应链管理系统才能处理受托代销业务。
> - 行业性质决定系统预置科目的内容,必须选择正确。
> - 系统默认"按行业性质预置科目"。

(5) 单击"下一步"按钮,打开"基础信息"对话框。分别选中"存货是否分类"、"客户是否分类"、"供应商是否分类"和"有无外币核算"复选框。

> 注意:
> - 是否对存货、客户及供应商进行分类将会影响其档案的设置。有无外币核算将会影响基础信息的设置和日常业务处理的有无外币的核算内容。一般来说,即使暂时没有外币核算,也最好先设置为有外币核算,以便满足将来企业业务扩展的需要。
> - 如果基础信息设置错误,可以由账套主管在账套功能中进行修改。

(6) 单击"下一步"按钮,打开"创建账套"对话框,单击"完成"按钮,系统提示"可以创建账套了吗?",单击"是"按钮。由于系统需要按照用户输入的上述信息进行建账,因此需要一段时间,请耐心等待。

(7) 建账完成后,自动打开"编码方案"对话框。按照实验材料所给内容修改系统默认值,单击"确定"按钮,再单击"取消"按钮,打开"数据精度"对话框,默认系统预置的数据精度。

> 注意:
> - 编码方案的设置,将会直接影响基础信息设置中其相应内容的编码级次和每级编码的位长。

第 1 章 供应链管理系统基础设置 ▶ 9

- 科目编码级次中第 1 级、第 2 级、第 3 级科目编码长度根据建账时所选行业性质自动确定，此处显示为灰色，不能修改，只能设定第 4 级之后的科目编码长度。
- 编码方案、数据精度、系统启用项目可以由账套主管在"企业应用平台"|"基础设置"|"基本信息"中进行修改。

（8）在"数据精度定义"对话框中，单击"确定"按钮后，打开"创建账套"对话框，单击"否"按钮，结束创建账套过程，暂时不启用任何系统。

注意：

- 出现"创建账套"对话框时，可以单击"是"直接进行"系统启用"的设置，也可以单击"否"按钮先结束建账过程，之后在企业应用平台的基础信息中再进行系统启用设置。
- 如果企业已经使用用友 U8V10.1 财务系统，则已经完成了企业的建账过程，此处无再次创建，只需在企业应用平台中启用供应链管理相关模块即可。

5. 设置操作员权限

用友 U8V10.1 管理系统提供了操作员权限的集中管理功能。系统提供了用户对所有模块的操作权限的管理，包括功能级权限管理、数据级权限管理和金额级权限管理。

操作步骤

（1）在"系统管理"窗口中，执行"权限"|"权限"命令，打开"操作员权限"窗口。

（2）在"操作员权限"窗口中，选择"777 账套"，时间为"2018 年度"，从窗口左侧操作员列表中选择"001 张伟明"，可以看到"账套主管"复选框为选中状态，如图 1-7 所示。

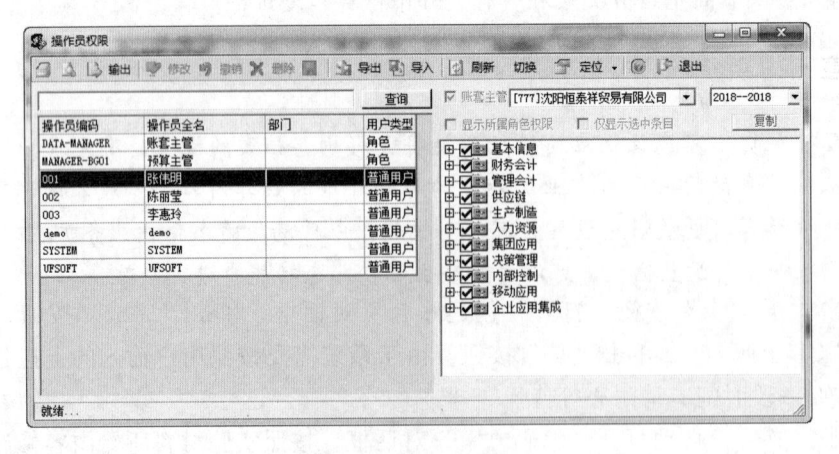

图 1-7　操作员权限

注意：

- 只有系统管理员才有权设置或取消账套主管。一个账套可以设定多个主管，账套主管自动拥有该账套的所有权限。设置权限时，应注意分别选中"用户"和相应的"账套"。

- 为了保证系统运行安全、有序，适应企业精细管理的要求，权限管理必须向更细、更深的方向发展。用友 U8V10.1 管理软件提供了权限的集中管理功能。除了提供用户对各模块操作权限的管理之外，还相应地提供了金额的权限管理和对于数据的字段级和记录级的控制，不同的组合方式使得权限控制更灵活、更有效。在用友 U8V10.1 管理软件中可以实现以下三个层次的权限管理。

第一，功能级权限管理。功能级权限管理提供了更为细致的功能级权限管理功能，包括各功能模块相关业务的查看和分配权限。

第二，数据级权限管理。该权限可以通过两个方面进行控制：一方面是字段级的权限控制，另一方面是记录级的权限控制。

第三，金额级权限管理。该权限主要用于完善内部金额控制，实现对具体金额数量划分级别，对不同岗位和职位的操作员进行金额级别控制，限制他们制单时可以使用的金额数量，不涉及系统内部控制的不在管理范围内。

- 功能权限的分配在系统管理中的"权限"中设置，数据级权限和金额级权限在"企业应用平台"|"系统服务"|"权限"中进行设置，且必须是在系统管理的功能权限分配之后才能进行。

6. 系统启用

系统启用是指设定用友 U8V10.1 管理系统中各个子系统的开始使用日期。各个子系统必须先启用才能登录操作。系统启用的方法有两种：一是在系统管理中创建账套时启用；二是建立账套后，在企业应用平台中启用。

操作步骤

（1）执行"开始"|"程序"|"用友 U8V10.1"|"企业应用平台"命令，以账套主管张伟明的身份注册进入企业应用平台。在"操作员"文本框中可以输入操作员编码，也可以输入操作员姓名。此处输入编码 001，密码 1，选择 777 账套，操作日期为"2018 年 9 月 1 日"。

（2）单击"确定"按钮，进入企业应用平台窗口。

（3）在窗口左侧的"工作列表"中单击"基础设置"标签。

（4）执行"基本信息"命令，打开"基本信息"对话框。

（5）执行"系统启用"命令，打开"系统启用"对话框。

（6）选中"采购管理"系统前的复选框，系统自动弹出"日历"对话框。

（7）选择启用会计期间，本实验为"2018 年 9 月 1 日"。系统自动弹出提示"是否启用当前系统"窗口。

（8）单击"是"按钮，确认并完成采购管理系统的启用。

（9）重复第（6）~（8）步骤，分别启用"销售管理"、"库存管理"、"存货核算"、"总账"、"应收款管理"和"应付款管理"系统，完成供应链管理相关子系统的启用，如图 1-8 所示。

注意：

- 采购管理系统的启用月份必须大于等于应付款管理系统的未结账月。

图 1-8 系统启用

- 销售管理系统的启用月份必须大于等于应收款管理系统的未结账月，并且应收款管理系统未录入当月发票。如果已经录入发票，则必须先删除发票。
- 采购管理系统先启用，库存管理系统后启用时，如果库存管理系统启用月份已有根据采购订单生成的采购入库单，则库存管理系统不能启用。
- 库存管理系统启用之前，必须先审核库存管理系统启用日期之前未审核的发货单和先开具但未审核的发票，否则库存管理系统不能启用。
- 销售管理系统先启用，库存管理系统后启用时，如果库存管理系统启用日期之前的发货单有对应的库存管理系统启用日期之后的出库单，则必须先删除此类出库单，并在库存管理系统启用日期之前生产这些出库单，然后才能启用库存管理系统。

7. 账套备份

操作步骤

（1）在 E 盘建立"供应链账套备份"文件夹，在"供应链账套备份"文件夹中新建"实验 1.1 系统管理"文件夹。

（2）以系统管理员身份进入系统管理，执行"账套"|"输出"命令，打开"账套输出"对话框，单击"账套号"栏的下三角按钮，选择需要输出的账套 777，在输出文件位置选"E:\供应链账套备份\实验 1.1 系统管理"。

（3）单击"确认"按钮，系统进行账套数据输出，输出完成后，系统自动弹出"输出成功"对话框，单击"确定"按钮返回。

注意：

- 备份账套时应先建立一个备份账套的文件夹，以便将备份数据存放在目标文件夹中。
- 账套输出功能可以分别进行"账套备份"和"删除账套"的操作。
- 只有系统管理员 admin 有权进行账套输出。
- 正在使用的账套可以进行"账套备份"，但不允许进行"删除账套"操作。

实验 1.2　企业业务基础信息

【实验目的与要求】

通过本实验，系统学习基础设置的主要内容和操作方法，熟悉在企业应用平台中启用系统的方法，理解各项基础档案信息在系统中所起的作用，掌握各项基础信息分类及档案设置的内容和方法。

【实验准备】

已经完成实验 1.1 操作，并引入实验 1.1 的账套数据。分析本企业业务流程、管理要求和会计核算要求，设计企业基础信息分类和基础档案。将系统日期修改为 2018 年 9 月 1 日，以"002"操作员（密码为 2）的身份登录 777 账套的"企业应用平台"。

【实验内容】

- 建立部门档案、人员类别和人员档案。
- 建立供应商分类和供应商档案。
- 建立客户分类和客户档案。
- 设置付款条件。
- 建立存货分类、计量单位和存货档案。
- 设置结算方式。
- 设置开户银行。
- 建立仓库档案。
- 设置收发类别。
- 设置采购类型和销售类型。
- 设置费用项目。
- 设置发运方式。
- 账套备份。

【实验资料】

1. 部门档案

本企业部门档案信息，见表 1-2。

表 1-2　企业部门档案

部门编码	部门名称	部门属性
01	公司总部	管理部门
0101	经理办公室	综合管理
0102	行政办公室	综合管理
02	财务部	财务管理

续表

部门编码	部门名称	部门属性
03	销售部	市场营销
0301	批发部	市场营销
0302	门市部	市场营销
04	采购部	采购供应
05	仓储部	库存管理
06	运输部	运输部门

2. 人员类别

本企业在职人员分为 4 类，见表 1-3。

表 1-3 企业在职人员分类

分类编码	分类名称
10101	企业管理人员
10102	经营人员
10103	仓库管理人员
10104	货运人员

3. 人员档案

本企业在职人员档案信息，见表 1-4。

表 1-4 企业在职人员档案

人员编号	人员姓名	性别	行政部门	雇佣状态	人员类别	是否业务员
701	赵大宝	男	经理办公室	在职	企业管理人员	否
702	李凯	男	行政办公室	在职	企业管理人员	否
703	张伟明	男	财务部	在职	企业管理人员	否
704	陈丽莹	女	财务部	在职	企业管理人员	否
705	李惠玲	女	财务部	在职	企业管理人员	否
706	孙悦	女	批发部	在职	经营人员	是
707	林昊源	男	门市部	在职	经营人员	是
708	王津津	女	采购部	在职	经营人员	是
709	张红林	女	仓储部	在职	仓库管理人员	是
710	唐雷	男	运输部	在职	货运人员	是

4. 供应商分类资料

本企业供应商分类资料，见表 1-5。

表 1-5 供应商分类资料

类别名称	一级分类编码和名称	二级分类编码和名称
供应商	01 服装商	0101 批发商
		0102 代销商
	02 手表商	0201 批发商
		0202 代销商
	03 皮具商	0301 批发商
		0302 代销商

5. 客户分类资料

本企业客户分类资料，见表1-6。

表1-6 客户分类资料

类别名称	一级分类编码和名称	二级分类编码和名称
客户	01 经销商	0101 沈阳市经销商
		0102 北京市经销商
	02 批发商	0201 大连市批发商
	03 子公司	0301 上海子公司
	04 零散客户	0401 零散客户

6. 付款条件

本企业付款条件，见表1-7。

表1-7 付款条件

付款条件编码	信用天数	优惠天数1	优惠率1	优惠天数2	优惠率2	优惠天数3	优惠率3
01	30	10	4	20	2	30	0
02	60	20	2	40	1	60	0
03	60	30	2	50	1	60	0

7. 供应商档案

本企业供应商档案，见表1-8。

表1-8 供应商档案

供应商编码	供应商名称	供应商简称	所属分类码	开户银行	银行账号	税号	地址	邮编
001	广东欧丽服装厂	欧丽服装	0101	中国工商银行	73853654	020567453698462	广东省广州市	510000
002	北京嘉豪服装厂	嘉豪服装	0102	中国建设银行	69325581	010479865267683	北京市海淀区	100000
003	上海万利达手表厂	上海万利达	0201	中国建设银行	36542234	021888465372657	上海市徐汇区	200000
004	深圳千里马皮具厂	深圳千里马	0302	中国银行	43810548	075510369543101	深圳市宝安区	518000

8. 客户档案

本企业客户档案，见表1-9。

表1-9 客户档案

客户编码	客户名称	客户简称	所属分类码	开户银行（默认值：是）	银行账号	税号	邮编	地址	付款条件
001	沈阳新玛特百货公司	沈阳新玛特	0101	中国建设银行	11007786	024728473892647	101000	沈阳市沈河区	01
002	北京王府井百货公司	北京王府井	0102	中国工商银行	23476890	010378462987345	100000	北京市东城区	01
003	大连大商百货公司	大连大商	0201	中国银行	89445647	041192837483756	116000	大连市甘井子区	02
004	上海鸿运贸易公司	上海鸿运	0301	中国建设银行	789236527	021527836804872	200000	上海市浦东新区	03
005	零散客户	零散客户	0401						

9. 存货资料

(1) 计量单位
- 01：自然单位，无换算率。包括件、条、套、只、对、盒、箱、个、次。
- 02：换算 1 组，固定换算率。1 盒＝10 只，1 箱＝40 盒。
- 03：换算 2 组，固定换算率。1 包＝20 件/条，1 大包＝10 包。

(2) 存货分类和存货档案

企业存货分类和存货档案，见表 1-10。

表 1-10 企业存货分类和存货档案

存货分类 一级	存货分类 二级	存货编码	存货名称	计量单位组	计量单位	税率	属性	参考成本（元）	参考售价（元）	售价（元）
01 商品	01001 服装	001	欧丽女装	换算 2 组	件或条	17%	外购、内销	300	380	
		002	欧丽女裤	换算 2 组	件或条	17%	外购、内销	260	320	
		003	欧丽女套装	自然单位	套	17%	外购、内销	450	600	
		004	欧丽男衣	换算 2 组	件或条	17%	外购、内销	400	600	
		005	欧丽男裤	换算 2 组	件或条	17%	外购、内销	300	380	
		006	欧丽男套装	自然单位	套	17%	外购、内销	900	1300	
		007	嘉豪商务女装	换算 2 组	件或条	17%	外购、内销	220	300	
		008	嘉豪商务男装	换算 2 组	件或条	17%	外购、内销	250	320	
	01002 手表	009	万利达女表	换算 1 组	只	17%	外购、内销	220	300	320
		010	万利达男表	换算 1 组	只	17%	外购、内销	240	320	340
		011	万利达情侣表	自然单位	对	17%	外购、内销	580	700	730
	01003 皮具	012	千里马女包	自然单位	个	17%	外购、内销、受托代销	900	1300	1400
		013	千里马男包	自然单位	个	17%	外购、内销、受托代销	950	1400	1500
		014	千里马皮箱	自然单位	个	17%	外购、内销、受托代销	2100	2600	2900
02 劳务	02001 劳务费用	015	运输费	自然单位	次	11%	外购、内销、应税劳务			

10. 结算方式

01 现金支票；02 转账支票；03 商业承兑汇票；04 银行承兑汇票；05 电汇。

11. 开户银行

编码：01；银行账号：024001016688；开户银行：中国工商银行沈阳市浑南分行。

12. 仓库档案

- 01：欧丽服装仓，采用先进先出法。
- 02：嘉豪服装仓，采用全月平均法。
- 03：万利达手表仓，采用售价法。
- 04：千里马皮具仓，采用售价法。

13. 收发类别

本企业收发类别，见表1-11。

表 1-11　收发类别

一级编码及名称	二级编码和名称	一级编码和名称	二级编码和名称
1 入库	101 采购入库	2 出库	201 销售出库
	102 采购退货		202 销售退货
	103 盘盈入库		203 盘亏出库
	104 调拨入库		204 调拨出库
	105 其他入库		205 其他出库

14. 采购类型和销售类型

本企业采购类型和销售类型，见表1-12。

表 1-12　采购类型和销售类型

采购类型		销售类型	
名称	入库类别	名称	出库类别
01 厂商采购	采购入库	01 批发销售	销售出库
02 代销商进货	采购入库	02 经销商批发	销售出库
03 采购退回	采购退货	03 销售退回	销售退货
		04 门市零售	销售出库

15. 费用项目

本企业费用项目信息，见表1-13。

表 1-13　费用项目

费用项目编码	费用项目名称
01	运输费
02	装卸费
03	包装费
04	业务招待费
05	广告宣传费

16. 发运方式

本企业发运方式信息，见表1-14。

表 1-14　发运方式

发运方式编码	发运方式名称
01	公路运输
02	铁路运输
03	水运
04	邮寄

【实验指导】

在"企业应用平台"窗口中，在"设置"选项卡的"基础档案"中进行系统基础信息的设置，其结果是为其他模块所共享的。

1. 建立部门档案

部门档案用于设置部门相关信息，包括部门编码、名称、负责人、编码属性等。

操作步骤

在"基础信息"选项卡中，执行"基础档案"|"机构人员"|"部门档案"命令，打开"部门档案"窗口，按实验资料输入部门信息，如图1-9所示。

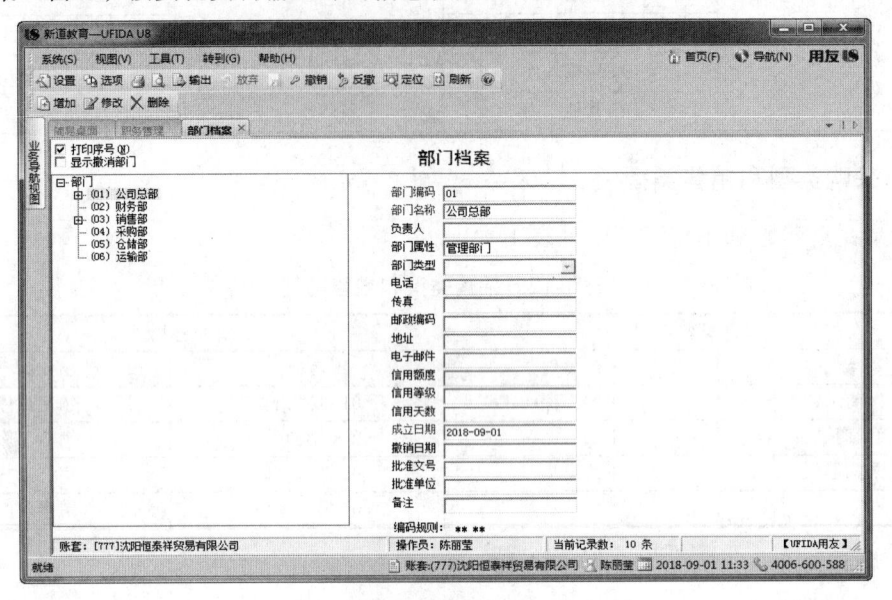

图1-9 部门档案

注意：

- "部门编码"、"部门名称"和"成立日期"必须录入，其他信息可以为空。"成立日期"一般默认为输入时的系统时间，可修改。
- "负责人"必须在设置职员档案之后，在"修改"状态下才能参照输入。
- 在部门档案设置中，如果存在多级部门，必须先建立上级部门，才能增加其下级部门。下级部门编码应包含上级部门编码。
- 修改部门档案时，部门编码不能修改。
- 已经使用的部门不允许删除。

2. 设置人员类别、建立人员档案

此处的人员是指企业的各个职能部门中参与企业的业务活动，并且需要对其核算业绩、考核业绩的人员，并非企业的全体员工。

操作步骤

(1) 在"基础信息"选项卡中，执行"基础档案"|"机构人员"|"人员类别"命令，打开"人员类别"窗口，按实验资料录入人员类别信息，如图1-10所示。

图 1-10　人员类别

（2）在"基础信息"选项卡中，执行"基础档案"|"机构人员"|"人员档案"命令，打开"人员列表"窗口。按实验资料录入人员信息，如图 1-11 所示。

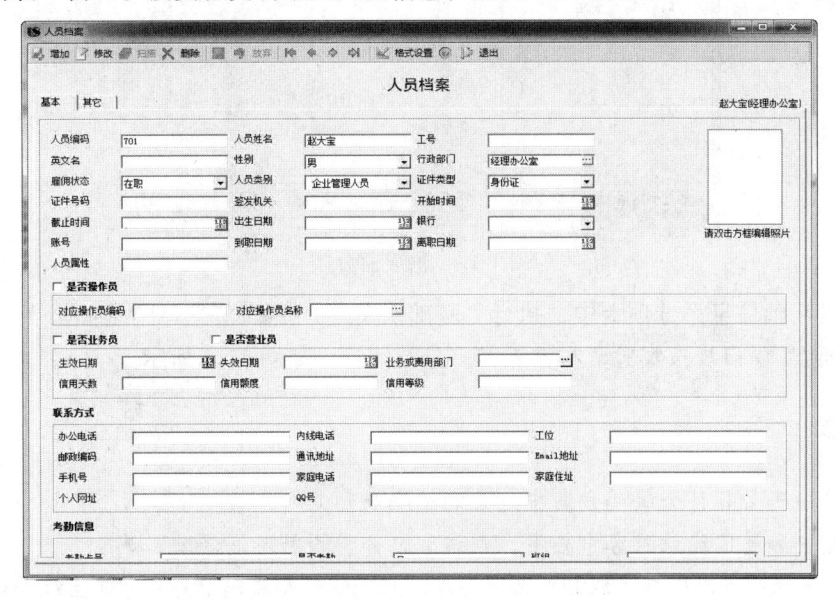

图 1-11　职员档案

注意：

- "人员编码"、"姓名"、"性别"、"行政部门编码"、"雇用状态"和"人员类别"必须输入，其他信息可以为空。
- 人员编码可以由用户自行定义编码规则，但必须唯一，不能重复。
- "雇用状态"、"行政部门编码"、"人员类别"和"性别"一般应选择录入。如果要修改，需要先将原显示的部门档案删除，才可以重新选择。

3. 供应商/客户分类

供应链管理不局限于企业内部的采购、生产、销售等生产经营活动，它还包括企业下游的供应商和上游的客户。如果企业的供应商和客户较多，分布较广，则不仅需要对供应商和客户进行分类，还需要对其地区进行分类，以便管理。

客户或供应商分类是指按照客户或供应商的某种属性或某种特征，将客户或供应商进行分类管理。如果建账时选择了客户/供应商分类，则必须先进行分类，才能增加客户/供应商档案。如果建账时没有选择客户/供应商分类，则可以直接建立客户/供应商档案。

操作步骤

(1) 在"基础信息"选项卡中,执行"基础档案"|"客商信息"|"供应商分类"命令,打开"供应商分类"窗口。按实验资料输入供应商分类信息,如图1-12所示。

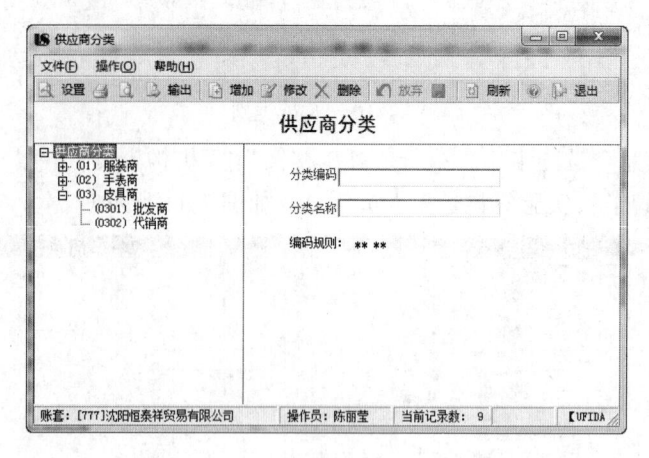

图1-12 供应商分类

(2) 在"基础信息"选项卡中,执行"基础档案"|"客商信息"|"客户分类"命令,打开"客户分类"窗口。按实验资料输入客户分类信息,如图1-13所示。

注意:

- 分类编码必须符合编码方案中定义的编码规则。
- 分类中如果已经录入客户档案,则该客户分类资料不能修改、删除。
- 建立下级分类时,其上级分类必须存在,且下级分类编码中要包含其上级分类编码。

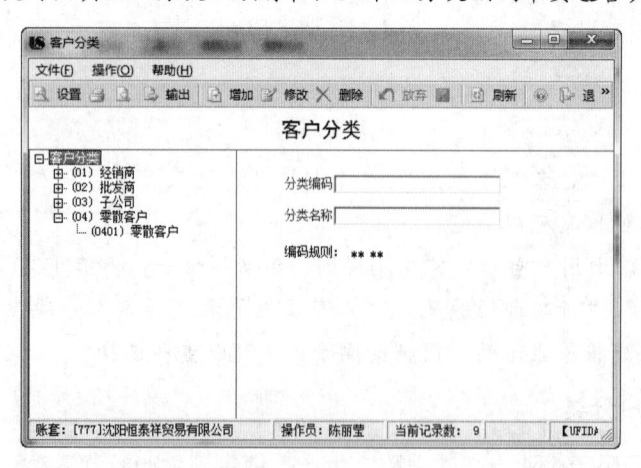

图1-13 客户分类

4. 付款条件

付款条件即为现金折扣,用来设置企业在经营过程中与往来单位协议规定的收、付款折扣优惠方法。这种折扣条件一般可以表示为 2/10、1/20、n/30 等,其含义是客户在 10 天内付款，可得到 2%的现金折扣；在 20 天内付款，可得到 1%的现金折扣；超过 20 天付款，则按照全额支付货款。

操作步骤

在"基础信息"选项卡中，执行"基础档案"|"收付结算"|"付款条件"命令，打开"付款条件"窗口。按实验资料输入全部付款条件，如图 1-14 所示。

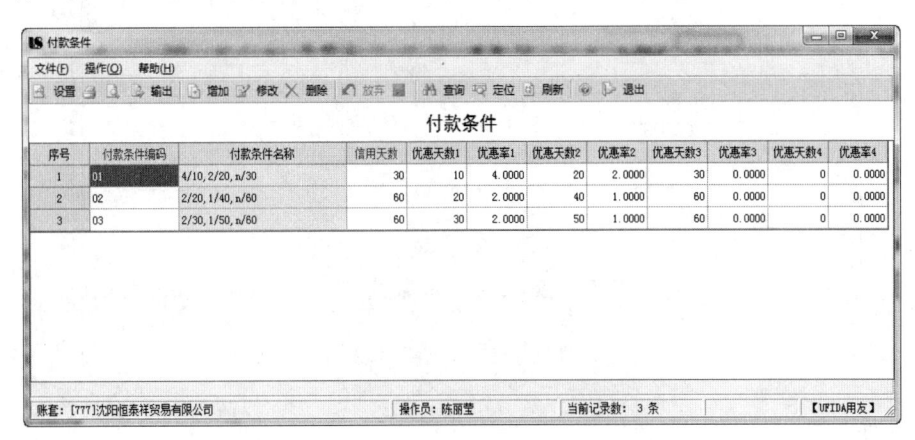

序号	付款条件编码	付款条件名称	信用天数	优惠天数1	优惠率1	优惠天数2	优惠率2	优惠天数3	优惠率3	优惠天数4	优惠率4
1	01	4/10, 2/20, n/30	30	10	4.0000	20	2.0000	30	0.0000	0	0.0000
2	02	2/20, 1/40, n/60	60	20	2.0000	40	1.0000	60	0.0000	0	0.0000
3	03	2/30, 1/50, n/60	60	30	2.0000	50	1.0000	60	0.0000	0	0.0000

图 1-14 付款条件

注意：

- 付款条件编码必须唯一，最大长度为 3 个字符。
- 每一付款条件可以同时设置 4 个时间段的优惠天数与相应的折扣率。
- 付款条件一旦被引用，便不能进行修改和删除。

5. 供应商档案

供应商档案主要用于设置往来供应商的档案信息，以便对供应商及其业务数据进行统计和分析。供应商档案设置的各栏目内容与客户档案基本相同，其不同在于选项卡中的两项内容："信用"选项卡中，单价是否含税是指该供应商的供货价格中是否包含增值税；"其他"选项中，对应条形码，对该供应商所供货物进行条形码管理时，在存货条形码中需要输入对应的供应商信息。

操作步骤

(1) 在"基础信息"选项卡中，执行"基础档案"|"客商信息"|"供应商档案"命令，打开"供应商档案"窗口。窗口分为左、右两部分，左窗口显示已经设置的供应商分类，选中某一供应商分类，则在右窗口中显示该分类下所有的供应商列表。

(2) 单击"增加"按钮，打开"增加供应商档案"窗口。

(3) 按实验资料输入供应商信息，如图 1-15 所示。

6. 客户档案

客户档案主要用于设置往来客户的基本信息，便于对客户及其业务数据进行统计和分析。

图 1-15 供应商信息

操作步骤

(1) 在"基础信息"选项卡中，执行"基础档案"|"客商信息"|"客户档案"命令，打开"客户档案"窗口。该窗口分为左、右两部分，左窗口显示已经设置的客户分类，选中某一客户分类，则在右窗口中显示该分类下所有的客户列表。

(2) 单击"增加"按钮，打开"增加客户档案"对话框。该对话框中共包括 4 个选项卡，即"基本"、"联系"、"信用"、"其他"，可对客户不同的属性分别归类记录。

(3) 按实验资料输入客户信息，如图 1-16 所示。

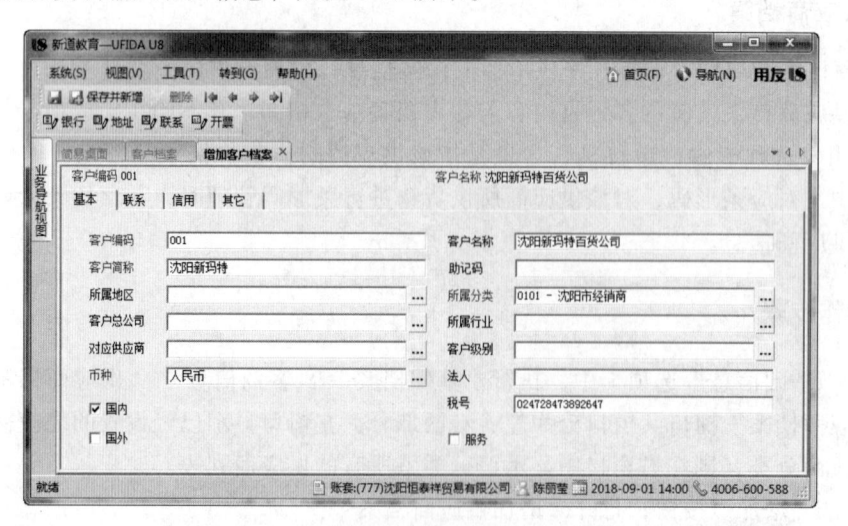

图 1-16 客户信息

(4) 选中窗口右侧的第一条记录，即沈阳新玛特百货公司的那一条记录，使其底色变蓝，然后单击工具栏中的"修改"按钮，打开"修改客户档案"对话框。

(5)单击窗口中的"银行"按钮,打开"客户银行档案"窗口。将实验资料中的"所属银行"、"开户银行"、"银行账号"输入上述窗口中,其中"所属银行"和"默认值"是参照录入的。

注意:

- 客户编码、客户简称、所属分类和币种必须输入。
- 客户编码必须唯一,一旦保存,不能修改。尚未使用的客户编码可以删除后重新增加。
- "对应供应商编码"的作用是设置客户档案和供应商档案之间的对应关系,这种对应关系必须是一对一的,主要是为了处理既是客户又是供应商的往来单位。
- 如果需要开具销售专用发票,则必须输入税号、开户银行、银行账号等信息,否则,只能开具普通发票。
- 如果要填写"联系"选项卡中的"发货方式"、"发货仓库"信息,则需要先在"基础档案"中设置"仓库档案"和"发运方式"。
- 如果要输入客户的所属地区编码,则需要先在"基础档案"的"地区分类"中设置地区分类信息。
- 如果系统提供的客户档案内容仍不能满足企业的需要,可利用系统提供的"自定义项"功能增加自定义栏目,并设置自定义栏目档案内容。

7. 存货分类

存货是企业的一项重要经济资源,涉及企业供应链管理的整个流程,是企业物流管理和财务核算的主要对象。如果企业存货较多,可以按一定方式对存货进行分类管理。存货分类是指按照存货固有的特征或属性,将存货划分为不同的类型,以便于分类核算和统计。

操作步骤

在"基础信息"选项卡中,执行"基础档案"|"存货"|"存货分类"命令,打开"存货分类"窗口。按实验资料输入存货分类信息,如图1-17所示。

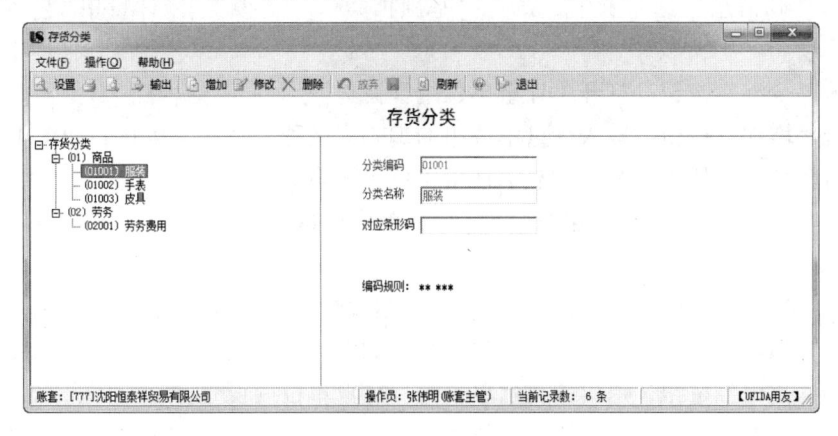

图1-17 存货分类

第1章 供应链管理系统基础设置 ➤ 23

注意：

- 存货分类编码必须符合编码规则。
- 存货分类编码和存货分类名称必须输入。
- 在企业购销业务中，经常会发生一些劳务费用，如"运输费"、"装卸费"、"包装费"等，这些费用也将构成企业存货成本的一个组成部分，并且它们一般具有与其他存货不同的税率。为了正确反映和核算这些劳务费用，应该在存货分类中单独设置一类"劳务费用"或"应税劳务"存货。

8. 计量单位

企业的存货种类繁多，不同的存货具有不同的计量单位；同一种存货用于不同业务，其计量单位也可能不同。例如，对于某种药品，采购、批发销售可能用"箱"作为计量单位；而存货和零售则可能是"盒"；财务上可能按"板"计价。因此，在基础设置中，需要定义好存货的计量单位。

存货计量单位可以分为"无换算"、"固定换算"和"浮动换算"3类。"无换算"计量单位一般是指自然单位、度量衡单位等。"固定换算"计量单位是指各个计量单位之间存在着不变的换算比较比率，这种计量单位之间的换算关系即为固定换算率，这些单位即为固定换算单位。例如，1 盒=4 板，1 箱=20 盒等。"浮动换算"计量单位则指计量单位之间无固定换算率，这种不固定换算率被称为浮动换算率，这些单位也被称为浮动换算单位。例如，透明胶带可以"卷"、"米"为计量单位，1 卷大约等于 10 米，则"卷"与"米"之间存在浮动换算率关系。无论是"固定换算"还是"浮动换算"关系的计量单位之间，都应该设置其中一个单位为"主计量单位"，其他单位以此为基础，按照一定的换算率进行折算。一般来说，将最小的计量单位设置为主计量单位。上述固定换算单位"板"、"盒"、"箱"，可以将"板"设置为主计量单位；浮动换算单位"卷"、"米"，则应将"米"设置为主计量单位，每组中主计量单位以外的单位称为辅计量单位。

操作步骤

(1) 在"基础信息"选项卡中，执行"基础档案"|"存货"|"计量单位"命令，打开"计量单位"窗口。

(2) 单击"分组"按钮，打开"计量单位组"窗口。

(3) 单击"增加"按钮，输入计量单位组的编码、名称、类别等信息，如图 1-18 所示。

(4) 退出"计量单位组"窗口，显示计量单位组列表。

(5) 选中"(01)自然单位<无换算率>"计量单位组，单击"单位"按钮，打开"计量单位"对话框。

(6) 单击"增加"按钮，输入计量单位编码、名称、所属计量单位组、换算率等信息。

(7) 单击"保存"按钮，保存计量单位信息，如图 1-19 所示。

(8) 单击"退出"按钮，退出"自然单位组"计量单位的设置。

(9) 选中"(02)换算 1 组<固定换算率>"计量单位组，单击"单位"按钮，打开"计量单位"对话框。

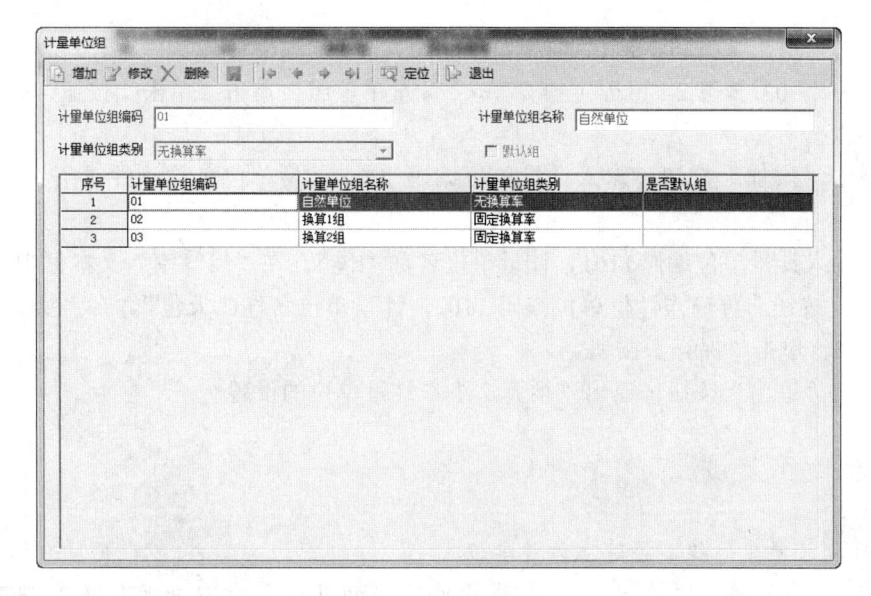

图 1-18　计量单位组

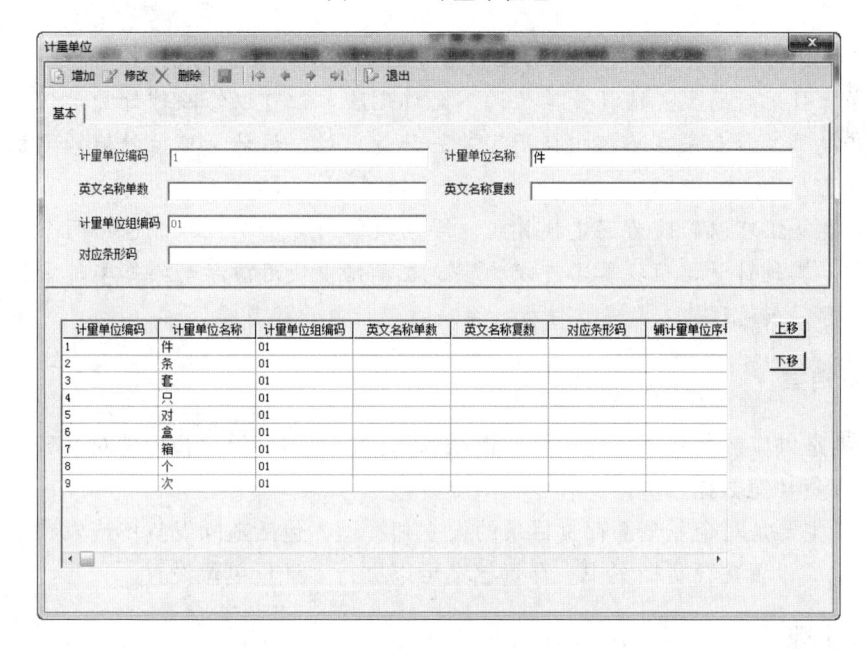

图 1-19　计量单位

(10) 单击"增加"按钮，输入计量单位编码 10，计量单位名称"只"，单击"保存"按钮。

注意：

- 此时设置的是"换算 1 组"的第一种计量单位的主计量单位。通常将小的计量单位作为主计量单位。

(11) 输入计量单位编码 1001，计量单位名称"盒"，在"换算率"文本框中输入 10，单击"保存"按钮。再输入计量单位编码 1002，计量单位名称"箱"，在"换算率"文本框中输入 400，单击"保存"按钮。

第 1 章　供应链管理系统基础设置　▶　25

(12)单击"退出"按钮,退出"换算1组"计量单位的设置。

(13)选中"(03)换算2组<固定换算率>"计量单位组,单击"单击"按钮,打开"计量单位"对话框。

(14)单击"增加"按钮,输入计量单位编码 11,计量单位名称"件或条",单击"保存"按钮。

(15)再输入计量单位编码1101,计量单位名称"包",在"换算率"文本框中输入 20,单击"保存"按钮。再输入计量单位编码 1102,计量单位名称"大包",在"换算率"文本框中输入200,单击"保存"按钮。

(16)单击"退出"按钮,退出"换算2组"计量单位的设置。

> **注意:**
> - 先建立计量单位组,再建立计量单位。
> - 主计量单位的换算率为 1,本计量单位组的其他单位以此为依据,按照换算率折合。
> - 固定换算组每一个辅计量单位对主计量单位的换算率不能为空。
> - 被存货引用后的主、辅计量单位均不允许删除,但可以修改辅计量单位的使用顺序及其换算率。如果在单据中使用了某一计量单位,该计量单位的换算率就不允许再修改了。
> - 浮动换算组可以修改为固定换算组。浮动换算的计量单位只能包括两个计量单位。同时,其辅计量单位换算率可以为空,在单据中使用该浮动换算率时需要手工输入换算率,或通过输入数量、件数,系统自动计算出换算率。

9. 存货档案

存货档案是供应链所有子系统核算的依据和基础,必须科学、合理地对其分类,准确、完整地提供存货档案数据。

存货档案主要是对企业全部存货目录的设立和管理,包括随同发货单或发票一起开具的应税劳务,也应设置在存货档案中。存货档案可以进行多计量单位设置。

操作步骤

(1)在"基础信息"选项卡中,执行"基础档案"|"存货"|"存货档案"命令,打开"存货档案"窗口。

(2)选中"(01)商品-(01001)服装"存货分类。

(3)单击"增加"按钮,打开"增加存货档案"对话框。

(4)根据所给资料填制"001 欧丽女装"的存货档案的"基本"选项,如图1-20所示。

> **注意:**
> - "增加存货档案"对话框中有 7 个选项卡,即"基本"、"成本"、"控制"、"其他"、"计划"、"图片"、"附件",对存货不同的属性分别归类。

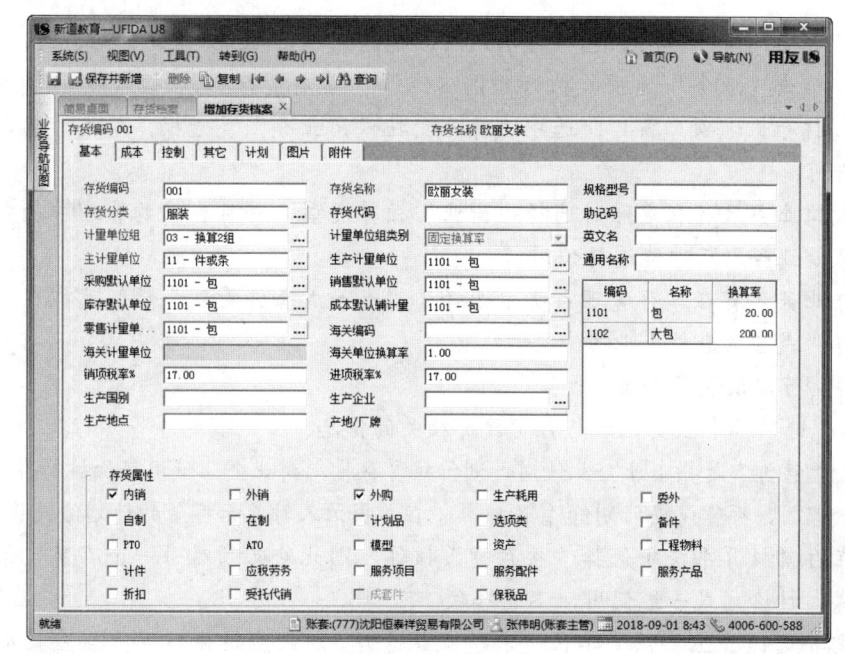

图 1-20　存货档案

- "基本"选项卡中主要记录企业存货的基本信息。其中"蓝色字体"项为必填项。
- 存货编码：存货编码必须唯一且必须输入。最大长度 30 个字符，可以用 0~9 或字符 A~Z 表示。
- 存货代码：存货代码必须唯一，最大长度 30 个字符，非必填项。可以用"存货分类码+存货编码"构成存货代码。
- 存货名称：存货名称必须输入。
- 计量单位组和主计量单位：可以参照输入。根据已选的计量单位组，带出主计量单位。如果要修改，则需要先删除该主计量单位，再输入其他计量单位。
- 采购、销售、库存默认单位和成本默认辅计量单位：设置各子系统默认时使用的计量单位。
- 税率：指该存货的增值税税率。销售该存货时，此税率为专用发票或普通发票上该存货默认的销项税税率；采购该存货时，此税率为专用发票、运费发票等可以抵扣的进项发票上默认的进项税税率。税率不能小于零。
- 是否折扣：即折让属性。若选择是，则在采购发票和销售发票中输入折扣额。
- 是否受托代销：选择是，则该存货可以进行受托代销业务(同时应设置为外购属性)处理。
- 是否成套件：选择是，则该存货可以进行成套件管理业务。
- 存货属性：系统为存货设置了 18 种属性，其目的是在参照输入时缩小参照范围。具有"内销"、"外销"属性的存货可用于出售；具有"外购"属性的存货可用于采购；具有"生产耗用"属性的存货可用于生产领用；具有"自制"属性的存货可由企业生产；具有"在制"属性的存货是指正在制造过程中的商品；具有"应税劳务"属性的存货可以抵扣进项税，是指可以开具在采购发票上的运输费等应税劳务。

- 如果"受托代销"是灰颜色即处于无法选择的状态,则需要在"企业应用平台"窗口中,单击"业务"选项,执行"供应链"|"库存管理"|"初始设置"|"选项"命令,打开"选项"窗口;选中"有无受托代销业务"复选框,单击"确定"按钮退出即可。
- 受托代销业务只有在建账时选择"商业"核算类型,并且在采购管理中确定"是否受托代销业务"后才能选择使用。
- 成套件业务只有在库存管理系统中选择了"有无成套件管理"后,才能在存货档案中选择"是否成套件"业务。
- 同一存货可以设置多个属性。
- "成本"选项卡中主要记录与存货计价相关的信息。
- "计划价/售价"是指工业企业使用计划价核算存货,商业企业使用售价核算存货,通过仓库、部门、存货设置计划价/售价核算。在单据录入时显示存货的计划价或售价。
- 如果在存货核算系统中选择"按存货"核算,则此处必须对每一个存货记录设置计价方式。计价方式一经使用,不能修改。
- 如果需要选择"主要供货单位"和"默认仓库",则应该先建立"供应商档案"和"仓库档案"。
- "控制"选项卡中主要记录与生产、库存相关的信息。
- "是否批次管理"选项和"是否保质期管理"选项需要在"库存管理系统"中设置了"是否有批次管理"和"是否有保质期管理"后才可以选择。
- 如果企业有零出库业务,则不能选择"出库跟踪入库"。
- "其他"选项卡中主要记录与业务环节无关的一些辅助信息。

(5)单击"保存"按钮,保存存货档案信息。

(6)重复上述步骤,输入全部存货档案。

注意:

由于此时还未启动"采购管理"系统,在设置"万利达手表"的存货档案时还不能设置"受托代销"的属性,待启动"采购管理"系统后再补充设置。也可以先启动"采购管理"系统,在采购选项中选中"启用受托托代销",然后再设置存货档案信息。

10. 设置结算方式

为了便于提高银行对账的效率,系统提供了设置银行结算方式的功能。该功能主要用来建立和管理用户在经营活动中所涉及的结算方式,其设置应该与财务结算方式一致。

操作步骤

在"基础信息"选项卡中,执行"基础档案"|"收付结算"|"结算方式"命令,打开"结算方式"窗口。按实验资料输入结算方式,如图1-21所示。

注意:

- 结算方式编码和名称必须输入。编码要符合编码规则。

- 票据管理标志是为出纳对银行结算票据的管理而设置的功能，需要进行票据登记的结算方式需要选择此项功能。

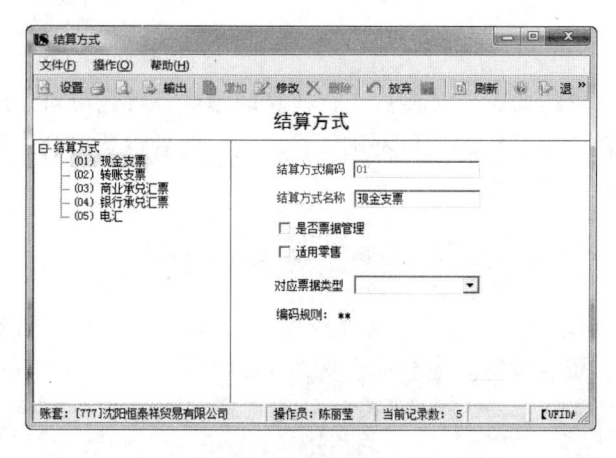

图 1-21　结算方式

11. 开户银行

"开户银行"用于设置本企业在收付结算中对应的各个开户银行信息。系统支持多个开户银行和账号。在供应链管理系统中，如果需要开具增值税专用发票，则需要设置开户银行信息；同时，在客户档案中还必须输入客户的开户银行信息和税户信息。

操作步骤

在"基础信息"选项卡中，执行"基础档案"|"收付结算"|"本单位开户银行"命令，打开"本单位开户银行"窗口。按实验资料输入开户银行信息，如图 1-22 所示。

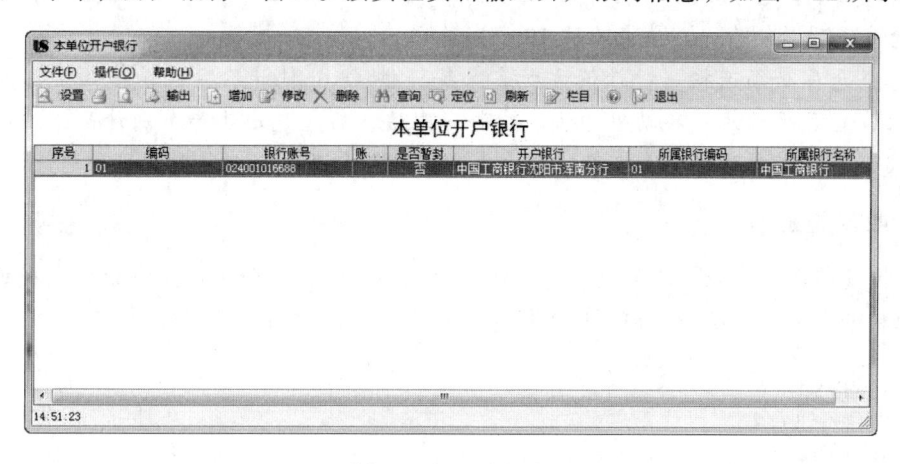

图 1-22　开户银行

注意：

- 开户银行编码必须唯一，最大长度为 3 个字符。
- 银行账号必须唯一，最大长度为 20 个字符。

- "暂封标识"用于标识银行的使用状态。如果某个账号临时不用，可以设置暂封标识。

12. 仓库档案

仓库是用于存放存货的场所，对存货进行核算的管理，首先应对仓库进行管理。因此，设置仓库档案是供应链管理系统的重要基础工作之一。此处设置的仓库可以是企业实际拥有的仓库，也可以是企业虚拟的仓库。

操作步骤

在"基础信息"选项卡中，执行"基础档案"|"业务"|"仓库档案"命令，打开"仓库档案"窗口。按实验资料设置企业仓库，如图 1-23 所示。

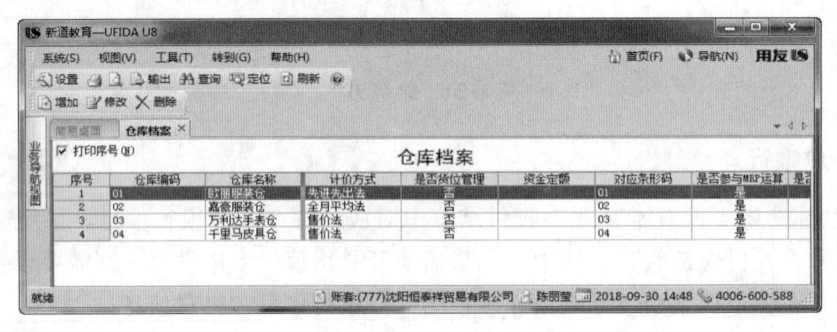

图 1-23 仓库档案

注意：

- 仓库编码、仓库名称必须输入。
- 仓库编码必须唯一，最大长度 10 个字符。
- 每个仓库必须选择一种计价方式。系统提供了 6 种计价方式，工业企业为计划价法、全月平均法、移动平均法、先进先出法、后进先出法和个别计价法；商业企业为售价法、全月平均法、移动平均法、先进先出法、后进先出法和个别计价法。

13. 收发类别

设置收发类别，是为了便于用户对企业的出入库情况进行分类汇总、统计而设置的，用以标识材料的出入库类型。用户可以根据企业的实际情况进行灵活设置。

操作步骤

在"基础信息"选项卡中，执行"基础档案"|"业务"|"收发类别"命令，打开"收发类别"窗口。按实验资料输入收发类别，如图 1-24 所示。

注意：

- 必须按编码方案设定的编码规则输入。
- 先建立上级收发类别，再建立下级类别。

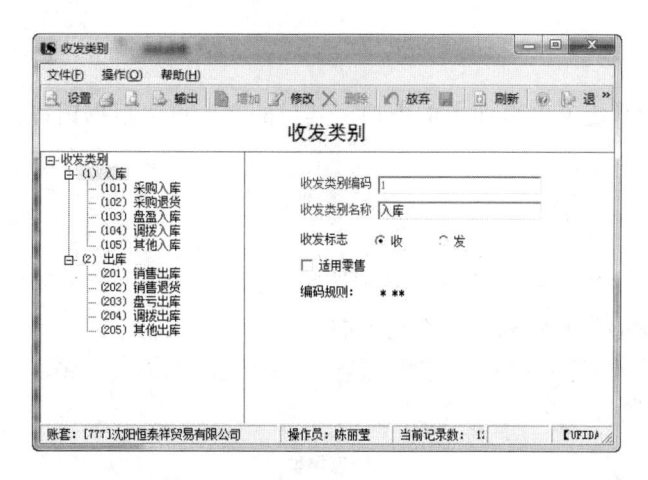

图 1-24　收发类别

14．采购类型

采购类型是用户对采购业务所作的一种分类，是采购单据上的必填项。如果企业需要按照采购类别进行采购统计，则必须设置采购类型。

操作步骤

在"基础信息"选项卡中，执行"基础档案"|"业务"|"采购类型"命令，打开"采购类型"窗口。按实验资料输入采购类型，如图 1-25 所示。

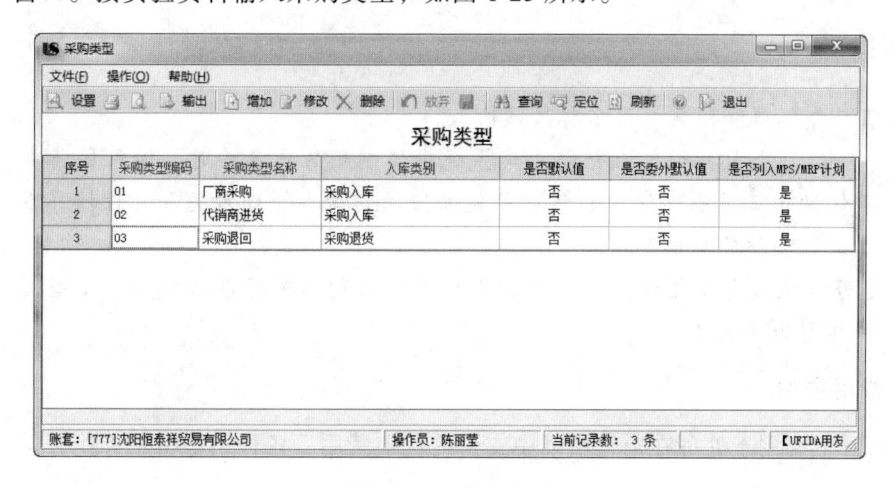

图 1-25　采购类型

注意：

- 采购类型编码和采购类型名称必须输入。编码位数视采购类型的多少设定。
- "入库类别"是指设定在采购管理系统中填制采购入库单时，输入采购类型后，系统默认的入库类别。
- "是否默认值"是指设定某个采购类型作为填制单据时默认的采购类型，只能设定一种类型为默认值。

第 1 章　供应链管理系统基础设置　▶　31

15. 销售类型

销售类型是用户自定义销售业务的类型，其目的在于可以根据销售类型对销售业务数据进行统计和分析。

操作步骤

在"基础信息"选项卡中，执行"基础档案"|"业务"|"销售类型"命令，打开"销售类型"窗口。按实验资料输入销售类型，如图 1-26 所示。

序号	销售类型编码	销售类型名称	出库类别	是否默认值	是否列入MPS/MRP计划
1	01	批发销售	销售出库	否	是
2	02	经销商批发	销售出库	否	是
3	03	销售退回	销售退货	否	是
4	04	门市零售	销售出库	否	是

图 1-26　销售类型

注意：

- 销售类型编码和销售类型名称必须输入。
- "出库类别"是指设定在销售管理系统中填制销售出库单时，输入销售类型后，系统默认的出库类别。便于销售业务数据传递到库存管理系统和存货核算系统时进行出库统计和财务制单处理。
- "是否默认值"是指设定某个销售类型作为填制单据时默认的销售类型，只能设定一种类型为默认值。

16. 费用项目

费用项目主要用于处理在销售活动中支付的代垫费用、各种销售费用等业务。

操作步骤

(1)在"基础信息"选项卡中，执行"基础档案"|"业务"|"费用项目分类"命令，打开"费用项目分类"窗口，设置一个"无分类"。

(2)执行"业务"|"费用项目"命令，打开"费用项目档案"窗口。按实验资料输入费用项目，如图 1-27 所示。

17. 发运方式

发运方式是指设定采购业务、销售业务中存货的运输方式。

图 1-27 费用项目

操作步骤

在"基础信息"选项卡中,执行"基础档案"|"业务"|"发运方式"命令,打开"发运方式"窗口。按实验资料输入发运方式,如图 1-28 所示。

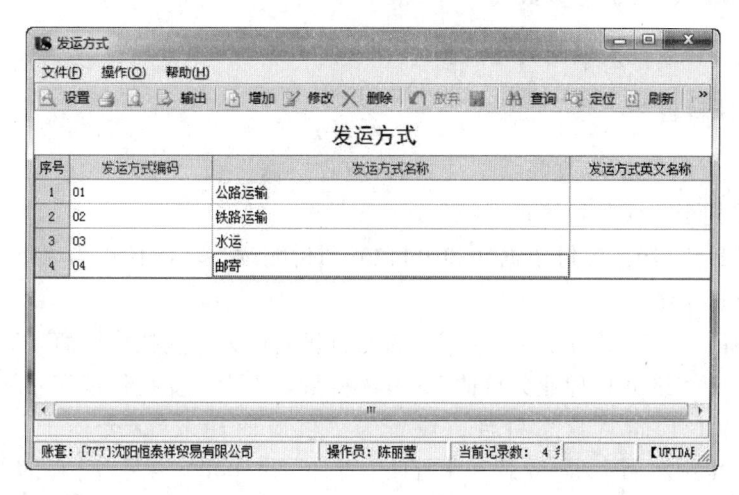

图 1-28 发运方式

18. 账套备份

在"E:\供应链账套备份"文件夹中新建"实验 1.2 企业业务基础信息"文件夹。将账套输出至"E:\供应链账套备份\实验 1.2 企业业务基础信息"文件夹中。

实验 1.3　企业财务基础信息

【实验目的与要求】

通过本次实验,系统学习财务基础设置的主要内容和操作方法。熟悉总账系统参数设置的意义,掌握总账系统初始化科目设置、期初余额的录入和凭证类别设置方法。

【实验准备】

已经完成实验 1.2 操作，并引入实验 1.2 账套数据。分析本企业业务流程、管理要求和会计核算要求，设计总账系统的参数和相应的基础设置。将系统日期修改为 2018 年 9 月 1 日，以"002"操作员(密码为 2)的身份登录 777 账套的"企业应用平台"。

【实验要求】

- 设置总账系统参数。
- 设置会计科目。
- 设置凭证类别。
- 录入期初余额。
- 账套备份。

【实验资料】

1．777 账套总账系统的参数

不允许修改、作废他人填制的凭证。

2．设置会计科目

修改会计科目"1122 应收账款"、"1121 应收票据"和"2203 预收账款"辅助核算为"客户往来"，受控于"应收款管理系统"。

修改会计科目"2201 应付票据"和"1123 预付账款"辅助核算为"供应商往来"，受控于"应付款管理系统"。

修改会计科目"1321 代理业务资产"，修改科目名称为"受托代销商品"。

修改会计科目"2314 代理业务负债"，修改科目名称为"受托代销商品款"。

增加"220201 应付货款"科目，设置为"供应商往来"，受控于"应付款管理系统"；增加"220202 暂估应付款"科目；增加"410401 未分配利润"科目；增加"222101 应交增值税"科目，增加"22210101 进项税额"科目，增加"22210102 销项税额"科目。

3．设置凭证类别

企业凭证类别设置，见表 1-15。

表 1-15　凭证类别

类别字	类别名称	限制类型	限制科目
收	收款凭证	借方必有	1001,1002
付	付款凭证	贷方必有	1001,1002
转	转账凭证	凭证必无	1001,1002

4．总账系统期初余额

企业总账系统期初余额信息，见表 1-16。

表 1-16 期初余额

单位：元

资产			负债和所有者权益		
科目	方向	金额	科目	方向	金额
库存现金	借	10 000	短期借款	贷	240 000
银行存款	借	520 000	暂估应付款	贷	180 000
受托代销商品	借	46 500	长期借款	贷	650 000
库存商品	贷	1 313 500	受托代销商品款	贷	46 500
发出商品	借	617 000	实收资本	贷	1 505 000
商品进销差价	借	88 000	盈余公积	贷	163 800
固定资产	借	714 100	未分配利润	贷	227 800
累计折旧	贷	120 000			
合计	借	3 013 100	合计	贷	3 013 100

【实验指导】

1. 设置总账系统参数

操作步骤

（1）在"企业应用平台"窗口中，打开"业务工作"选项卡，执行"财务会计"|"总账"命令，打开"总账"系统。

（2）在"总账"系统中，执行"总账"|"设置"|"选项"命令，打开"选项"对话框。

（3）单击"权限"标签，然后再单击"编辑"按钮。

（4）取消"允许修改、作废他人填制的凭证"复选框的选中状态。

（5）单击"确定"按钮。

2. 设置会计科目辅助核算类别

操作步骤

（1）在"企业应用平台"窗口中，打开"基础设置"选项卡，执行"基础档案"|"财务"|"会计科目"命令，打开"会计科目"对话框。

（2）在"会计科目"对话框中，双击"1122 应收账款"，或在选中"1122 应收账款"后单击"修改"按钮，打开"会计科目_修改"对话框。

（3）在"会计科目_修改"对话框中，单击"修改"按钮。

（4）选中"客户往来"复选框，默认"受控系统"为"应收款管理系统"。

（5）单击"确定"按钮。以此方法修改其他的会计科目。

3. 修改会计科目

操作步骤

（1）在"会计科目"对话框中，双击"1321 代理业务资产"，打开"会计科目_修改"对话框。

(2)在"会计科目_修改"对话框中,单击"修改"按钮。

(3)修改会计科目名称为"受托代销商品",单击"确定"按钮。

同理,完成"受托代销商品款"科目的修改。

4. 设置凭证类别

操作步骤

(1)在"企业应用平台"窗口中,打开"基础设置"选项卡,执行"基础档案"|"财务"|"凭证类别"命令,打开"凭证类别"对话框。

(2)在"凭证类别"对话框中,选中"收款凭证"、"付款凭证"、"转账凭证"单选按钮。

(3)单击"确定"按钮,打开"凭证类别"窗口。

(4)单击"修改"按钮,根据所给资料设置各种凭证类别的限制内容。

5. 录入期初余额

操作步骤

(1)在"企业应用平台"窗口中,打开"业务工作"选项卡,执行"财务会计"|"总账"|"设置"|"期初余额"命令,打开"期初余额录入"对话框。

(2)在"期初余额录入"对话框中,依次录入每一个会计科目的期初余额。

(3)单击"试算"按钮,生成"期初试算平衡表"。

6. 账套备份

在"E:\供应链账套备份"文件夹中新建"实验1.3 企业财务基础信息"文件夹。将账套输出至"E:\供应链账套备份\实验1.3 企业财务基础信息"文件夹中。

第 2 章
采 购 管 理

采购管理子系统是 ERP 供应链管理系统的重要组成部分，对采购业务的全部流程进行管理。采购管理既可以单独使用，也能与库存管理、销售管理、存货核算、应付款管理集成使用，提供完整全面的业务和财务流程处理。

1. 基本功能

采购管理系统的主要功能是在下达采购计划后进行采购管理，帮助企业对采购业务的全部流程进行管理，提供请购、订货、到货、入库、开票、采购结算等业务的完整流程，并提供采购统计表、采购账簿、采购分析表等账表查询。

2. 业务概述

采购环节是供应链的起始环节，采购活动是企业生产经营活动的开始，企业根据市场需求生成生产计划，结合库存的情况及管理要求生成采购计划。采购管理支持普通采购、受托代销、特殊采购、直运等多种类型的采购业务，支持按询价比价方式选择供应商，支持以订单为核心的业务模式。企业还可以根据实际情况进行采购流程的定制，既可选择按规范的标准流程操作，又可按简约的流程来处理实际业务，便于企业构建自己的采购业务管理平台。

3. 日常业务处理及流程

采购管理可帮助企业对采购业务的全部流程进行管理，提供请购、订货、到货、入库、开票、采购结算的完整采购流程。

1）普通采购业务

普通采购业务模式支持正常的采购业务，适用于一般工商企业的采购业务。其业务流程，如图 2-1 所示。

(1)请购。采购请购是采购业务处理的起点，是指企业内部向采购部门提出采购申请，或采购部门汇总企业内部采购需求提出采购清单，用于描述和生成采购的需求，如采购什么货物、采购多少、何时使用、谁用等内容；同时，可为采购订单提供建议内容，如建议供应商、建议订货日期等。请购单是可选单据，根据业务需要选用。请购单的处理流程，如图 2-2 所示。

(2)订单。采购订单是企业与供应商之间签订的采购合同、购销协议等，主要内容包括采购什么货物、采购多少、由谁供货、什么时间到货、到货地点、运输方式、价格、运费等。它可以是企业采购合同中关于货物的明细内容，也可以是一种订货的口头协议。通过采购订单的管理，可以帮助企业实现采购业务的事前预测、事中控制、事后统计。请购单的处理流程，如图2-3所示。

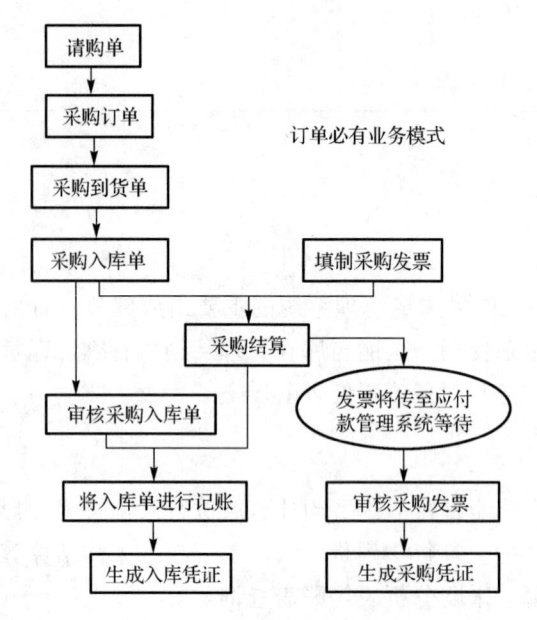

图2-1 普通采购业务流程

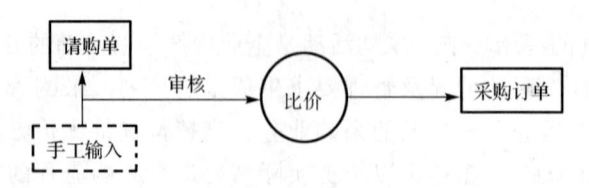

图2-2 请购单的处理流程

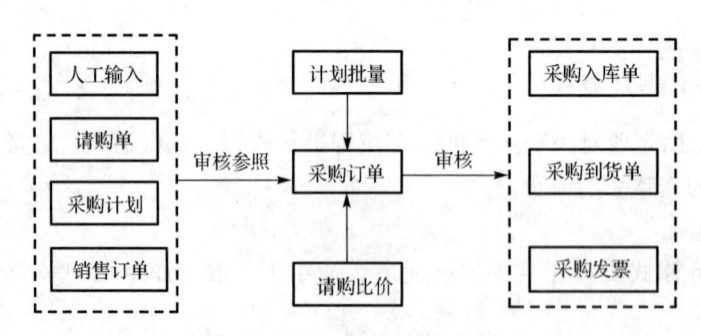

图2-3 采购订单处理流程

（3）到货。采购到货是采购订货和采购入库的中间环节，一般由采购业务员根据供方通知或送货单填写，确认对方所送货物、数量、价格等信息，以入库通知单的形式传递到仓库作为保管员收货的依据。采购到货单是可选单据，用户可以根据业务需要选用。到货单的处理流程，如图2-4所示。

（4）入库。采购入库是通过采购到货、质量检验环节，对合格到货的存货进行入库验收。本月存货已经入库，但采购发票尚未收到，可以对货物进行暂估入库；待发票到达后，再根据该入库单与发票进行采购结算处理。

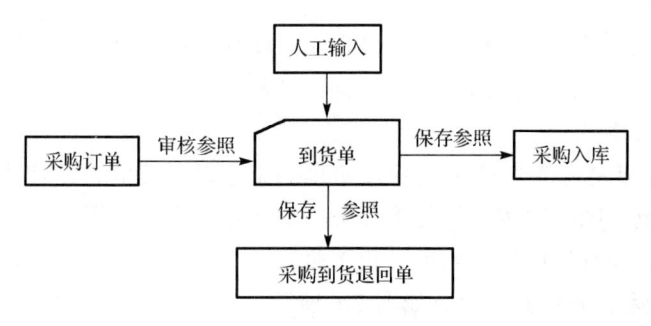

图 2-4　到货单处理流程

采购入库单按进出仓库方向分为：蓝字采购入库单、红字采购入库单；按业务类型分为：普通采购入库单、受托代销入库单（商业）。库存管理系统未启用前，可在采购管理系统录入入库单据；与库存管理系统集成使用时，则必须在库存管理系统录入入库单据，在采购管理系统可查询入库单据，可根据入库单生成发票。

（5）开票。采购发票是供应商开出的销售货物的凭证，系统将根据采购发票确认采购成本，并据以登记应付账款。

企业在收到供货单位的发票后，如果没有收到供货单位的货物，可以对发票压单处理，待货物到达后，再输入系统做报账结算处理；也可以先将发票输入系统，以便实时统计在途货物。

运费发票，运费主要是指向供货单位或提供劳务单位支付的代垫款项、运输装卸费、手续费、违约金（延期付款利息）、包装费、包装物租金、储备费、进口关税等。营改增后，必须取得增值税专用发票才能认证抵扣进项税额，税率为 11%。

采购发票按业务性质分为：蓝字发票、红字发票。采购发票按发票类型分为增值税专用发票和普通发票。增值税专用发票的单价为无税单价；普通发票的单价、金额都是含税的，默认税率为 0，可修改。采购发票的处理流程，如图 2-5 所示。

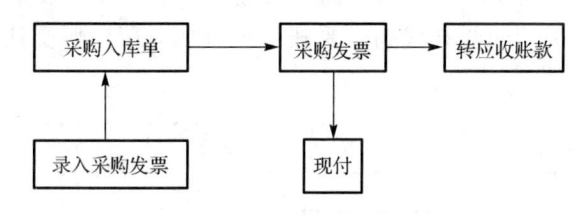

图 2-5　发票处理流程

（6）结算。采购结算也称采购报账，是指采购核算人员根据采购入库单、采购发票核算采购入库成本；采购结算的结果是采购结算单，它是记载采购入库单记录与采购发票记录对应关系的结算对照表。

采购结算从操作处理上分为自动结算、手工结算两种方式；另外，运费发票可以单独进行费用折扣结算。自动结算是由系统自动将符合结算条件的采购入库单记录和采购发票记录进行结算。系统按照三种结算模式进行自动结算：入库单和发票、红蓝入库单结算、红蓝发票结算。已结算过的发票，在发票的左上角显示"已结算"红色字体。

2）直运业务

直运业务是指产品无须入库即可完成购销业务，由供应商直接将商品发给企业的客户。结算时，由购销双方分别与企业结算。

第 2 章　采购管理　▶　39

直运业务包括直运销售业务和直运采购业务，没有实物的出入库，货物流向是直接从供应商到客户，财务结算通过直运销售发票、直运采购发票解决。直运业务适用于大型电器、汽车、设备等产品的销售。

销售管理的直运业务选项影响采购管理的直运业务，在订单非必有模式下，可分为两种情况：直运销售订单，则必须按照"订单为中心直运业务"的单据流程进行操作；没有销售订单，直运采购发票和直运销售发票可互相参照。

(1) 必有订单直运业务单据流程，如图2-6所示。

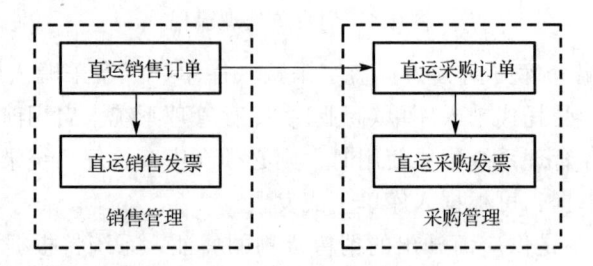

图2-6 必有订单直运业务处理流程

(2) 非必有订单直运业务单据流程，如图2-7所示。

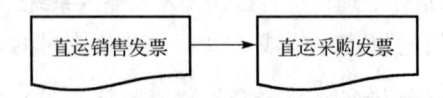

图2-7 非必有订单直运业务处理流程

3) 受托代销业务

受托代销业务适用于商业企业。对于受托代销商品，必须选中"是否受托代销"，并且把存货属性设置为外购。由于受托代销商品一般用于销售，还可设置销售属性。设置为受托代销商品的存货不能用于非受托代销，受托代销订单只能参照受托代销存货，如图2-8所示。

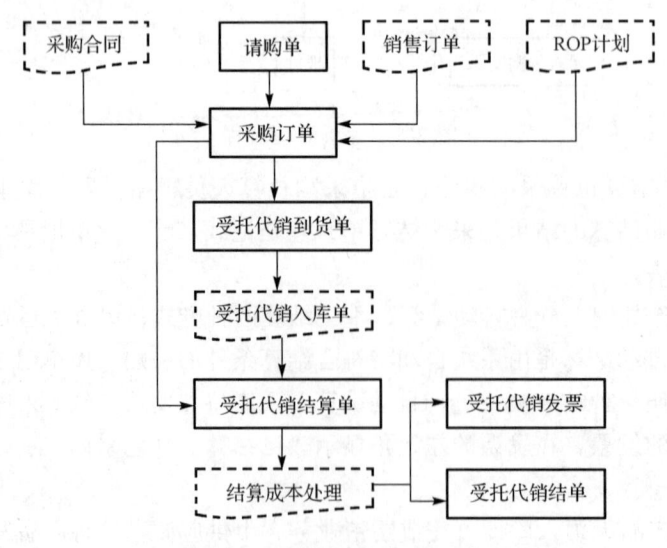

图2-8 受托代销业务处理流程

4) 采购退货业务

如果发现已入库的货物因质量等因素要求退货，则对普通采购业务进行退货单处理。退货业务处理流程，如图2-9所示。

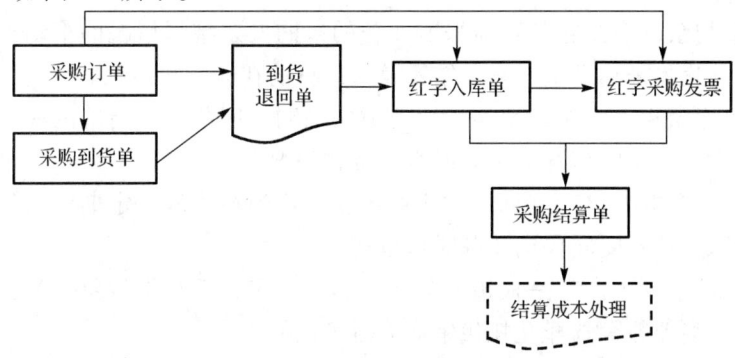

图 2-9　退货业务处理流程

在采购活动中，如发生退货或要求供货单位销售折让，可分为以下情况进行处理。

① 如果该项业务的发票没有录入系统，不论货物是否办理入库手续，即不论是否已输入了入库单，都可以不进行处理，不必要求供应商开具红字发票，只需将发票退给供货单位即可。

② 如果该项业务的发票已录入系统，那么若该发票还没有采购结算，则可以删除该发票，不必要求供应商开具红字发票。

③ 如果该发票已经结算，则必须要求供应商开具红字发票，并录入系统与相应的红字入库单进行结算。

④ 如果原入库单有错，用户重输一张红字入库单冲错，在进行采购结算时，选择原有错的蓝字入库单和冲错的红字入库单进行结算。

若用户实际业务有到货环节，则退货业务可用如下方式处理。

① 入库后退货：到货环节未发生拒收，货物入库后因某种原因需要退货，则由采购业务员填退货通知单，仓库负责实物退库。此种业务的处理是：先参照原到货单或订单生成到货退回单，再根据到货退回单生成红字入库单。

② 入库前退货：启用质量管理模块情况下，对采购不良品处理单的退货数量回写到货单，根据到货单生成到货退回单。

4. 账表查询

为了实现对采购业务管理的事中控制、事后分析，可通过对采购管理系统提供的各种账表进行查询和分析，以便提高采购管理水平。

采购账表包括：采购统计表、采购账簿和采购分析表。

1) 采购统计表

(1) 未完成业务明细表。可以查询未完成业务的单据明细情况，包括入库单、发票，货到票未到为暂估入库，票到货未到为在途存货。

(2) 采购综合统计表，可以按照报表汇总条件查询采购业务的入库、开票、付款统计情况。

(3)采购计划综合统计表。可以按照存货或存货分类对入库、出库、结存、采购订货、销售发货、结存情况进行汇总统计，从而综合地反映企业的购销存情况。

2)采购账簿

(1)在途货物余额表。它是普通采购业务的采购发票结算情况的滚动汇总表，反映供货商采购发票上的货物采购发生、采购结算及未结算的在途货物情况。

(2)暂估入库余额表。它是普通采购业务的采购入库单结算情况的滚动汇总表，反映供货商的采购发生、采购结算及未结算的暂估货物情况。

(3)代销商品台账。可以查询各供应商各受托代销存货的一定期间内的入库、结算、结余情况。商业账套选择受托代销业务时可以使用。

(4)代销商品余额表。它是代销商品台账的汇总表，反映供货单位的代销商品入库、结算和结余情况。商业账套选择受托代销业务时可以使用。

3)采购分析表

(1)采购成本分析。可根据发票，对某段日期范围内的存货结算成本与参考成本、计划价进行对比分析。

(2)采购类型结构分析。根据发票，对某段时期内各种采购类型的业务比重进行分析。

(3)采购资金比重分析。根据采购发票，对各种货物占用采购资金的比重进行分析。

(4)采购费用分析。根据采购发票，对应税劳务存货占采购货物的比重进行分析。

实验 2.1　采购管理系统初始化

【实验目的与要求】

通过本实验，系统学习采购管理系统初始化设置的主要内容和操作方法。理解各系统参数设置的意义，熟悉供应链管理系统有关模块期初记账和恢复记账的处理顺序，掌握采购期初数据的录入方法。

【实验准备】

已经完成第 1 章实验 1.3 的操作，将系统日期修改为 2018 年 9 月 1 日，以"002"操作员(密码为 2)的身份登录 777 账套的"企业应用平台"。

【实验内容】

- 分别设置采购管理、库存管理、存货核算和应付款管理系统参数。
- 修改具有"受托代销"要求的存货档案。
- 分别进行采购管理、库存管理、存货核算和应付款管理系统的初始设置，并录入供应链管理系统各个模块启用期间的期初余额。
- 对采购管理和存货核算系统进行期初记账。
- 账套备份。

【实验资料】

1. 设置系统参数

1)设置采购管理系统参数
- 启用受托代销业务。
- 允许超订单到货及入库。
- 订单/到货单/发票单价录入方式：手工录入。
- 专用发票默认税率：17%。

2)设置库存管理系统参数
- 有受托代销业务。
- 有组装业务。
- 采购入库审核时改现存量。
- 销售出库审核时改现存量。
- 其他出入库审核时改现存量。
- 不允许超可用量出库。
- 出入库检查可用量。
- 自动带出单价的单据，包括全部出库单。
- 出库单成本按计划价。
- 其他设置由系统默认。

3)设置存货核算系统参数
- 核算方式：按仓库核算。
- 暂估方式：单到回冲。
- 销售成本核算方式：按销售发票。
- 委托代销成本核算方式：普通销售发票。
- 零成本出库按参考成本价核算。
- 结算单价与暂估单价不一致需要调整出库成本。
- 其他设置由系统默认。

4)应付款管理系统参数设置和初始设置
- 应付款管理系统选项，见表 2-1。

表 2-1 应付款管理系统选项

应付款核销方式	按单据	单据审核日期依据	单据日期
控制科目依据	按供应商	受控科目制单方式	明细到单据
采购科目依据	按存货	汇兑损益方式	月末处理

- 初始设置。

基本科目设置：应付科目 220201，预付科目 1123，采购科目 1401；税金科目 22210101，银行承兑科目 2201，商业承兑科目 2201。

结算方式科目设置：现金支票、转账支票、电汇结算方式科目 1002。

2. 启用期初数据

1) 采购管理系统（采购管理系统价格均为不含税价）

期初暂估单：

(1) 2018年8月18日，欧丽女套装100套，单价450元，入欧丽服装仓，购自欧丽服装厂。

(2) 2018年8月8日，欧丽男套装150套，单价900元，入欧丽服装仓，购自欧丽服装厂。

受托代销期初数：

(1) 2018年8月10日，千里马女包20个，单价900元，入千里马皮具仓，千里马皮具厂委托代销。

(2) 2018年8月28日，千里马男包30个，单价950元，入千里马皮具仓，千里马皮具厂委托代销。

2) 库存管理系统、存货核算系统期初数。

库存管理系统、存货核算系统期初数，见表2-2。

表2-2 库存管理系统和存货核算系统期初数

仓库名称	存货编码和名称	数量	单价/元	金额/元	期初差异	差价科目
欧丽服装仓	001 欧丽女装	100	300	30 000		
欧丽服装仓	002 欧丽女裤	100	260	26 000		
欧丽服装仓	003 欧丽女套装	50	450	22 500		
欧丽服装仓	004 欧丽男衣	200	400	80 000		
欧丽服装仓	005 欧丽男裤	200	300	60 000		
欧丽服装仓	006 欧丽男套装	30	900	27 000		
嘉豪服装仓	007 嘉豪商务女装	300	220	66 000		
嘉豪服装仓	008 嘉豪商务男装	500	250	125 000		
千里马皮具仓	012 千里马女包	50	900	45 000	25 000	1407 商品进销差价
千里马皮具仓	013 千里马男包	60	950	57 000	33 000	1407 商品进销差价
万利达手表仓	009 万利达女表	100	220	22 000	10 000	1407 商品进销差价
万利达手表仓	010 万利达男表	200	240	48 000	20 000	1407 商品进销差价

注：存货期初差异计入"商品进销差价"账户。

【实验指导】

1. 设置系统参数

1) 设置采购管理系统参数

采购管理系统参数的设置，是指在处理日常采购业务以前，确定采购业务的范围、类型以及对各种采购业务的核算要求，这是采购管理系统初始化的一项重要工作。因为一旦采购管理系统进行期初记账或开始处理了日常业务，有的系统参数就不能修改，有的也不能重新设置。因此，在系统初始化时应该设置好相关的系统参数。

操作步骤

(1) 在企业应用平台中，打开"业务工作"选项卡，执行"供应链"|"采购管理"命令，打开采购管理系统。

(2) 在系统菜单下，执行"设置"|"采购选项"命令，打开"采购系统选项设置—请按照贵单位的业务认真设置"对话框。

(3)打开"业务及权限控制"选项卡,对本单位需要的参数进行选择。选中"启用受托代销"、"允许超订单到货及入库"和"订单\到货单\发票单价录入方式"选项区域中的"手工录入"单选按钮,其他选项可以按系统默认设置,如图2-10所示。

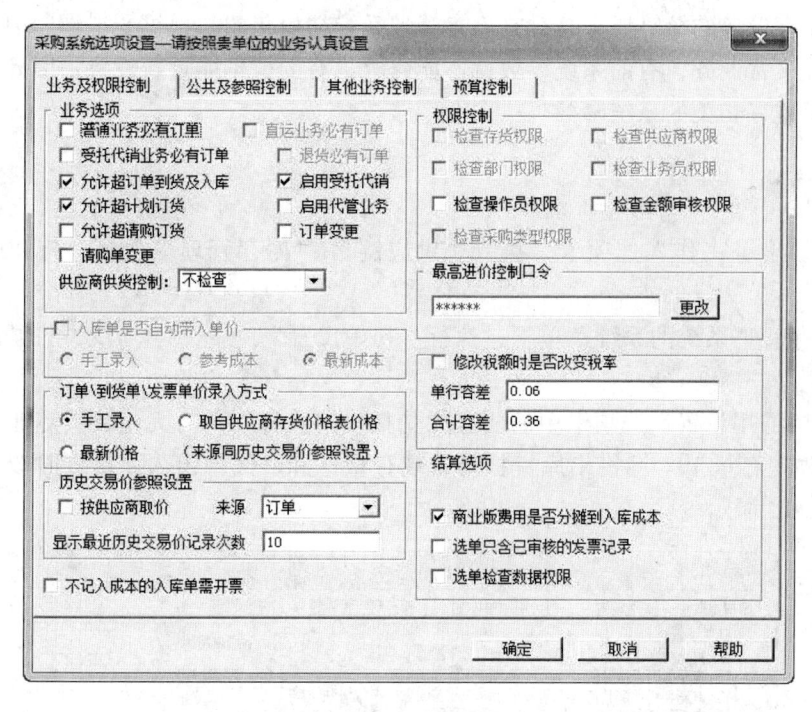

图 2-10 采购管理系统基本参数设置

(4)打开"公共及参照控制"选项卡,修改"单据默认税率"为17%,如图2-11所示。

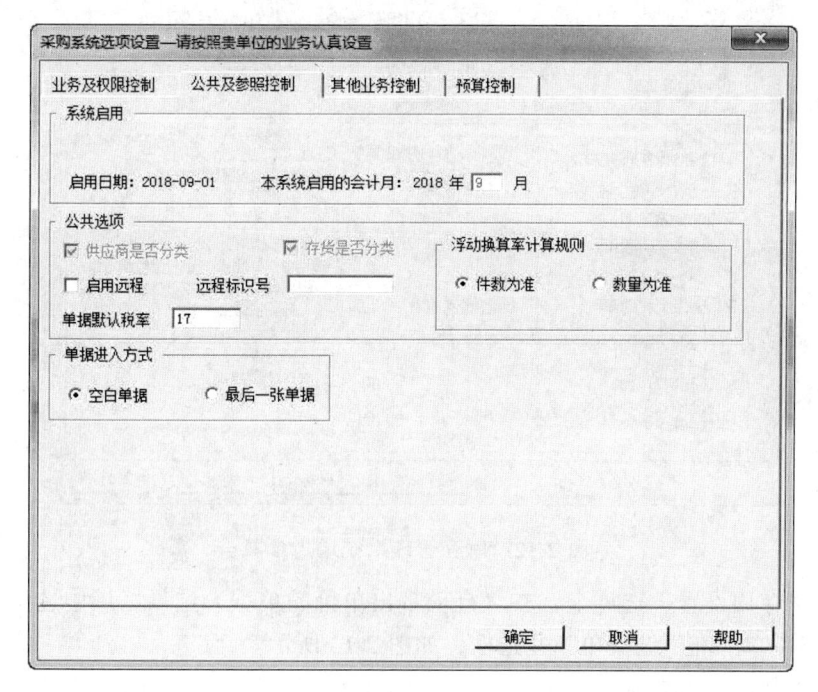

图 2-11 采购管理系统控制参数

(5)所有参数选定后,单击"确定"按钮,保存系统参数的设置。

2)设置库存管理系统参数

库存管理系统参数的设置,是指在处理库存日常业务之前,确定库存业务的范围、类型以及对各种库存业务的核算要求,这是库存管理系统初始化的一项重要工作。因为一旦库存管理开始处理日常业务,有的系统参数就不能修改,有的也不能重新设置。因此,在系统初始化时应该设置好相关的系统参数。

操作步骤

(1)打开"业务工作"选项卡,执行"供应链"|"库存管理"命令,打开库存管理系统。

(2)在库存管理系统的系统菜单下,执行"初始设置"|"选项"命令,打开"库存选项设置"对话框。

(3)选中"通用设置"选项卡中的"有无受托代销业务"、"有无组装拆卸业务"、"采购入库审核时改现存量"、"销售出库审核时改现存量"和"其他出入库审核时改现存量"复选框,如图2-12所示。

图2-12 库存管理系统通用参数

(4)打开"专用设置"选项卡,在"自动带出单价的单据"选项区域中选中"销售出库单"、"其他出库单"和"调拨单"复选框,如图2-13所示。

(5)打开"预计可用量控制"选项卡,默认不允许超预计可用量出库。

(6)打开"预计可用量设置"选项卡,选中"出入库检查预计可用量"复选框。

(7)单击"确定"按钮,保存库存管理系统的参数设置。

图 2-13 库存管理系统专用参数

3) 设置存货核算系统参数

存货核算系统参数的设置,是指在处理存货日常业务之前,确定存货业务的核算方式、核算要求,这是存货核算系统初始化的一项重要工作。因为一旦存货核算系统开始处理日常业务,有的系统参数就不能修改,有的也不能重新设置。因此,在系统初始化时应该设置好相关的系统参数。

操作步骤

(1)打开"业务工作"选项卡,执行"供应链"|"存货核算"命令,打开存货核算系统。

(2)在存货核算系统菜单中,执行"初始设置"|"选项"|"选项录入"命令,打开"选项录入"对话框。

(3)在"核算方式"选项卡中设置核算参数,核算方式为"按仓库核算";暂估方式为"单到回冲";销售成本核算方式为"销售发票";委托代销成本核算方式为"按普通销售核算";零成本出库按"参考成本"价核算,如图2-14所示。

(4)打开"控制方式"选项卡,选中"结算单价与暂估单价不一致是否调整出库成本"复选框,如图2-15所示,其他选项由系统默认。

(5)单击"确定"按钮,保存存货核算系统参数的设置。

4) 应付款管理系统参数设置和初始设置

应付款管理系统与采购管理系统在联用情况下,存在着数据传递关系。因此,启用采购管理系统的同时，应该启用应付款管理系统。应付款管理系统的参数设置和初始设置，都是系统的初始化工作，应该在处理日常业务之前完成。如果应付款管理系统已经进行了日常业务处理，则其系统参数和初始设置就不能随便修改。

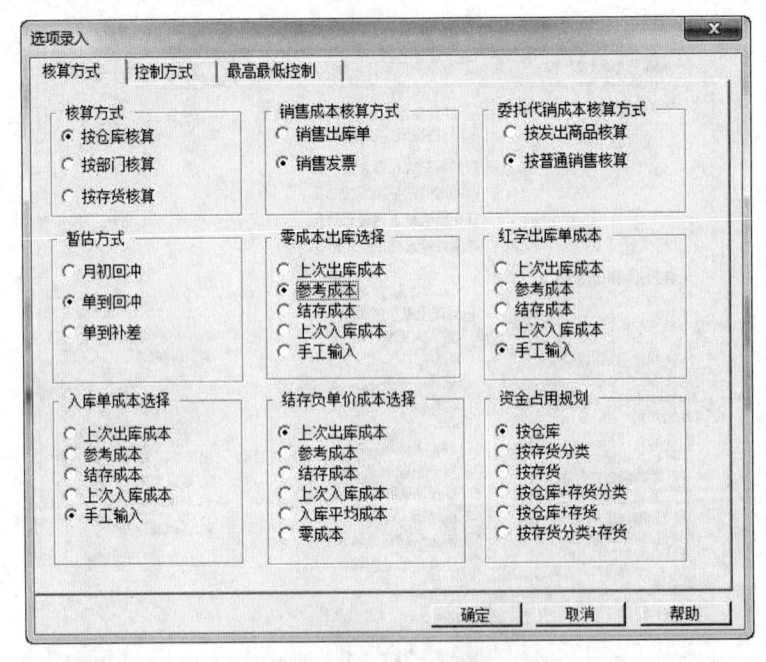

图2-14 存货核算方式参数设置

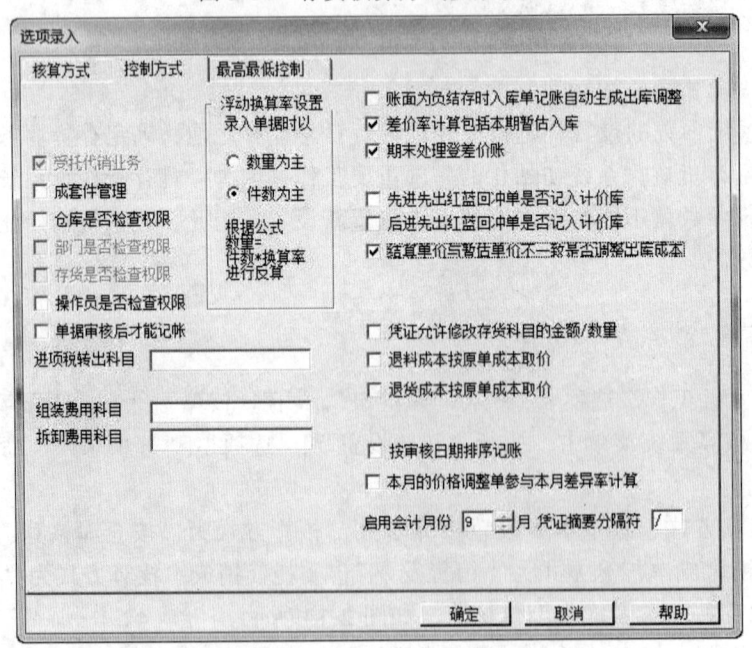

图2-15 存货控制方式参数设置

操作步骤

(1) 执行"业务工作"|"财务会计"命令，进入应付款管理系统。

(2)在系统菜单下，执行"设置"|"选项"命令，打开"账套参数设置"对话框。

(3)打开"常规"选项卡，单击"编辑"按钮，使所有参数处于可修改状态。"单据审核日期依据"选择"单据日期"，如图2-16所示。

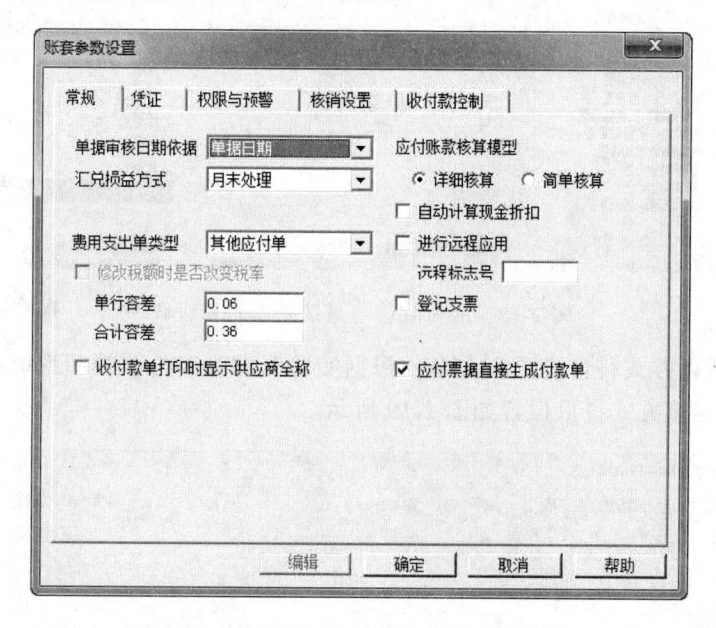

图 2-16 应付款管理系统常规参数设置

(4)打开"凭证"选项卡，"受控科目制单方式"选择"明细到单据"，如图2-17所示。

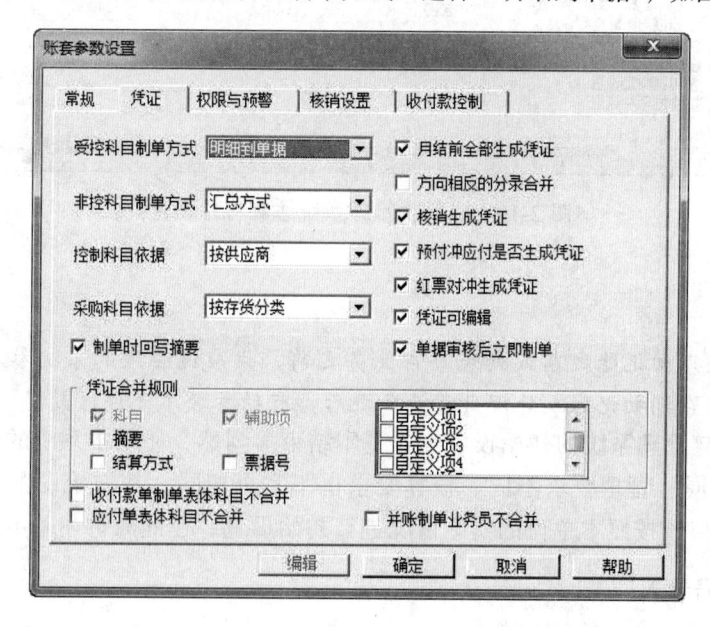

图 2-17 应付款管理系统凭证参数设置

(5)单击"确定"按钮，保存应付款管理系统的参数设置。

(6)执行"设置"|"初始设置"命令，打开"初始设置"对话框。单击"设置科目"中的"基本科目设置"，根据实验要求对应付款管理系统的基本科目进行设置，如图2-18所示。

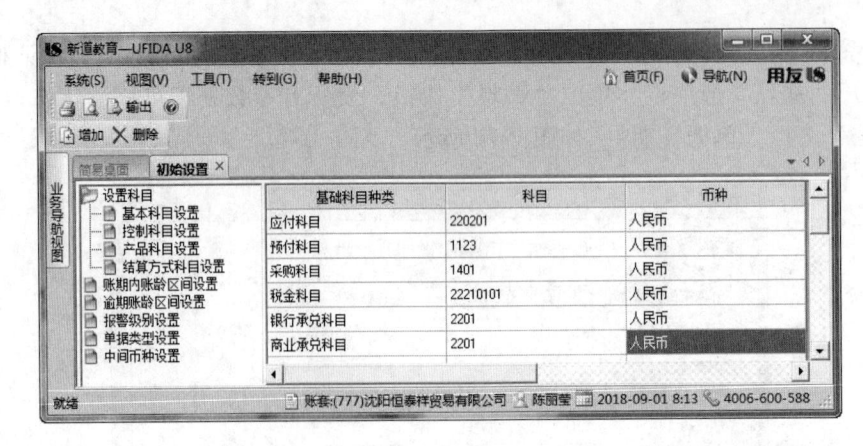

图 2-18 应付款管理系统基本科目设置

(7) 执行"结算方式科目设置"命令，根据实验要求对应付款管理系统的结算方式科目进行设置，具体结算方式科目设置如图 2-19 所示。

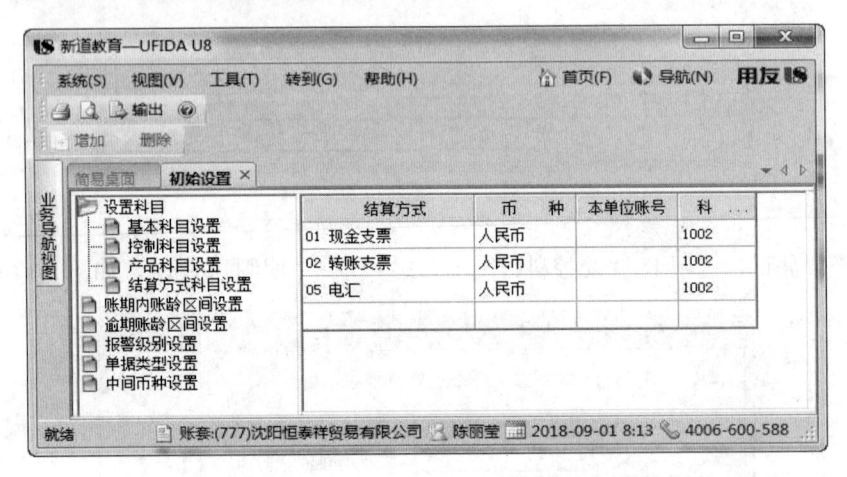

图 2-19 应付款管理系统结算科目设置

注意：

- 在供应链期初记账之前或处理日常业务之前，供应链管理的系统参数可以修改或重新设置；在期初记账或处理日常业务之后，有的参数不允许修改。

至此，供应链管理系统的初始设置工作基本结束。当然，使用本系统的各个单位，由于生产经营状况不同、管理要求不同、核算要求也不完全相同，其初始设置也不应该完全相同，每个单位都应该按照本单位的实际情况进行初始设置，在此只讲述基本的设置办法。

2. 期初数据录入

由于供应链管理系统是一个有机联系的整体，各个模块之间存在着直接的数据传递关系，彼此影响、相互制约，因此，对其系统参数，初始设置不仅要考虑各个模块之间的数据传递关系，而且对初始数据的录入也要考虑它们之间的影响关系，注意数据录入的先后顺序。

1) 采购管理系统期初数据录入

采购管理系统的期初数据是指在启用系统之前，已经收到采购货物，但尚未收到对方开具的发票。对于这类采购货物，可以先按暂估价办理入库手续，待以后收到发票，再进行采购结算。对于已经收到受托代销单位的代销货物，也属于货到尚未实现销售量，需要实现销售之后才能办理结算。因此，对这些已经办理入库手续的货物，必须录入期初入库信息，以便将来及时进行结算。

（1）期初暂估入库单录入。

操作步骤

① 重新注册进入系统，在供应链系统中打开采购管理模块。

② 在系统菜单下，执行"采购入库"|"采购入库单"命令，打开"期初采购入库单"窗口，如图 2-20 所示。

图 2-20 期初暂估入库单

③ 单击"增加"按钮，按实验资料要求录入第 1 张期初采购入库单信息，具体信息如图 2-21 所示。

④ 单击"保存"按钮，保存期初采购入库单信息。

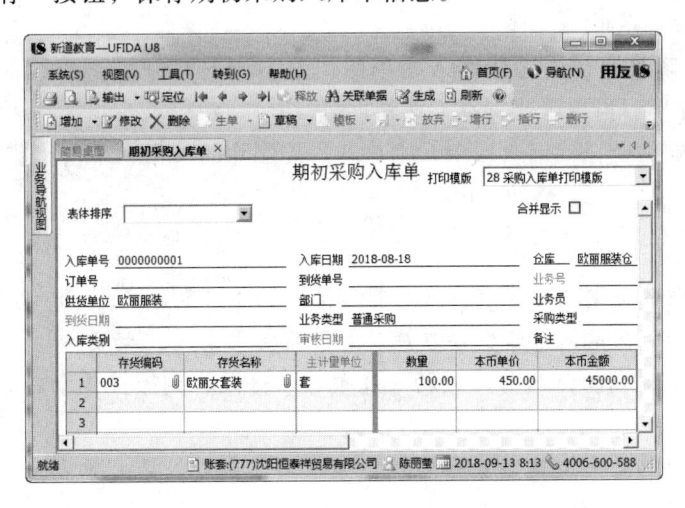

图 2-21 期初暂估入库单信息

⑤ 单击"增加"按钮，录入第 2 张采购暂估入库单信息，单击"保存"按钮。

⑥ 如果需要修改期初暂估入库单的信息，则先打开需要修改的暂估单，单击"修改"按钮，修改完毕，再单击"保存"按钮即可。

⑦ 如果需要输出暂估单，则打开需要输出的暂估单，单击"删除"按钮即可。

(2) 期初受托代销入库单录入。

操作步骤

① 执行"采购入库"|"受托代销入库单"命令，打开"期初采购入库单"窗口。

② 单击"增加"按钮，按实验资料要求录入期初受托代销入库单信息，如图 2-22 所示。

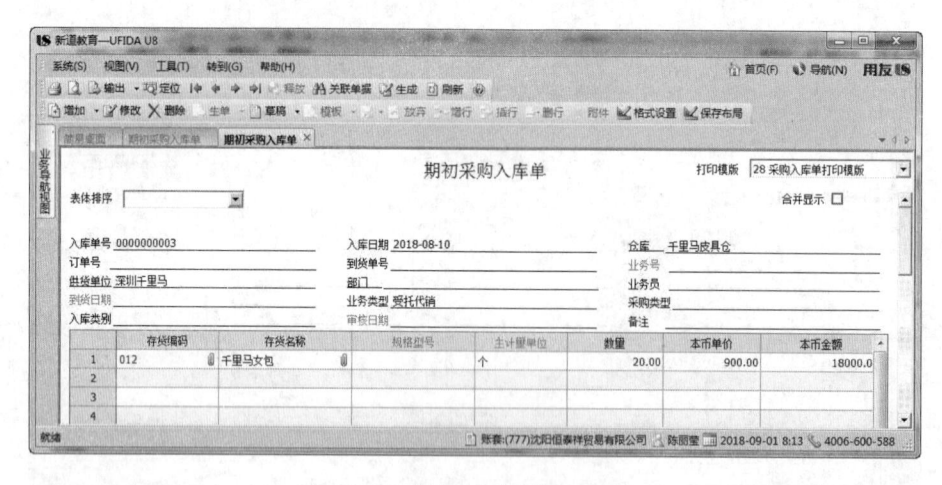

图 2-22 期初受托代销入库单

③ 单击"保存"按钮。

④ 单击"增加"按钮，按实验资料要求录入第 2 张受托代销入库单信息，并单击"保存"按钮。

⑤ 单击"退出"按钮。期初受托代销入库单全部录入之后，单击"退出"按钮，退出期初采购入库单录入界面。

⑥ 如果需要修改期初受托代销入库单的信息，则先打开需要修改的单据，单击"修改"按钮，修改完毕，再单击"保存"按钮即可。

⑦ 如果需要删除受托代销入库单，则打开需要删除的单据，单击"删除"按钮即可。

注意：

- 在采购管理系统期初记账前，采购管理系统的"采购入库"，只能录入期初入库单。期初记账后，采购入库单需要在库存管理系统中录入或生成。
- 采购管理系统期初记账前，期初入库单可以修改、删除；期初记账后，不允许修改或删除。
- 如果采购货物尚未运达企业但发票已经收到，则可以录入期初采购发票，表示企业的在途物资；待货物运达后，再办理采购结算。

2)库存管理系统期初数据录入

库存管理系统期初数据录入方法有两种：一种是在库存管理系统中直接录入；另一种是从存货核算系统中取数。

(1)库存管理系统直接录入

操作步骤

① 库存管理系统中，执行"初始设置"|"期初结存"命令，打开"库存期初"窗口。

② 在"库存期初"窗口中将仓库选择为"欧丽服装仓"。

③ 在单击"修改"按钮，再单击"存货编码"栏中的参照按钮，选择"欧丽女装"；在"数量"栏中输入100，在"单价"栏中输入300。

④ 以此方法继续输入"欧丽服装仓"的其他期初结存数据，单击"保存"按钮，保存录入信息存货信息，如图2-23所示。

⑤ 在"库存期初"窗口中将仓库选择为"嘉豪服装仓"。单击"修改"按钮，依次输入"嘉豪服装仓"的期初结存数据并保存，如图2-24所示。

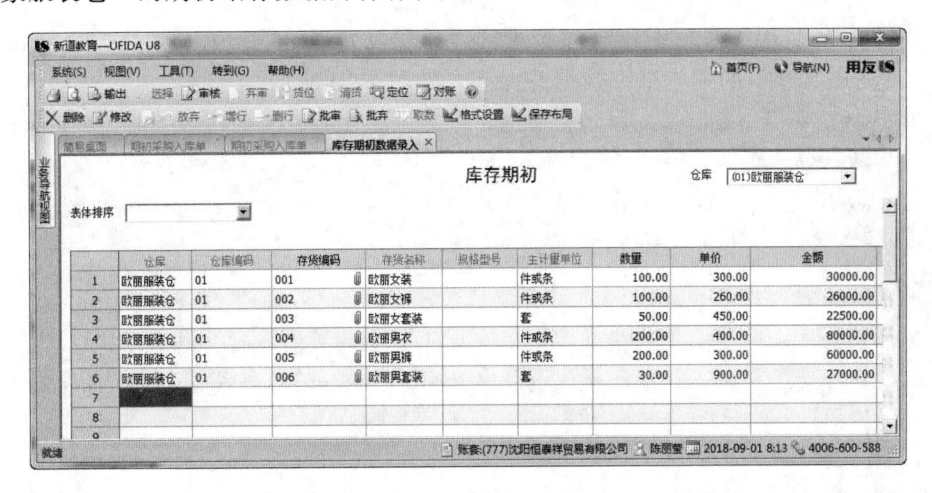

图 2-23　库存期初余额录入

图 2-24　嘉豪服装仓期初结存

第 2 章　采购管理　53

⑥ 在"库存期初"窗口中将仓库选择为"万利达手表仓",单击"修改"按钮,依次输入"万利达手表仓"的期初结存数据并保存,如图2-25所示。

图 2-25　万利达手表仓期初结存

⑦ 在"库存期初"窗口中将仓库选择为"千里马皮具仓",单击"修改"按钮,依次输入"千里马皮具仓"的期初结存数据并保存,如图2-26所示。

图 2-26　千里马皮具仓期初结存

⑧ 单击"审核"或"批审"按钮,确认该仓库录入的存货信息。

注意：

- 库存期初结存数据必须按照仓库分别录入。
- 如果默认存货在库存管理系统中的计量单位不是主计量单位,则需要录入该存货的单价和金额,由系统计算该存货数量。
- 退出存货期初数据录入功能时,系统对当前仓库的所有有期初数据进行合法性检查,并提示不完整的数据项。
- 库存期初数据录入完成后,必须进行审核工作,期初结存数据的审核实际是期初记账的过程,表明该仓库期初数据录入工作的完成。

- 库存期初数据审核是分仓库分存货进行的,即针对一条存货记录进行审核。如果执行"批审"功能,则对选中仓库的所有存货进行审核,但并非审核所有仓库的存货。
- 审核后的库存期初数据不能修改、删除,但可以弃审后进行修改或删除。
- 如果有期初不合格品数据,也可以录入到期初数据中。执行"初始设置"|"期初数据"|"期初不合格品"命令,单击"增加"按钮进行录入,并单击"审核"按钮后退出。

(2) 从存货核算系统取数

当库存管理系统并存货核算系统集成使用时,库存管理系统可以从存货核算系统中读取存货核算系统与库存管理系统启用月份相同的会计期间的期初数。如果两个系统启用月份相同,则直接取存货的期初数;如果两个系统启用月份不同,即存货先启、库存后启,则期初数据需要将存货的期初数据和存货在库存管理系统启用之前的发生数进行汇总求出结存,才能作为存货的期初数据被库存管理系统读取。

注意:

- 取数只能取出当前仓库的数据,即一次只能取出的一个仓库的期初数据。
- 如果当前仓库已经存在期初数据,系统将提示"是否覆盖原有数据",一般应选择覆盖,否则,期初数据会发生重复。
- 只有第一年启用时,才能使用取数功能;以后年度结转上年后,取数功能不能使用,系统会自动结账期初数据。
- 取数成功后,也必须对所有仓库的所有存货进行审核,以完成期初记账工作。

3) 存货核算系统期初数据源录入

存货核算系统期初数据可以直接录入,有的也可以从库存管理系统读取。"分期收款发出商品"的期初数据就只能从销售管理系统取数,而且必须是销售管理系统录入审核后才能取数;按计划或售价核算出库成本的存货,都应有期初差异或差价,初次使用存货核算系统时,只能从存货核算系统录入那些存货的期初差异余额或期初差价余额。

(1) 存货期初数据录入与审核

存货期初数据录入方法有两种:一种是直接录入;另一种是从库存管理系统取数。其直接录入方法与库存管理系统类似,在此不再赘述。这里主要讲述用取数的方法录入存货核算期初数据。

操作步骤

① 在用友 U8V10.1 存货核算系统当中,执行"初始设置"|"期初数据"|"期初余额"命令,打开"期初余额"窗口。

② 仓库选择"欧丽服装仓"。

③ 单击"取数"按钮,系统自动从仓库管理系统中取出该仓库的全部存货信息,如图 2-27 所示。

图 2-27 存货核算系统期初取数

④ 可以将供应商等信息补充完整。

⑤ 按此方法继续对嘉豪服装仓、万利达手表仓和千里马皮具仓进行取数操作。

⑥ 单击"对账"按钮，选择所有仓库，系统自动对存货核算与库存管理系统的存货数据进行核对，如图 2-28 所示，如果对账成功，单击"确定"按钮。

⑦ 单击"退出"按钮。

图 2-28 存货核算系统与库存管理系统期初对账

(2) 存货期初差异录入

按计划价或售价核算出库成本的存货，应该在存货核算系统中录入期初差异余额。

操作步骤

① 存货核算系统中，执行"初始设置"|"期初数据"|"期初差异"命令，打开"期初差异"窗口。

② 仓库选择"万利达手表仓"。

③ 录入万利达女表的差价 10 000，录入万利达男表的差价 20 000 和差价科目"1470 商品进销差价"，单击"保存"按钮，如图 2-29 所示。

④ 继续选择"千里马皮具仓"。

⑤ 录入千里马女包的差价 25 000，录入千里马男包的差价 33 000 和差价科目"1470 商品进销差价"。

⑥ 单击"保存"按钮，系统自动弹出"保存完毕"信息提示框。单击"确定"按钮。

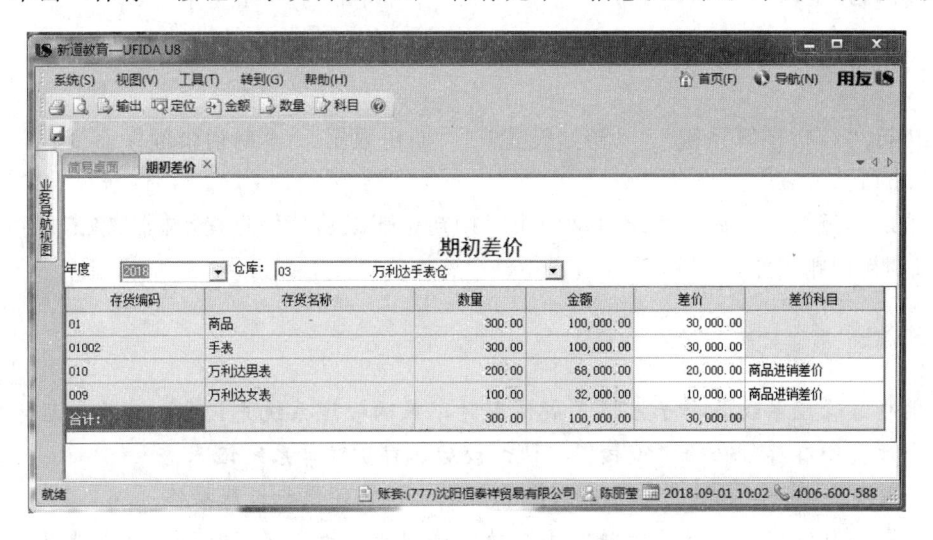

图 2-29　录入存货期初差价

> **注意：**
>
> - 如果存货核算系统核算方式为按部门核算，则"仓库"下拉列表中显示所有按计划价或售价核算部门下属的仓库；如果存货核算系统核算方式为按仓库核算，则"仓库"下拉列表中显示所有按计划价或售价核算的仓库，存货的差异或差价核算按仓库输入；如果存货核算系统的核算方式为按存货核算，则"仓库"下拉列表中显示所有仓库，仓库中的存货的差异或差价应按存货输入。
> - 先录入存货期初余额，再录入存货期初差异或差价。
> - 存货期初差价只能在存货核算系统中录入，不能从库存管理系统中取数，也不能在库存管理系统中录入。

3. 期初记账

期初记账是指将有关期初数据记入相应账表中，它标志着供应链管理系统各个子系统的初始工作全部结束，相关的参数和期初数据不能修改、删除。如果供应链管理系统的各个子系统集成使用，则期初记账应该遵循一定的顺序。

1）采购管理系统期初记账

操作步骤

（1）执行"采购管理"|"设置"|"采购期初记账"对话框，如图 2-30 所示。

（2）单击"记账"按钮，系统自动弹出"期初记账完毕"信息提示框。

图 2-30　采购管理系统期初记账

（3）单击"确定"按钮，完成采购管理系统期初记账。

2)存货核算系统期初记账

操作步骤

(1)执行"存货核算系统"|"初始设置"|"期初数据"|"期初余额"命令,打开"期初余额"窗口。

(2)单击"记账"按钮,系统自动弹出"期初记账成功"信息提示框。单击"确定"按钮,完成期初记账工作。

注意:

- 供应链管理系统各个子系统集成使用时,采购管理系统先记账;库存管理系统所有仓库的所有存货必须"审核"确认;最后,存货核算系统记账。
- 如果没有期初数据,可以不输入期初数据,但必须执行记账操作。
- 如果期初数据是运行"结转上年"功能得到的,为未记账状态,则需要执行记账功能后,才能进行日常业务的处理。
- 如果已经进行业务核算,则不能恢复记账。
- 存货核算系统在期初记账前,可以修改存货计价方式;期初记账后,不能修改计价方式。

4. 账套备份

在 E:\"供应链账套备份"文件夹新建"实验 2.1 采购管理系统初始化"文件夹。将账套输出至 E:\"供应链账套备份"\"实验2.1 采购管理系统初始化"文件夹中。

实验2.2 普通采购业务

【实验目的与要求】

通过本次实验,系统学习采购管理普通采购业务处理。能够与应付款管理系统、总账系统集成使用,以便及时处理采购款项,并对采购业务进行相应的财务处理。掌握普通采购业务的处理流程和处理方法,深入了解采购管理系统与供应链系统其他子系统之间的紧密联系和数据传递关系,以正确处理采购业务和与采购相关的其他业务。

【实验准备】

已经完成第 2 章实验 2.1 的操作,或者引入光盘中的 2.1 账套备份数据。将系统日期修改为 2018 年 9 月 30 日,以 002 操作员(密码为 2)的身份登录 777 账套的"企业应用平台"。

【实验内容】

- 设置"允许修改采购管理系统采购专用发票的编号"。

- 单据设计：分别在采购模块的"采购专用发票"、"采购到货单"和"采购订单"单据的表体项目中增加"换算率"、"采购单位"和"件数"3项内容；为库存模块中的"采购入库单"增加表体内容"库存单位"、"应收件数"、"件数"、"换算率"和"应收数量"。
- 录入或生成请购单、采购订单、采购到货单、采购入库单等普通采购业务单据，并进行审核确认。
- 录入或生成采购发票，并按要求修改采购发票编号。
- 进行采购结算。
- 支付采购款项或确认应付账款。
- 在总账系统查看有关凭证。
- 账套备份。

【实验资料】

恒泰祥贸易有限公司日常采购业务如下(采购部业务员：王津津)：

(1)2018年9月8日，向广东欧丽服装厂提出采购请求，请求采购欧丽男衣50包，报价380元/件；男裤50包，报价280元/条；男套装200套，报价单价860元。

(2)2018年9月8日，广东欧丽服装厂同意采购请求，但要求修改采购价格。经协商，本公司同意对方提出的订购价格：欧丽男衣单价400元/件，男裤单价300元/件，男套装单价900元。并正式签订订货合同，要求本月10日到货。

(3)2018年9月10日，收到广东欧丽服装厂发来的男士服装和专用发票，发票号码ZY00018。该批服装系本月初采购。发票载明欧丽男衣50包，单价400元；男裤50包，单价300元；男套装200套，单价900元。经检验质量全部合格，办理入库(欧丽服装仓)手续。财务部门确认该笔存货成本和应付款项，尚未付款。

(4)2018年9月25日，向北京嘉豪服装厂订购嘉豪男装1000件，单价250元；订购嘉豪女装500件，单价220元，要求本月30日到货。本月30日，收到北京嘉豪服装厂的专用发票，发票号码ZY00123。发票载明嘉豪男装1000件，单价250元；嘉豪女装500件，单价220元，增值税率17%。全部验收入库，尚未支付款项。

【实验指导】

1. 设置采购专用发票"允许手工修改发票编号"

采购发票编号既可以由系统统一编号，也可以由用户自行编号。用户进行手工编号或修改编号时，需要先进行单据设置；否则，只能由系统编号，用户不能修改。

操作步骤

(1)在"基础设置"选项卡中，执行"单据设置"|"单据编号设置"命令，打开"单据编号设置"对话框。

(2)选择"单据类型"|"采购管理"|"采购专用发票"选项，单击"修改"按钮，选中"手工改动，重号时自动重取"复选框，如图2-31所示。

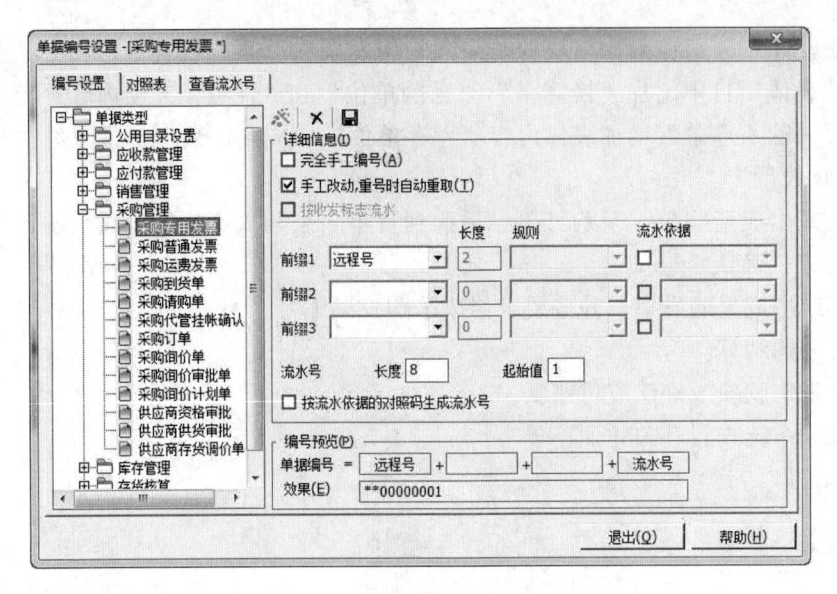

图 2-31 "单据编号设置"对话框

(3) 单击"保存"按钮退出。

(4) 如果需要修改其他单据编号的设置,可以重新选中需要修改的单据类型,选中"手工改动,重号时自动重取"复选框,并保存修改设置。

2. 单据设计

由于本企业的部分存货采用多计量单位制,因此需要在有关的单据中增加可以分别进行主、辅计量核算的项目内容,需要追加这些内容的包括采购模块的"采购专用发票"、"采购到货单"和"采购订单";库存模块中的"采购入库单"和销售模块中的有关单据。

下面设计采购模块和库存模块单据。

操作步骤

(1) 在"基础设置"选项卡中,执行"单据设置"|"单据格式设置"命令,打开"单据格式设置"窗口。

(2) 在"单据格式设置"窗口中,执行"U8 单据目录分类"|"采购管理"|"专用发票"|"显示"|"专用发票显示模板"命令,在窗口右侧打开"专用发票"。

(3) 单击"单据格式设置"窗口,执行"编辑"|"表体项目"|命令(或右击,选择快捷菜单中的"表体项目"),打开"表体"对话框。

(4) 选中"换算率"、"采购单位"和"件数"复选框,如图 2-32 所示。

(5) 单击"确定"按钮,再单击"保存"图标保存。

(6) 以此方法,继续设计采购模块中的采购到货单和采购订单中的表体项目"换算率"、"采购单位"和"件数",分别在确定后保存。

(7) 按照上述方法,在库存管理模块中设置"采购入库单"。在采购入库单显示模块的表体项目中增加"库存单位"、"应收件数"、"件数"、"换算率"和"应收数量",如图 2-33 所示。单击"确定"按钮,再单击"保存"按钮保存。

60 ◀ ERP 供应链管理系统实验教程(用友 U8V10.1)

图 2-32 "表体"对话框(采购专用发票) 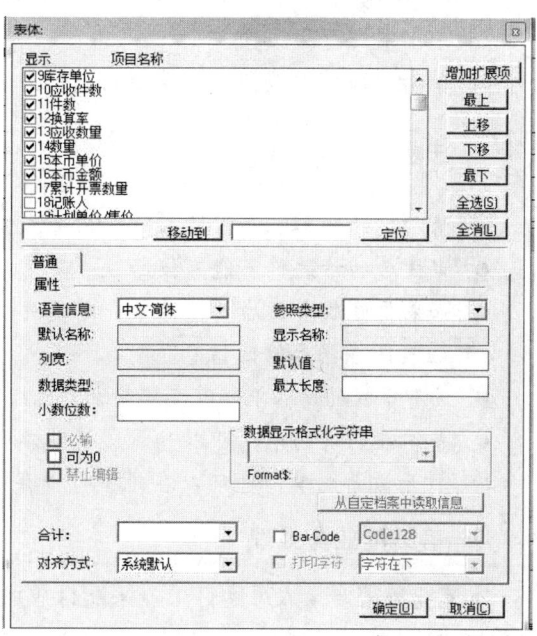　　　图 2-33 "表体"对话框(采购入库单)

3. 第 1 笔业务处理

本笔业务只需录入请购单。

操作步骤

(1) 在"业务工作"选项中，执行"供应链"|"采购管理"命令，打开采购管理系统。

(2) 执行"请购"|"请购单"命令，打开"采购请购单"窗口。

(3) 单击"增加"按钮，选择采购类型为"普通采购"，修改采购日期为"2018-09-08"，部门为"采购部"，采购类型为"厂商采购"，"存货编码"选择"欧丽男衣"，在"数量"栏中输入1000，在"无税单价"栏中输入380，继续输入欧丽男裤和欧丽男套装信息，如图 2-34 所示。

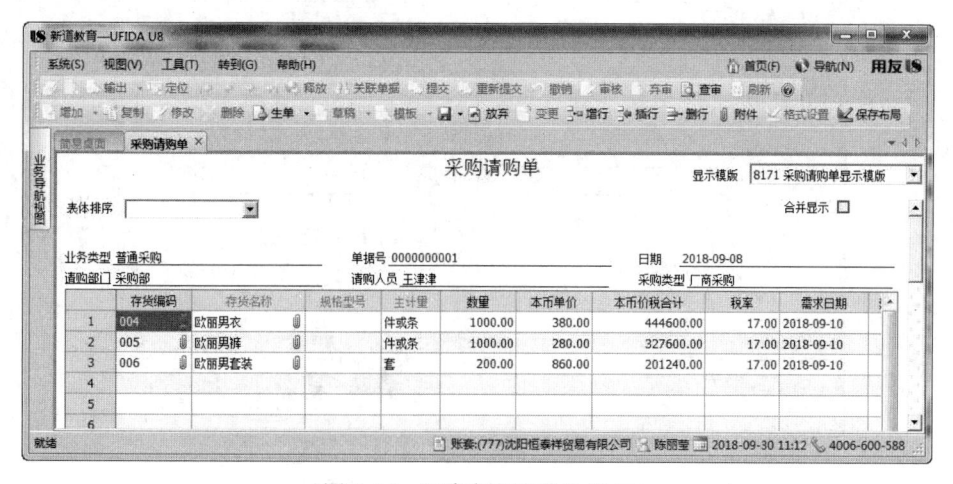

图 2-34 "采购请购单"窗口

第 2 章　采购管理　▶　61

(4)单击"保存"按钮。

(5)单击"审核"按钮,直接审核请购单。

注意:

- 请购单的制单人与审核人可以为一人。
- 审核后的请购单不能直接修改。
- 如果要修改审核后的请购单,需要先"弃审",再"修改",修改后单击"保存"按钮确认并保存修改信息。
- 没有审核的请购单可以直接删除;已经审核的请购单需要先"弃审",然后才能删除。
- 查询采购请购单,可以查看"请购单列表",在列表中,双击需要查询的单据,可以打开该请购单,也可以在此执行"弃审"、"删除"操作。

4. 第 2 笔业务处理

本笔业务需要录入采购订单。采购订单可以直接输入,也可以根据请购单自动生成。这里采用"拷贝采购请购单"的方式直接生成"采购订单"。

操作步骤

(1)在采购管理系统中,执行"采购订货"|"采购订单"命令,打开"采购订单"窗口。

(2)单击"增加"按钮,修改订单日期"2018-09-08"。

(3)单击"生单"下拉按钮,选择"请购单",系统自动弹出"查询条件选择—采购请购单列表过滤"对话框,如图 2-35 所示。

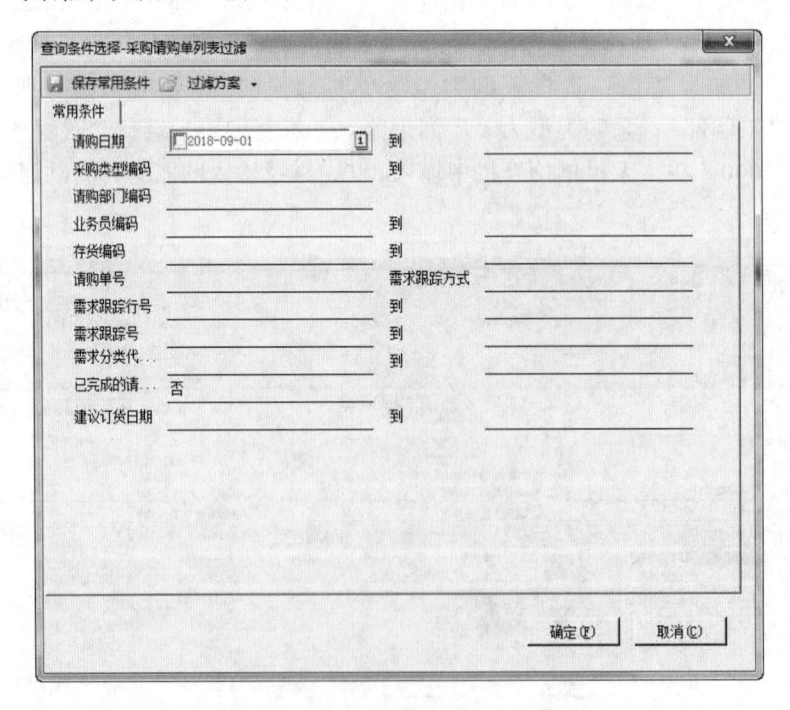

图 2-35 "查询条件选择"对话框

(4)单击"确定"按钮,打开"拷贝并执行"窗口,如图2-36所示。

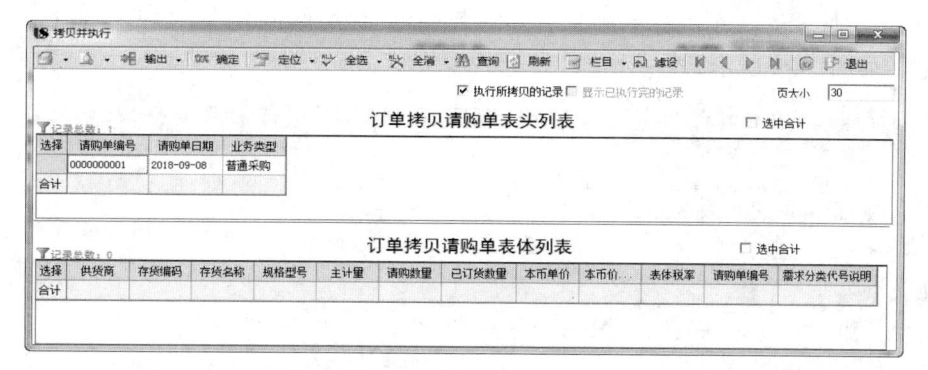

图2-36 "拷贝并执行"窗口

(5)双击鼠标左键中需要拷贝的请购单,即打上"Y"选中标志,如图2-37所示。

图2-37 "拷贝并执行"窗口

(6)单击"确定"按钮,选中的"请购单"资料会自动传递到采购订单中,如图2-38所示。

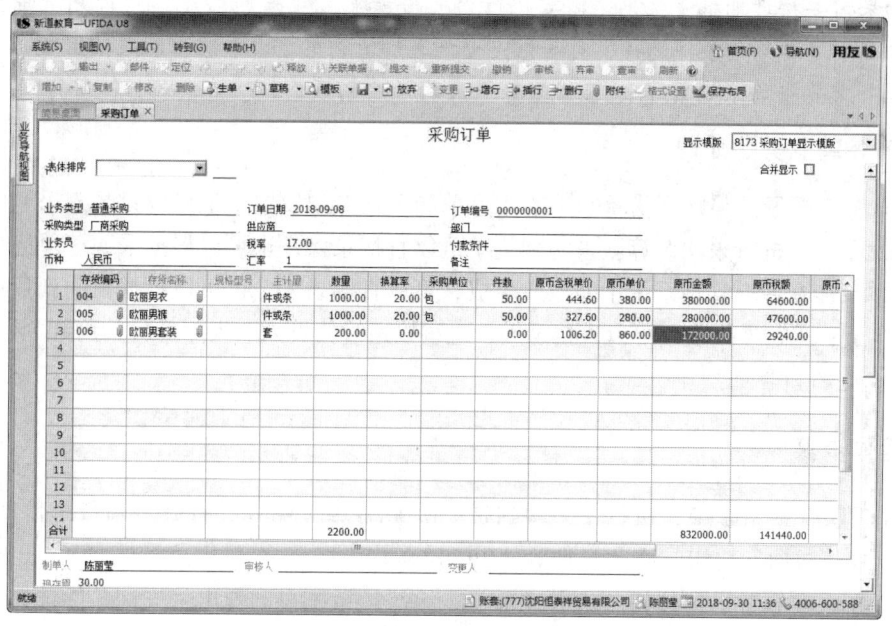

图2-38 拷贝生成采购订单

(7) 修改原币单价(不含税单价)信息：男衣400元，男裤300元，男套装900元，补充录入供货单位、业务员：在"计划到货日期"栏选择"2018-09-10"，修改完成后单击"保存"按钮，如图2-39所示。

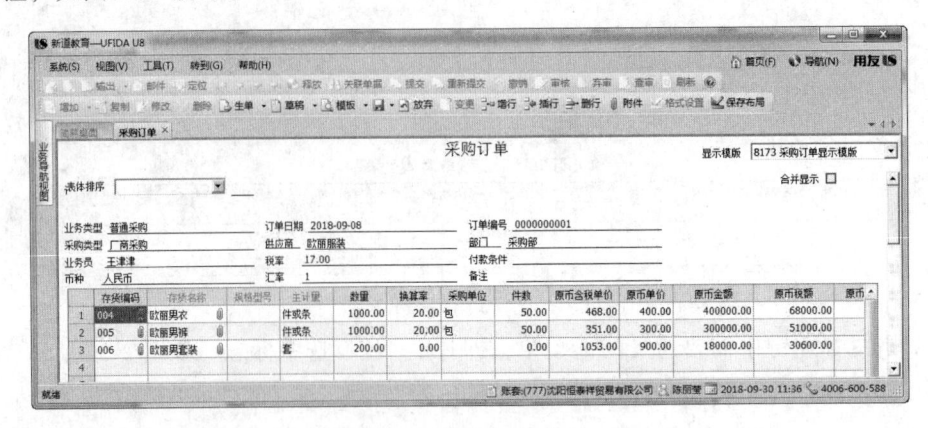

图 2-39　修改、审核采购订单

(8) 单击"审核"按钮，审核确认拷贝生成的采购订单。

> **注意：**
>
> - 如果要取消"拷贝并执行"窗口中的选择，可以在Y处双击鼠标取消。
> - 拷贝采购请购单生成的采购订单可以直接保存并审核。
> - 拷贝采购请购单生成的采购订单信息可以修改，但是如果根据请购单拷贝生成的采购订单已经审核，则不能直接修改，需要先"弃审"再"修改"。
> - 拷贝采购请购单生成的采购订单如果已经生成到货单或采购入库单，也不能直接修改，要删除采购订单信息，需要将其下游单据删除后，才能修改。
> - 如果需要按计划批量生单，需要执行"采购管理"|"采购订货"|"计划批量生单"命令，打开"查询条件选择"对话框，查询选择请购单，由系统自动成批生成采购订单。
> - 如果需要查询采购订单，可以查看"采购订单列表"。

5. 第3笔业务的处理

该笔业务需要录入采购到货单、采购入库单和采购专用发票，也可以只录入采购入库单和采购专用发票，并进行采购结算。采购到货单可以直接录入，也可以根据采购订单拷贝生成，采购入库单只能在库存管理系统中输入或生成，可以直接录入，也可以根据采购到货单、采购订单自动生成；采购专用发票可以直接录入，也可以通过拷贝采购入库单或采购订单生成。

1) 生成采购到货单

操作步骤

(1) 在采购管理系统中，执行"采购到货"|"到货单"命令，打开"到货单"窗口。

(2) 单击"增加"按钮，修改日期为"2018-09-10"。

(3) 单击"生单"下拉按钮，选择"采购订单"，系统自动弹出"查询条件选择—采购订单列表过滤"对话框，单击"确定"按钮，打开"拷贝并执行"窗口。

(4)在"拷贝并执行"窗口中选中所选采购订单,单击"确定"按钮,系统自动生成到货单。

(5)单击"保存"按钮。根据采购订单生成的采购货单,如图2-40所示。

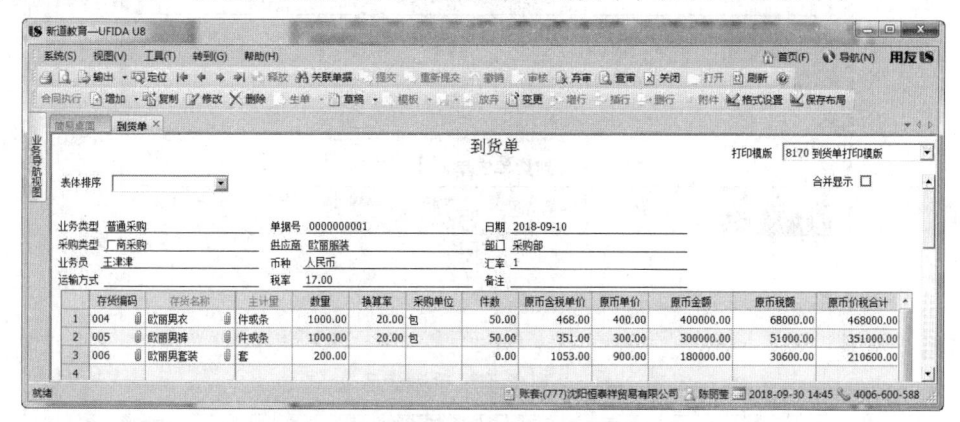

图 2-40 采购到货单

(6)单击"审核"按钮,再单击"退出"按钮。

> **注意:**
>
> - 采购到货单可以手工录入,也可以通过拷贝采购订单生成采购到货单。
> - 如果采购到货单与采购订单信息有差别,可以直接据实录入到货单信息,或者直接修改生成的到货单信息,再单击"保存"按钮确认修改的到货单。
> - 采购到货单不需审核。
> - 没有生成下游单据的采购到货单可以直接删除。
> - 已经生成下游单据的采购到货单不能直接删除,需要先删除下游单据后,才能删除采购到货单。

2)生成采购入库单

当采购管理系统与库存管理系统集成使用时,采购入库单需要在库存管理系统中录入。如果采购管理系统不与库存管理系统集成使用,则采购入库业务在采购管理系统中进行处理。

操作步骤

(1)在企业应用平台中,启动"库存管理系统"。

(2)在库存管理系统中,执行"入库业务"|"采购入库单"命令,打开"采购入库单"窗口。

(3)单击"生单"下拉按钮,选中"采购到货单(批量)",系统自动弹出"查询条件选择—采购到货单列表"对话框,单击"确定"按钮,打开"到货单生单列表"窗口,如图 2-41 所示。

(4)双击"选择"按钮,选中栏出现 Y,如图 2-42 所示。

(5)在表体中的"仓库"栏空白位置参照输入相关信息,单击"仓库"栏参照按钮,选择"欧丽服装仓"。

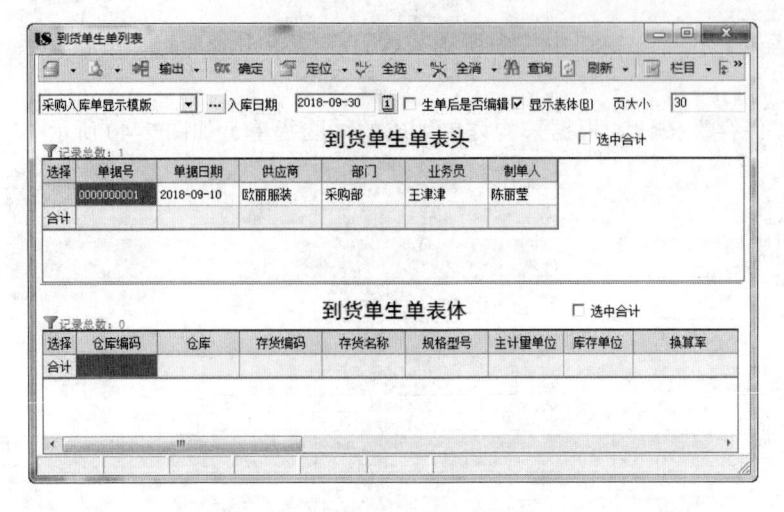

图 2-41 "到货单生单列表"窗口

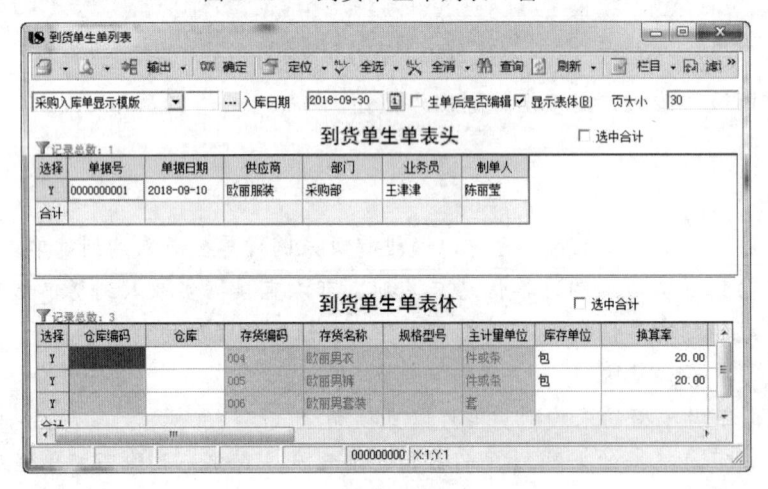

图 2-42 "到货单生单列表"窗口

(6) 单击"确定"按钮，系统显示"生单成功"。

(7) 系统显示生成的采购入库单，如图 2-43 所示。可以对生成的采购入库单进行有限制的修改。

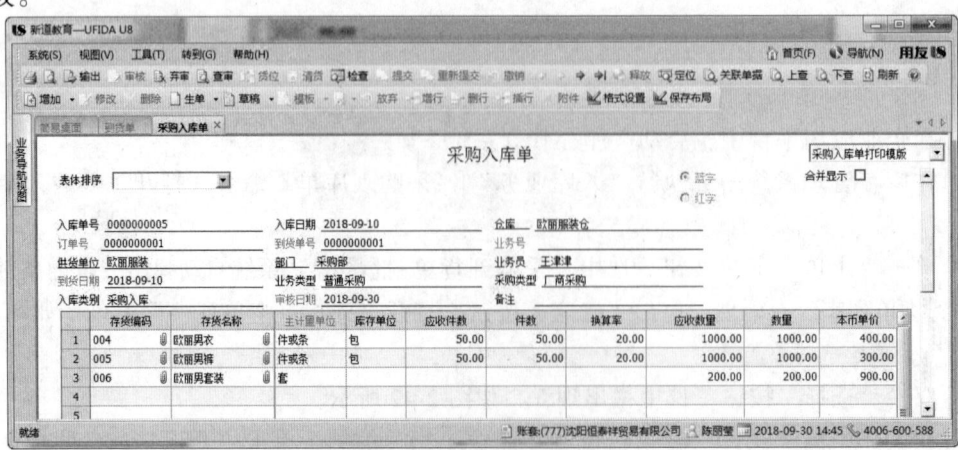

图 2-43 采购入库单

(8)单击"保存"按钮,再单击"审核"按钮,系统提示"该单据审核成功!"。

注意:

- 采购入库单必须在库存管理系统中录入或生成。
- 在库存管理系统中录入或生成的采购入库单,可以在采购管理系统中查看,但不能修改或删除。
- 如果需要手工录入采购入库单,则在库存管理系统中打开采购入库单窗口时,单击"增加"按钮,可以直接录入采购入库单信息。
- 如果在采购选项中设置了"普通业务必有订单",则采购入库单不能手工录入,只能参照生成。如果需要手工录入采购入库单,则需要先取消"普通业务必有订单"选项。
- 采购入库单可以拷贝采购订单生成,也可以拷贝采购到货单生成。如果拷贝采购订单生成,则单击"生单"下拉按钮,打开"查询条件选择"对话框,选择单据后单击"确定"按钮,生成采购入库单。
- 根据上游单据拷贝生成下游单据后,上游单据不能直接修改、弃审。删除下游单据后,其上游单据才能执行"弃审"操作,弃审后才能修改。
- 要查询采购入库单,可以在采购管理系统中查看"采购入库单列表"。

3)填制采购发票

采购发票是供应商开出的销售货物的凭证,系统根据采购发票确认采购成本,并据以登记应付账款。采购发票按业务性质分为蓝字发票和红字发票,按发票类型分为增值税专用发票、普通发票和运费发票。

收到供应商开具的增值税专用发票,需要在采购管理系统中录入采购专用发票,或根据采购订单和采购入库单生成采购专用发票;如果收到供应商开具的普通发票,则录入或生成普通发票。

操作步骤

(1)在采购管理系统中,执行"采购发票"|"专用采购发票"命令,打开"专用发票"窗口。

(2)单击"增加"按钮,输入表头部分的信息。默认业务类型为"普通采购",修改发票日期为"2018年9月10日",并修改发票号为ZY00018。

(3)单击"生单"下拉按钮,选择"入库单"(也可以选择"采购订单"),如图2-44所示。

(4)选择"入库单",系统自动弹出"查询条件选择—采购入库单列表过滤"对话框,如图2-45所示。

(5)单击"确定"按钮,打开"拷贝并执行"窗口,双击所要选择的采购入库单,选择栏显示"Y",如图2-46所示。

(6)单击"确定"按钮,系统将采购入库单自动传递过来,生成采购专用发票,如图2-47所示。

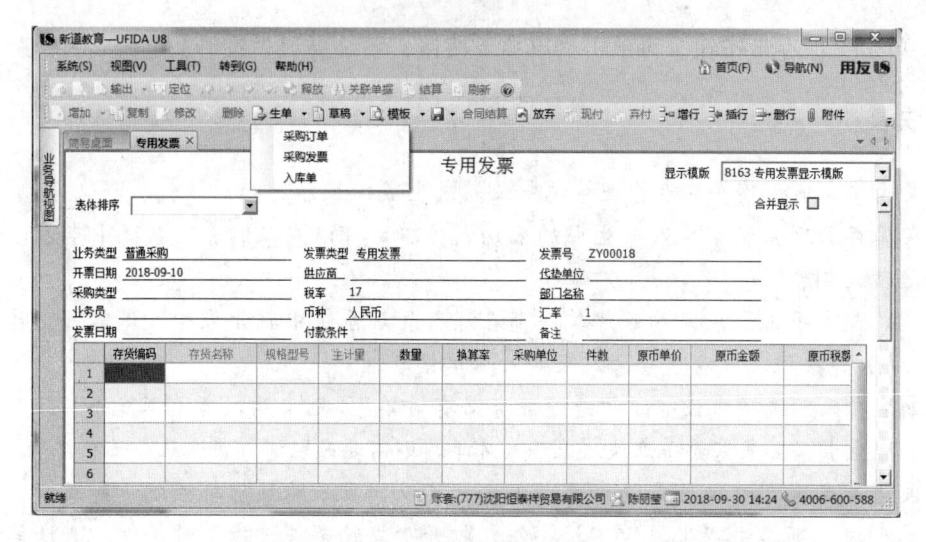

图 2-44 拷贝采购入库单

图 2-45 采购入库单列表查询

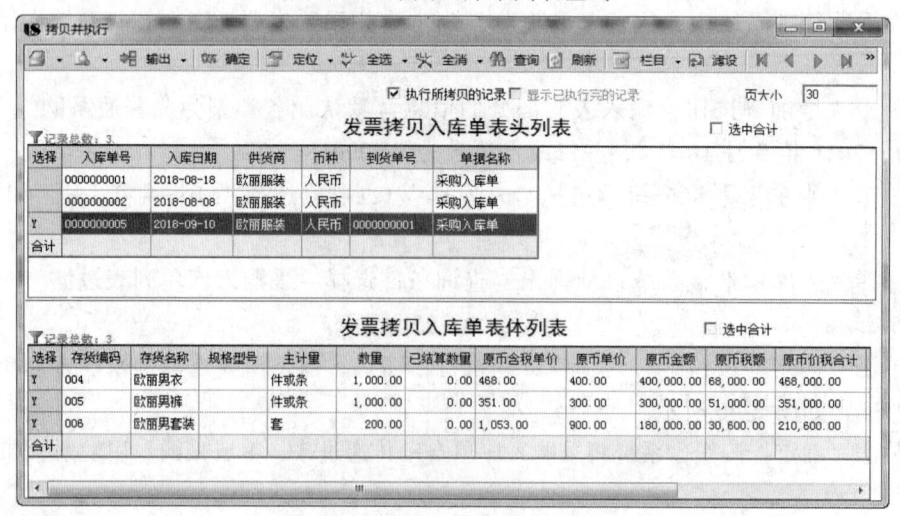

图 2-46 采购入库单列表

图 2-47　采购专用发票录入

（7）所有信息输入、修改完成后，单击"保存"按钮，保存参照采购入库单生成的采购专用发票。

注意：

- 采购发票包括采购专用发票、采购普通发票、采购运费发票和采购红字发票。
- 采购发票可以手工输入，也可以根据采购订单、采购入库单参照生成。
- 如果在采购选项中设置了"普通采购必有订单"，则不能手工录入采购发票，只能参照生成采购发票；如果需要手工录入，则需要先取消"普通业务必有订单"选项。
- 如果录入采购专用发票，需要先在基础档案中设置有关开户银行信息，否则，只能录入普通发票。
- 采购专用发票中的表头税率是根据专用发票默认税率带入的，可以修改。采购专用发票的单价为无税单价，金额为无税金额，税额等于无税金额与税率的乘积。
- 普通采购发票的表头和表体税率应为 0，运费增值税专用发票的税率默认为 11%，可以进行修改；普通发票单价为含税单价，金额为价税合计。
- 如果收到供应商开具的发票但没有收到货物，可以对发票压单处理，待货物运达后，再输入采购入库单并进行采购结算；也可以先将发票输入系统，以便实时统计在途物资。
- 在采购管理系统中可以通过查看"采购发票列表"来查询采购发票。

4）采购结算

采购结算就是采购报账，是指采购人员根据采购入库单、采购发票核算采购入库成本，生成采购结算单，它是记载采购入库单记录与采购发票记录对应关系的结算对照表。采购结算分为自动结算和手工结算。

采购自动结算是由系统自动将符合条件的采购入库单记录和采购发票记录进行结算。系统按照 3 种结算模式进行自动结算：入库单和发票结算、红蓝入库结算、红蓝发票结算。

操作步骤

(1) 在采购管理系统中，执行"采购结算"|"自动结算"命令，打开"采购自动结算"对话框，如图 2-48 所示。

(2) 根据需要输入结算查询条件和结算模式，如单据的起止日期；选择"入库单和发票"结算模式，单击"确定"按钮，系统自动进行结算。如果存在完全匹配的记录，则系统自动弹出信息提示对话框，如图 2-49 所示，单击"确定"按钮；如果不存在完全匹配的记录，则系统自动弹出"没有符合条件的红蓝入库单和发票"信息提示框。

(3) 执行"结算单列表"命令，单击"确定"按钮，如图 2-50 所示，双击需要查询的结算表，可以打开结算表，查询、打印本次自动结算结果。

(4) 单击"退出"按钮。

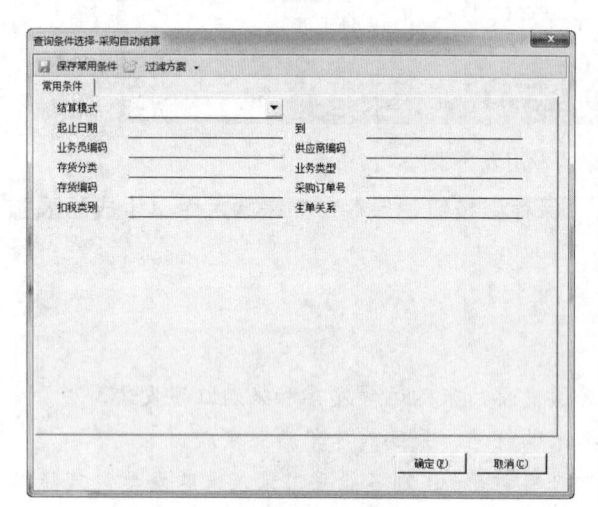

图 2-48 "采购自动结算"对话框

图 2-49 成功结算信息

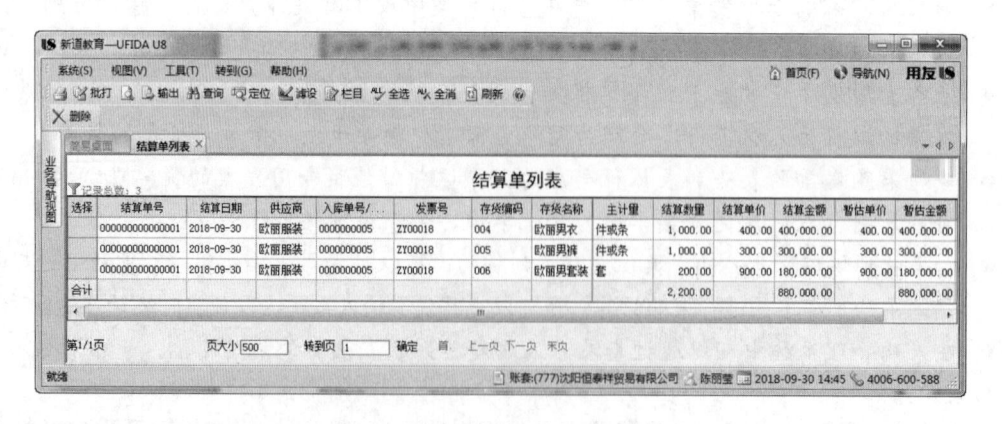

图 2-50 采购结算单列表

注意：

- 设置采购自动结算查询条件时，存货分类与存货是互斥的，即同时只能选择一个条件进行查询。

- 结算模式为复选，可以同时选择一种或多种结算模式。
- 执行采购结算后的单据不能进行修改、删除操作。
- 如果需要删除已经结算的发票或采购入库单，可以在"结算单列表"中打开该结算单并删除，这样才能第采购发票或采购入库但执行相关的修改、删除操作。

5) 采购成本核算

采购成本的核算在存货核算系统中进行。存货核算系统记账后，才能确认采购商品的采购成本。

操作步骤

(1) 在存货核算系统中，执行"业务核算"|"正常单据记账"命令，打开"查询条件选择"窗口。

(2) 选择"仓库"中的"欧丽服装仓"，如图 2-51 所示。

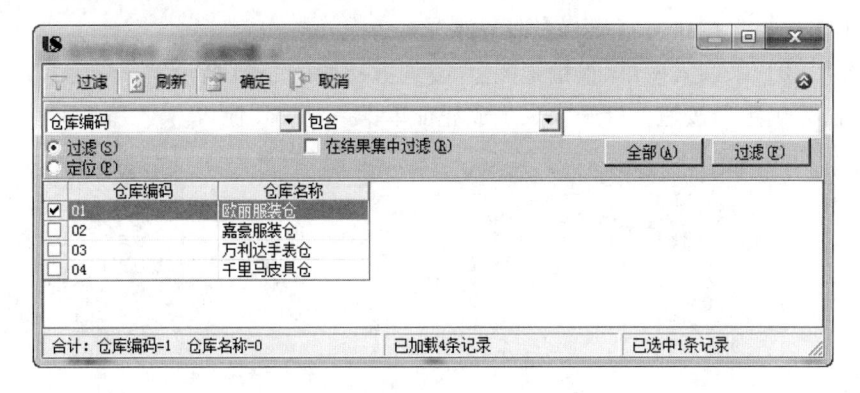

图 2-51 "正常单据记账条件"窗口

(3) 单击"确定"按钮，返回到"查询条件选择"窗口，再单击"确定"按钮，打开"正常单据记账列表"窗口。

(4) 单击"全选"按钮，如图 2-52 所示。

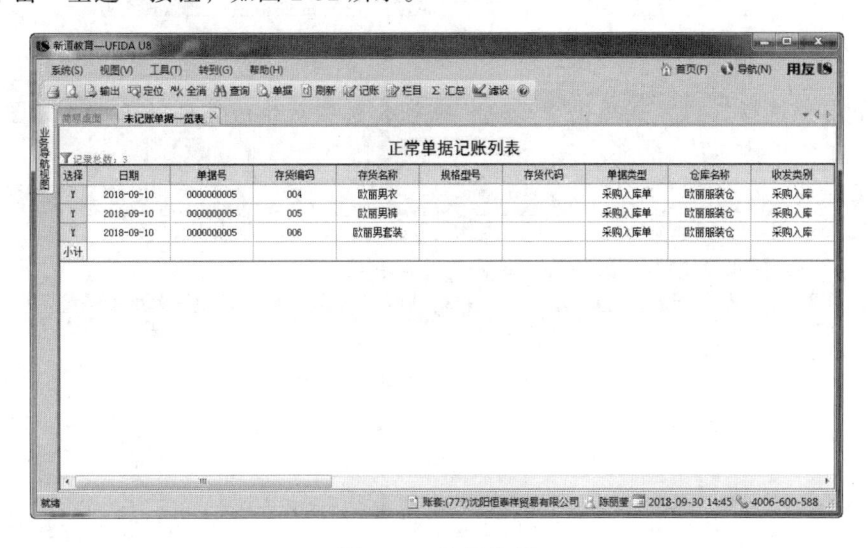

图 2-52 选择单据

(5) 单击"记账"按钮,显示"记账成功",将采购入库单记账。

(6) 单击"退出"按钮。

(7) 执行"财务核算"|"生成凭证"命令,打开"生成凭证"窗口,如图2-53所示。

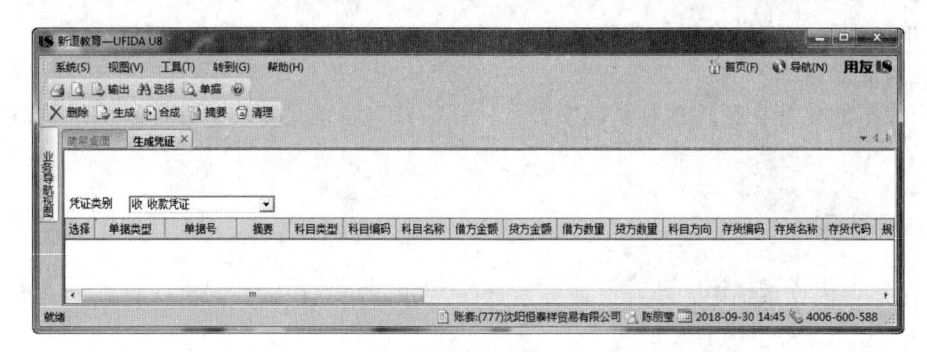

图 2-53 "生成凭证"窗口

(8) 单击"选择"按钮,打开"查询条件"对话框。

(9) 选择"(01)采购入库单(报销记账)"复选框,如图2-54所示。

(10) 单击"确定"按钮,打开"未生成凭证单据一览表"窗口。

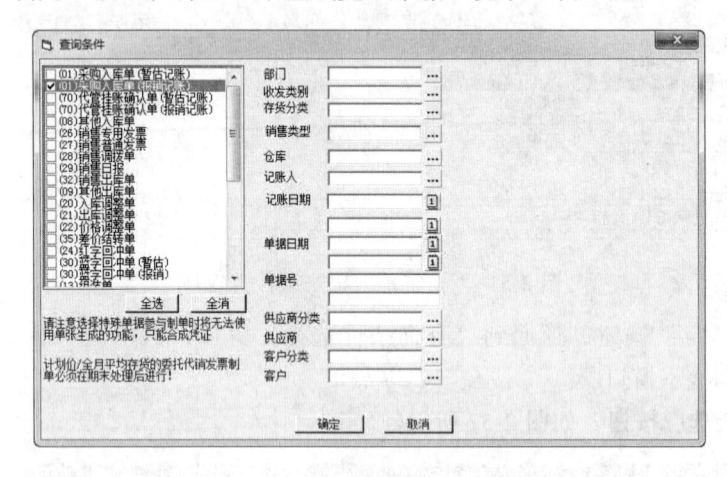

图 2-54 "查询条件"对话框

(11) 单击"选择"栏,或单击"全选"按钮,选中待生成凭证的单据,如图2-55所示,单击"确定"按钮。

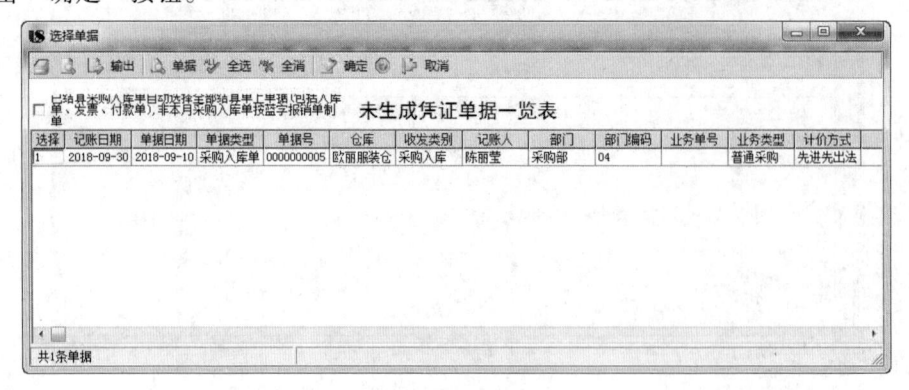

图 2-55 选择单据

(12) 选择"转账凭证",分别录入或选择"存货"科目编码为 1405,"对方"科目编码为 1401,如图 2-56 所示。

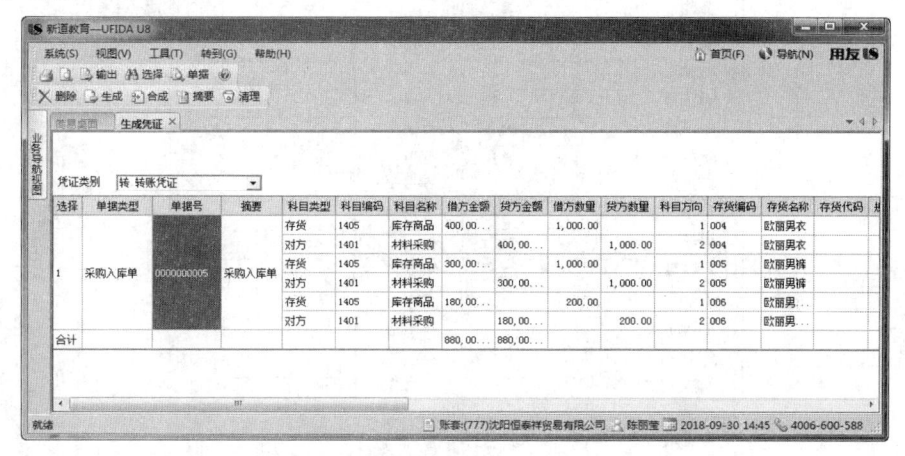

图 2-56 录入存货和对方科目

(13) 单击"生成"按钮,生成一张转账凭证,修改凭证日期为"2018-09-30"。
(14) 单击"保存"按钮,如图 2-57 所示。

图 2-57 存货入库的转账凭证

(15) 单击"退出"按钮退出。

6) 财务部门确认应付账款

采购结算后的发票会自动传递到应付账款管理系统,需要在应付账款管理系统中审核确认后进行制单,形成应付账款并传递给总账系统。

提示:为了方便操作员 002 审核相关单据,建议用账套主管 001 登录企业门户,单击"系统服务"|"权限"|"数据权限控制设置"命令,打开"数据权限控制"窗口,取消"用户"的复选框选中。

操作步骤

(1) 进入应付款管理系统,执行"应付单据处理"|"应付单据审核"命令,打开"应付单查询条件"对话框,输入相关查询条件,如图 2-58 所示。

第 2 章 采购管理 ▶ 73

图 2-58 "应付单查询条件"对话框

(2) 单击"确定"按钮,打开"应付单据列表"窗口。
(3) 单击"选择"栏,或单击"全选"按钮,如图 2-59 所示。

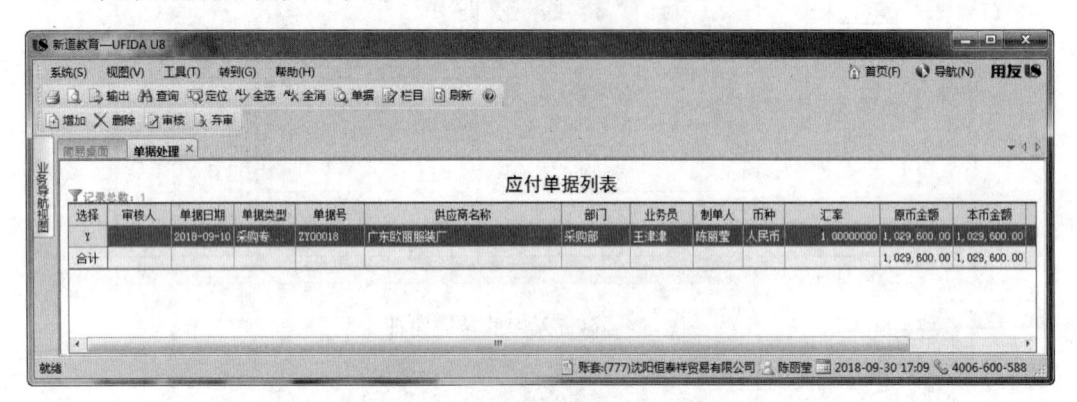

图 2-59 "应付单据列表"窗口

(4) 单击"审核"按钮,系统完成审核并给出审核报告,如图 2-60 所示。
(5) 单击"确定"按钮后退出。
(6) 执行"制单处理"命令,打开"制单查询"对话框,如图 2-61 所示,选择"发票制单"。
(7) 单击"确定"按钮,打开"采购发票制单"窗口。
(8) 选择"转账凭证",修改制单日期为"2018-09-30",再单击"全选"按钮,选中要制单的"采购入库单",如图 2-62 所示。
(9) 单击"制单"按钮,生成一张转账凭证,如图 2-63 所示,单击"保存"按钮。

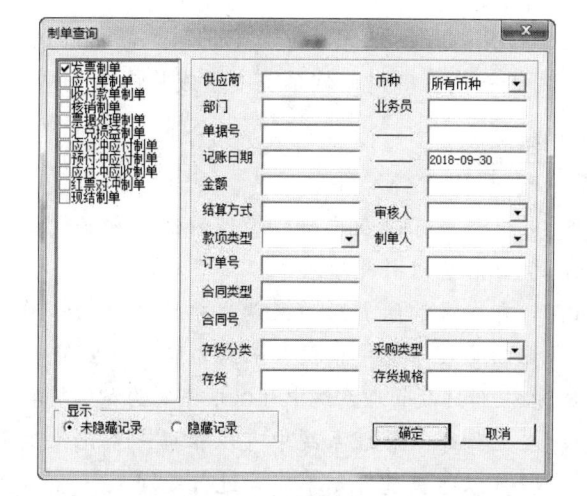

图 2-60　应付单据审核

图 2-61　"制单查询"对话框

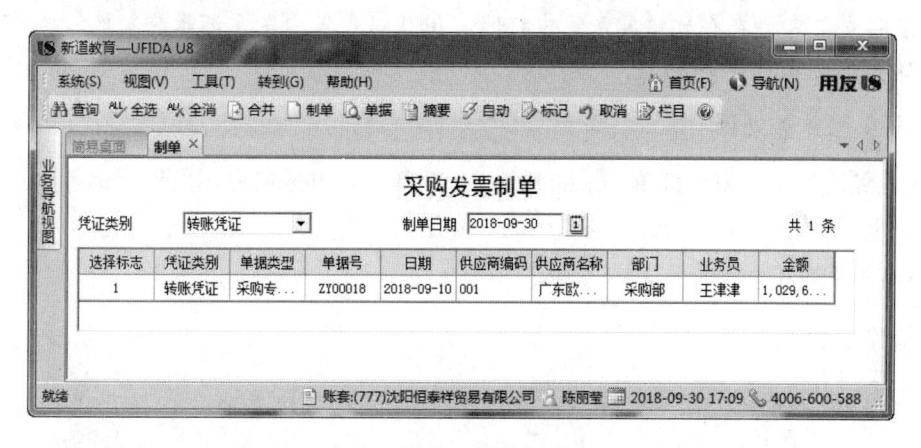

图 2-62　"采购发票制单"窗口

图 2-63　生成转账凭证

第 2 章　采购管理　▶　75

(10)打开总账系统，执行"凭证"、"查询凭证"命令。选择"未记账凭证"，打开所选凭证，可以查询在应付账款系统中生成并传递至总账的记账凭证。

注意：

- 应付科目可以在应付款管理系统的初始设置中设置，而此账套未设置，所以在生成凭证后可以补充填入。
- 只有在采购结算后的采购发票才能自动传递到应付账款管理系统，并且需要在应付账款管理系统中审核确认，才能形成应付账款。
- 在应付账款管理系统中可以根据采购发票制单，也可以根据应付单或其他单据制单。
- 在应付账款管理系统中可以根据一条记录制单，也可以根据多条记录合并制单，用户可以根据选择制单序号进行处理。
- 可以在采购结算后针对每笔业务立即制单，也可以月末一次制单。
- 采购发票需要在存货核算系统中记账，但可以在采购发票记账前制单，也可以在采购发票记账后再制单。

6. 第4笔业务处理

该笔业务需要录入采购订单、采购到货单、采购入库和采购专用发票，也可以只录入采购入库单和采购专用发票，并进行采购结算。

1) 录入采购订单

操作步骤

(1)在采购管理系统中，执行"采购订货"|"采购订单"命令，打开"采购订单"窗口。

(2)单击"增加"按钮，修改日期为2018-09-25，选择采购类型为"厂商采购"，部门为"采购部"。按资料输入信息，如图2-64所示。

图2-64 采购订单

(3)单击"保存"，再单击"审核"按钮。

2）生成采购到货单

操作步骤

（1）在采购管理系统中，执行"采购到货"|"到货单"命令，打开"到货单"窗口。

（2）单击"增加"按钮，修改日期为2018-09-30，选择采购类型为"厂商采购"，部门为"采购部"。

（3）单击"生单"下拉按钮，选择"采购订单"，系统自动弹出"查询条件选择－采购订单列表过滤"对话框。单击"确定"按钮，打开"拷贝并执行"窗口。

（4）在"拷贝并执行"窗口中，选中要生成到货单中的"嘉豪商务男装"和"嘉豪商务女装"的选择栏，再单击"确定"按钮，生成一张采购到货单。

（5）单击"保存"按钮，如图2-65所示，再单击"审核"按钮。

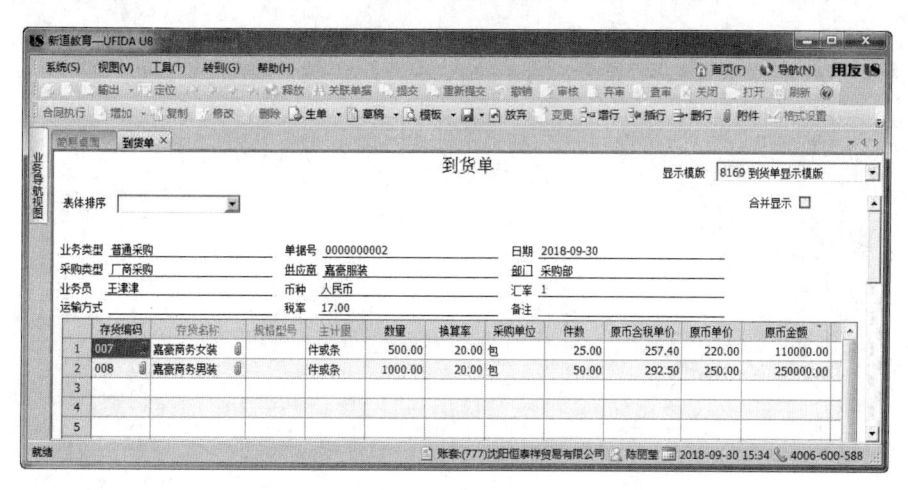

图2-65 采购到货单

3）采购入库单

（1）在库存管理系统中，执行"入库业务"|"采购入库单"命令，打开"采购入库单"窗口。

（2）单击"生单"下拉按钮，选择"采购到货单(批量)"。

（3）选择"采购到货单"时，系统自动弹出"查询条件选择－采购到货单列表"对话框。

（4）单击"确定"按钮，出现待选择的"采购到货单"。单击"选择"栏，或单击"全选"按钮，"选择"栏出现Y。窗口下部显示所选择单据的表体记录。

（5）在表体中的空白位置参照输入相关信息，如图2-66所示。

（6）单击"确定"按钮，系统自动弹出"生单成功"。

（7）系统显示生成的采购入库单，如图2-67所示。

（8）单击"审核"按钮，确认并保存采购入库单。

4）填制采购发票

（1）在采购管理系统中，执行"采购发票"|"专用采购发票"命令，打开"专用发票"窗口。

（2）单击"增加"按钮，默认业务类型为"普通采购"，修改发票号为"ZY00123"。

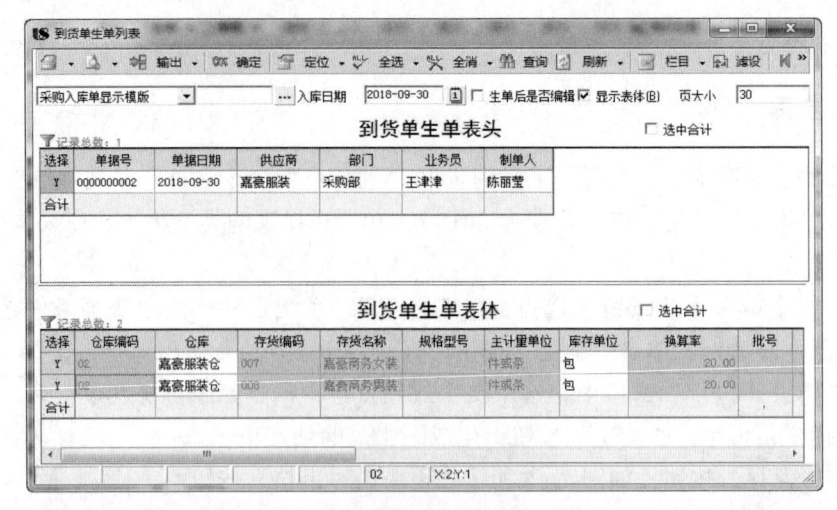

图 2-66　生单单据选择

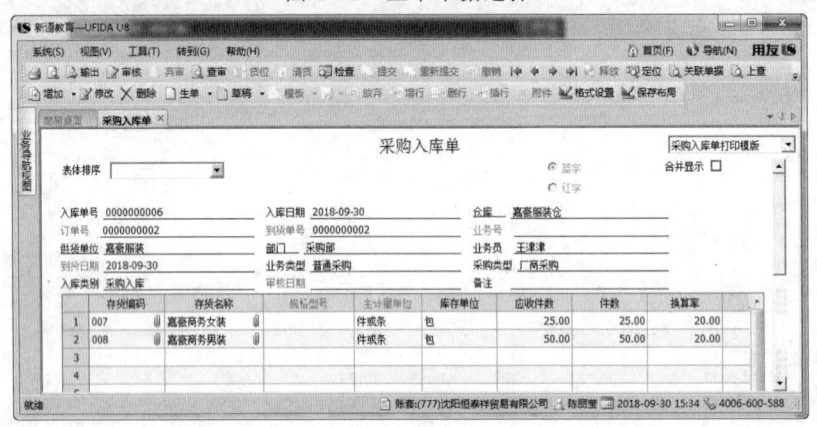

图 2-67　采购入库单

(3) 单击"生单"下拉按钮，选择"入库单"。

(4) 系统自动弹出"查询条件选择—采购入库单列表过滤"对话框，单击"确定"按钮，系统显示"拷贝并执行"窗口。

(5) 分别单击要选择的信息，再单击"确定"按钮，系统将采购入库单自动传递过来，生成采购专用发票，如图 2-68 所示。

图 2-68　采购专用发票

(6)单击"保存"按钮,保存采购专用发票。

5)采购结算

(1)在采购管理系统中,执行"采购结算"|"自动结算"命令,系统自动弹出"自动结算"窗口。

(2)单击"确定"按钮,系统自动进行结算。

6)采购成本核算

(1)在存货核算系统中,执行"业务核算"|"正常单据记账"命令,打开"查询条件选择"对话框。

(2)选择"嘉豪服装仓"。

(3)单击"确定"按钮,返回到"查询条件选择"窗口,再单击"确定"按钮,打开"正常单据记账列表"窗口。

(4)单击"全选"按钮,如图2-69所示。

图2-69　正常单据记账窗口

(5)单击"记账"按钮,将采购入库单记账。

(6)单击"退出"按钮,退出"正常单据记账列表"窗口。

(7)执行"财务核算"|"生成凭证"命令,打开"生成凭证"窗口。

(8)单击"选择"按钮,打开"查询条件"对话框。

(9)选中"采购入库单(报销记账)"复选框。

(10)单击"确定"按钮,打开"未生成凭证单据一览表"窗口。

(11)单击"选择"栏,或单击"全选"按钮,选中待生成凭证的单据,如图2-70所示,单击"确定"按钮。

图2-70　选择单据

第2章　采购管理　79

(12)选择"转账凭证",分别录入或选择"存货"科目编码为 1405,"对方"科目编码为 1401。

(13)单击"生成"按钮,生成一张转账凭证,修改凭证日期为"2018-09-30"。

(14)单击"保存"按钮,如图 2-71 所示。

(15)单击"退出"按钮退出。

7)财务部门确认应付账款

(1)在应付账款管理系统中,执行"应付单据处理"|"应付单据审核"命令,打开"应付单查询条件"对话框。

(2)单击"确定"按钮,系统显示"应付单据列表"。

(3)单击"选择"栏,或单击"全选"按钮。

图 2-71 存货入账的凭证

(4)单击"审核"按钮,系统完成审核并给出审核报告。

(5)单击"确定"按钮后退出。

(6)执行"制单处理"命令,打开"制单查询"对话框,选择"发票制单"。

(7)单击"确定"按钮,打开"采购发票制单"窗口。

(8)选择"转账凭证",修改制单日期为"2018-09-30",在单击"全选"按钮,选中要制单的采购入库单,如图 2-72 所示。

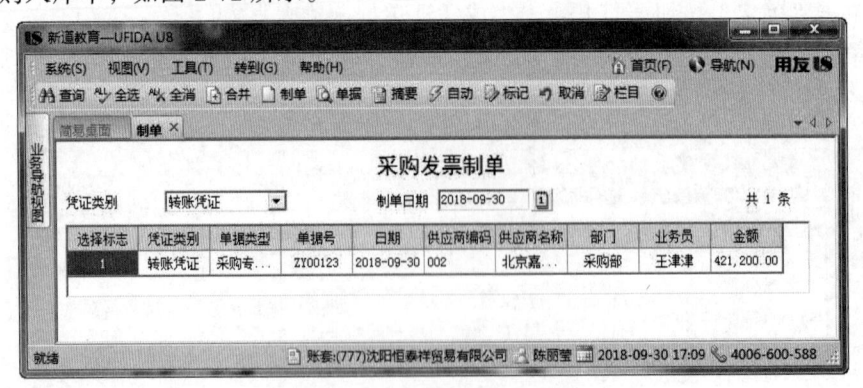

图 2-72 要制单的采购入库单

(9)单击"制单"按钮,生成一张转账凭证,单击"保存"按钮,如图 2-73 所示。

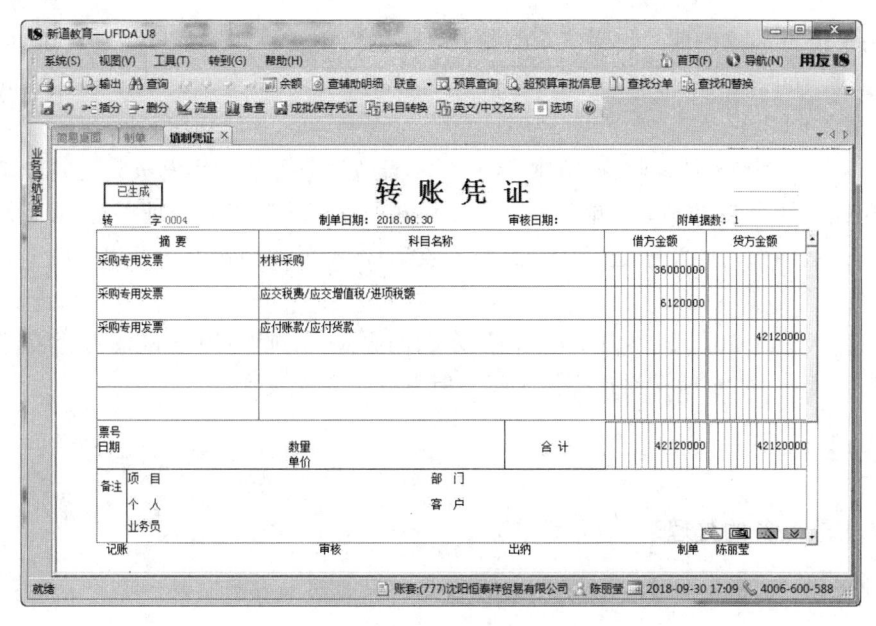

图 2-73 转账凭证

7. 账套备份

在 E:\"供应链账套备份"文件夹中新建"实验 2.2 普通采购业务"文件夹。将账套输出至 E:\"供应链账套备份"\"实验 2.2 普通采购业务"文件夹中。

实验 2.3 暂估业务

【实验目的与要求】

通过本次实验，系统学习采购管理暂估业务处理。正确理解暂估业务的内涵，熟悉三种暂估方式的处理，掌握暂估业务的处理流程和处理方法。

【实验准备】

已经完成第 2 章实验 2.2 的操作，或者引入光盘中的 2.2 账套备份数据。将系统日期修改为 2018 年 9 月 30 日，以 002 操作员（密码为 2）的身份登录 777 账套的"企业应用平台"。

【实验内容】

- 增加"非合理损耗类型"——运输部门责任。
- 对于上月暂估业务，本月发票已到，执行采购结算并确认采购成本。
- 账套备份。

【实验资料】

恒泰祥贸易有限公司日常采购业务如下（采购部，业务员：王津津）：

(1) 2018 年 9 月 10 日，收到广东欧丽服装厂的专用发票，发票号码 ZY00088。发票载明欧丽女套装 100 套，单价 480 元，增值税率 17%。本公司验收入库后立即支付货款和税款（现金支票 XJ0001）。

(2) 2018 年 9 月 18 日，收到 2018 年 8 月 8 日暂估业务的专用发票，发票号 ZY0021。发票上载明欧丽男套装 155 套，单价 960 元。短缺的 5 套服装为非合理损耗，已查明属于运输部门责任，运输部门同意赔偿 5616 元（尚未收到）。财务部门按发票开出转账支票（支票号 ZZ00556）支付全部款项。

(3) 2018 年 9 月 30 日，本月 20 日向广东欧丽服装厂订购 300 套欧丽男套装，单价 900 元，男套装已于本月 26 日收到并验收入库，但发票至今未收到。

【实验指导】

1. 第 1 笔业务的处理

本笔业务系 2018 年 8 月入库的服装，因此，只需输入采购发票，执行采购结算并支付款项的操作。

操作步骤

1) 采购发票与采购结算

(1) 在采购管理系统中，执行"采购发票"|"专用采购发票"命令，打开"采购专用发票"窗口。单击"增加"按钮，修改开票日期为"2018-09-10"，选择部门名称为"采购部"，业务员为"王津津"，并修改发票号为 ZY00088。

(2) 期初已经输入该笔业务的入库单，直接拷贝采购入库单，生成采购专用发票。单击"生单"下拉按钮，选择"入库单"，系统自动弹出"查询条件选择－采购入库单列表过滤"对话框；单击"确定"按钮，打开"拷贝并执行"窗口，选中第 1 张入库单的"选择"栏，如图 2-74 所示。

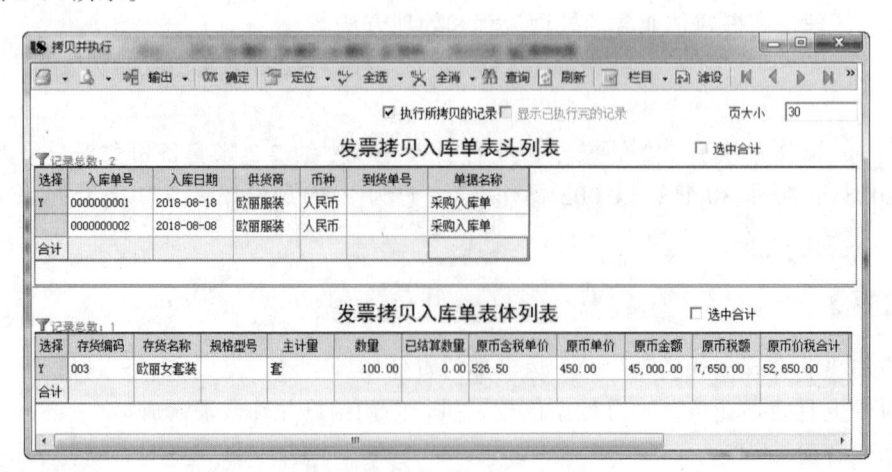

图 2-74 "拷贝并执行"窗口

(3) 单击"确定"按钮，生成一张"采购专用发票"，修改原币单价为 480 元。

(4)单击"保存"按钮,最终的采购专用发票如图 2-75 所示。

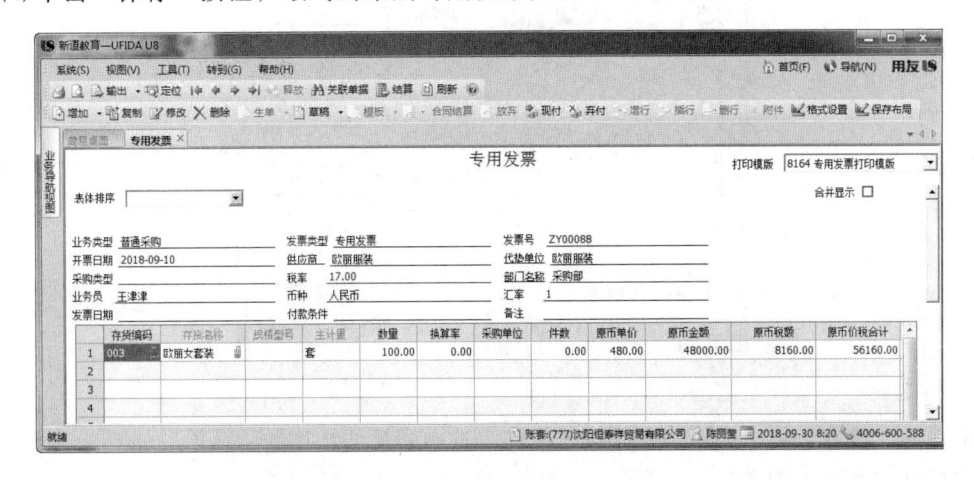

图 2-75 拷贝生成采购专用发票

(5)单击"现付"按钮,打开"现付"窗口。选择结算方式为现金支票,录入原币金额为 56 160 元,票据号为 XJ0001,银行账号为 73853654 等信息。

(6)对完成已现付的发票,单击"结算"按钮,即可进行采购发票和采购入库单的自动结算工作,发票上显示"已现付"和"已结算",如图 2-76 所示。

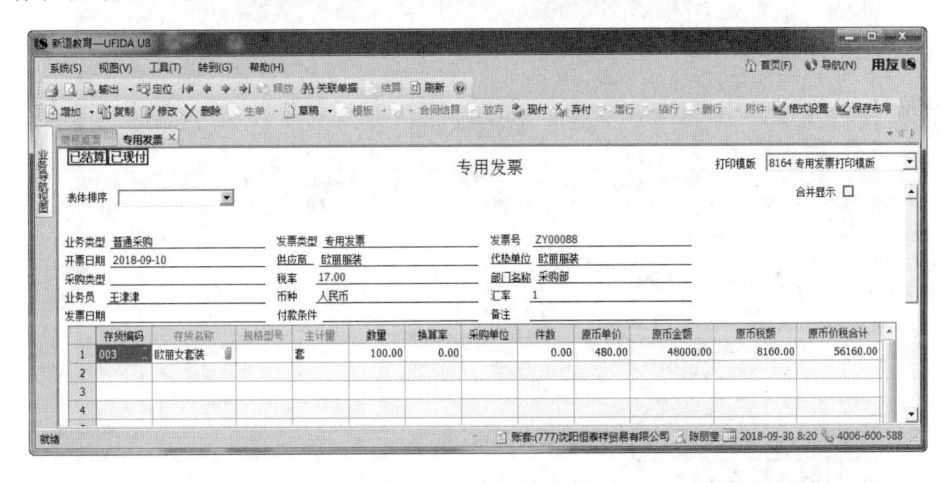

图 2-76 现付结算

注意:

对于上月末的暂估业务,执行采购结算后,还需要在存货核算系统中进行暂估处理(具体步骤见存货核算),以便根据采购发票价格改写账簿资料,确认采购成本。

2)暂估处理

(1)在存货核算系统中,执行"业务核算"|"结算成本处理"命令,打开"暂估处理查询"对话框。

(2)选中"欧丽服装仓"前的复选框,如图 2-77 所示。

(3)单击"确定"按钮,打开"结算成本处理"窗口。

第 2 章 采购管理 ▶ 83

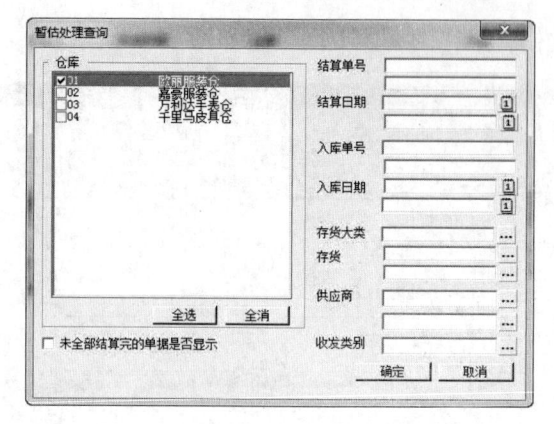

图 2-77 "暂估处理查询"对话框

(4) 单击"选择"栏，或单击"全选"按钮，选中要暂估结算的结算单，如图 2-78 所示。
(5) 单击"暂估"按钮。

3) 生成"红字回冲单"凭证
(1) 在存货核算系统中，执行"财务核算"|"生成凭证"命令，打开"生成凭证"窗口。
(2) 单击"选择"按钮，打开"查询条件"对话框。
(3) 选中"(24)红字回冲单"复选框和生成凭证的单据，如图 2-79 所示。

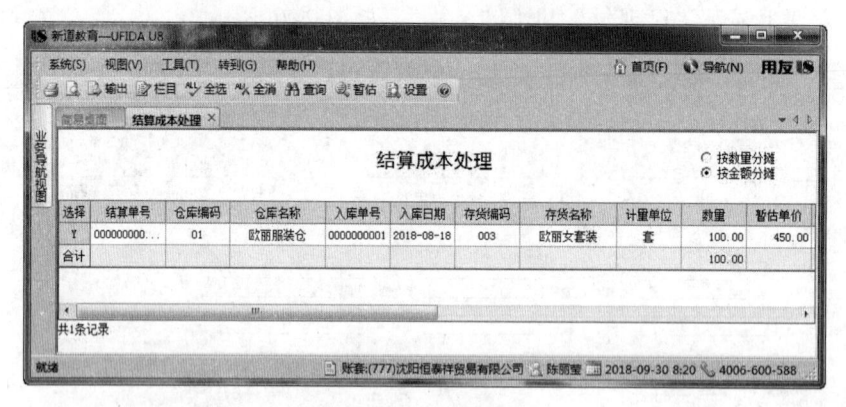

图 2-78 暂估结算表

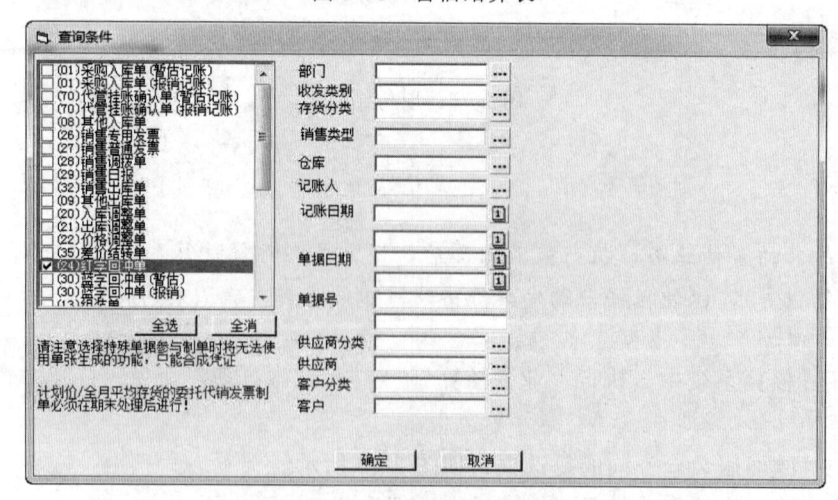

图 2-79 "查询条件"对话框

(4)单击"确定"按钮,打开"未生成凭证单据一览表"窗口。

(5)单击"选择"栏,如图2-80所示。

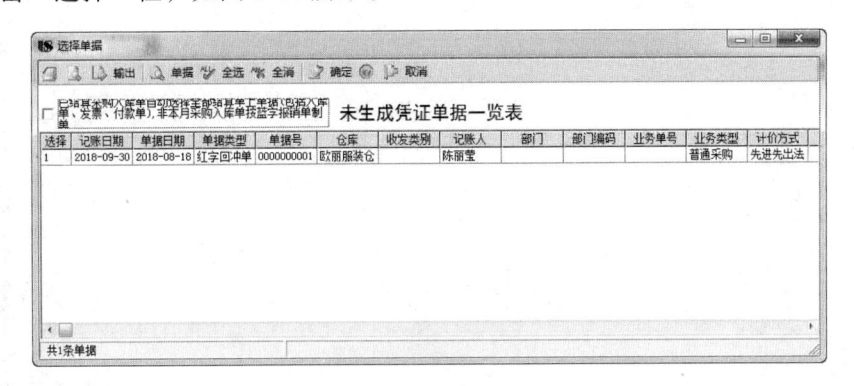

图2-80 "未生成凭证单据一览表"窗口

(6)单击"确定"按钮,打开"生成凭证"窗口。

(7)录入存货科目编码为1405,对方科目编码为220202,选择"转账凭证"。

(8)单击"生成"按钮,生成一张转账凭证。

(9)单击"保存"按钮,生成的凭证如图2-81所示。

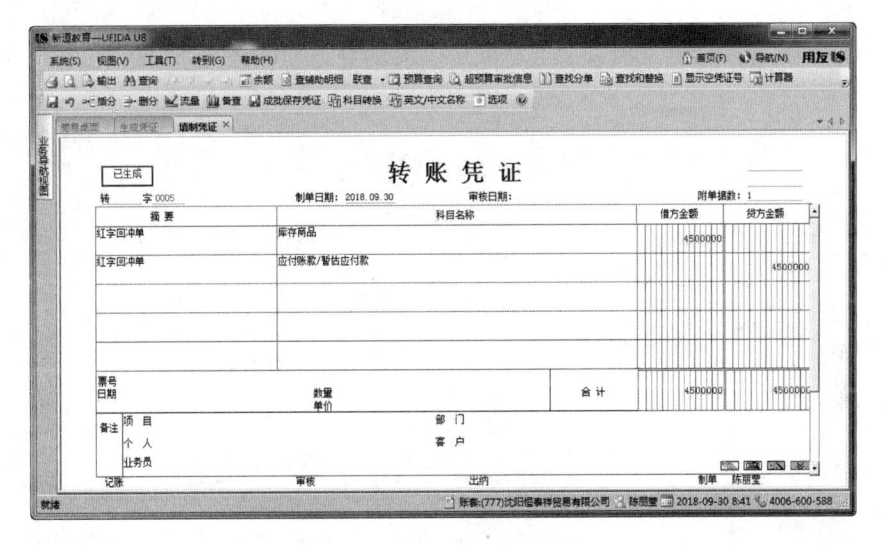

图2-81 冲销暂估入账的凭证

4)生成"蓝字回冲单(报销)"凭证

(1)执行"财务核算"|"生成凭证"命令,打开"生成凭证"窗口。

(2)单击"选择"按钮,打开"查询条件"对话框。

(3)选中"(30)蓝字回冲单(报销)"复选框,再单击"确定"按钮,打开"未生成凭证单据一览表"窗口。

(4)单击"选择"栏,再单击"确定"按钮,打开"生成凭证"窗口。

(5)修改凭证类别为"转账凭证",录入存货科目编码1405,对方科目编码1401。单击"生成"按钮,生成一张转账凭证。

(6)单击"保存"按钮,凭证如图2-82所示。

第2章 采购管理 ▶ 85

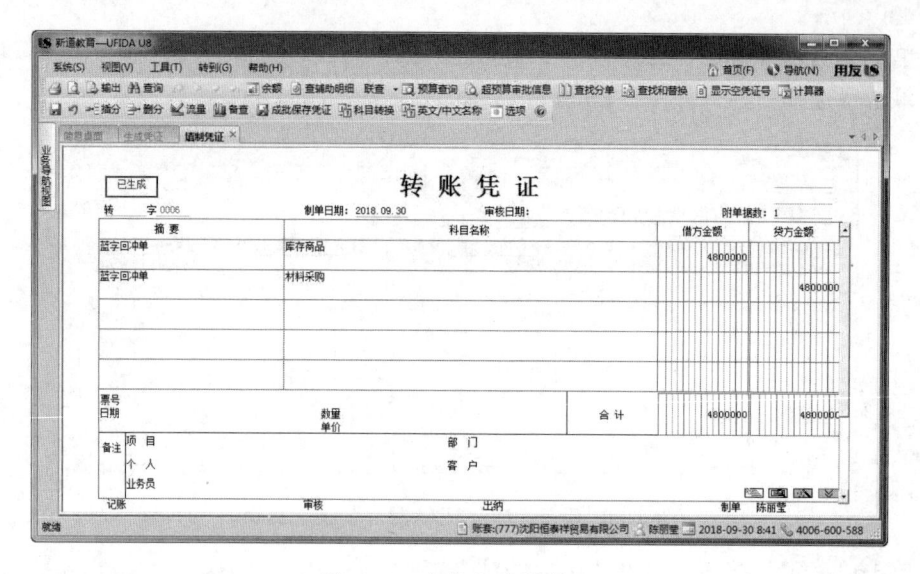

图 2-82　存货入库的凭证

(7) 单击"退出"按钮退出。

5) 现付单据审核与制单

(1) 在应付款管理系统中，执行"应付单据处理"|"应付单据审核"命令，打开"应付单查询条件"对话框。选择"包含已现结发票"复选框，如图 2-83 所示。

图 2-83　"应付单查询条件"对话框

(2) 单击"确定"按钮，打开"应付单据列表"窗口。

(3) 单击"选择"栏，选中已现付单据。单击"审核"按钮，完成对现付发票的审核，如图 2-84 所示。

(4) 单击"确定"按钮，再单击"退出"按钮退出。

图 2-84 "应付单据列表"窗口

(5) 执行"制单处理"命令,打开"制单查询"窗口,选择"现结制单"复选框,如图 2-85 所示。

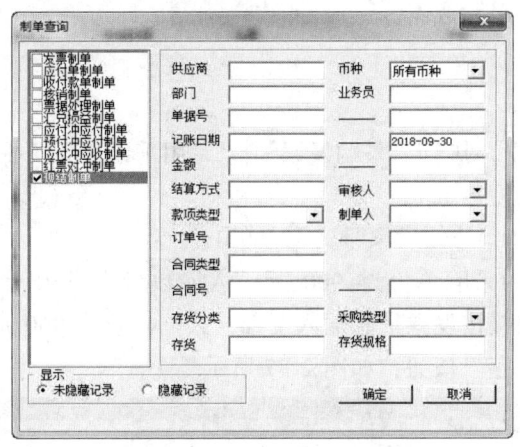

图 2-85 "制单查询"对话框

(6) 单击"确定"按钮,打开"现结制单"窗口。

(7) 单击"全选"按钮,选择凭证类别为"付款凭证"。单击"制单"按钮,生成一张付款凭证自动传递到总账系统,单击"保存"按钮,如图 2-86 所示。在总账系统中可以查询、审核该付款凭证。

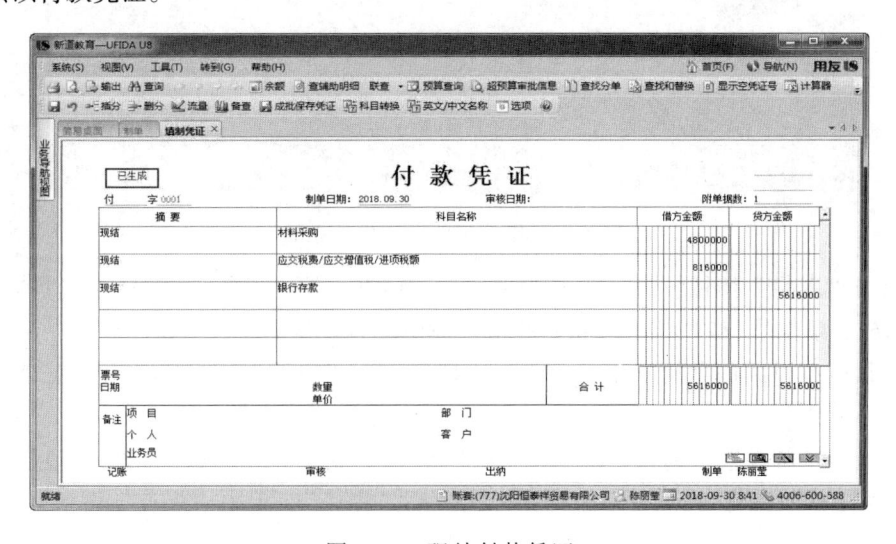

图 2-86 现结付款凭证

第 2 章 采购管理 87

> **注意：**
> - 采购结算后，现付发票和现付单据才能自动传递到应付款系统中。
> - 付款单据也可以在应付款系统中手工录入、审核。
> - 现付单据只能通过"应付款系统"|"应付单据审核"命令实现审核。
> - 现付发票通过"应付款系统"|"凭证处理"命令实现凭证生成。
> - 可以根据每张现付发票生成付款凭证，也可以月末合并生成付款凭证。

2. 第 2 笔业务的处理

本业务属于上年 12 月末的暂估业务，本月需要输入(拷贝生成)采购发票，执行采购结算，进行暂估处理，确认采购成本。

操作步骤

（1）在采购管理系统中，执行"采购发票"|"专用采购发票"命令，打开"采购专用发票"窗口。

（2）单击"增加"按钮，修改发票号为 ZY0021。

（3）原采购入库单上的采购单价为 900 元，入库数量为 150 套，而发票载明单价 960 元，数量 155 套。此处直接按发票信息输入明细，采购单价为 960 元，数量为 155 套。全部信息确认无误后单击"保存"按钮，如图 2-87 所示。

图 2-87 修改采购专用发票价格

（4）单击"现付"按钮，打开"采购现付"对话框，输入结算方式(转账支票)、原币金额(174 096)、票据号(ZZ00556)和银行账号(73853654)，如图 2-88 所示。

（5）确认所有付款信息后，单击"确定"按钮，在"采购专用发票"上打上"已现付"标记。

（6）选择"基础设置"选项，执行"基础档案"|"业务"|"非合理损耗类型"命令，增加非合理损耗类型编码 01，类型名称为"运输部门责任"，单击"保存"按钮，如图 2-89 所示。

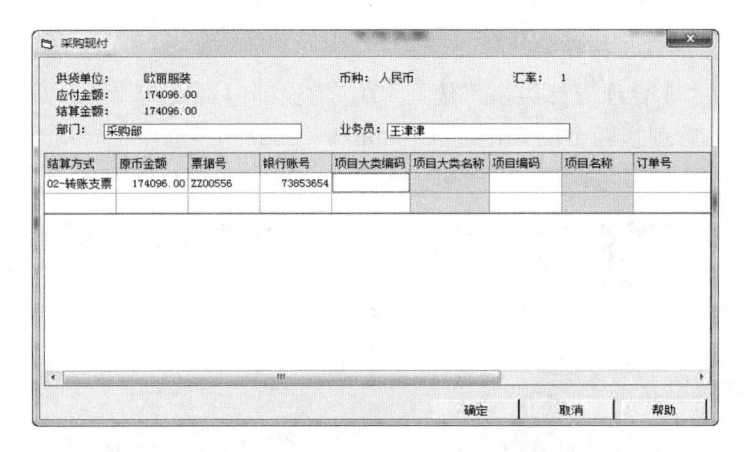

图 2-88 "采购现付"对话框

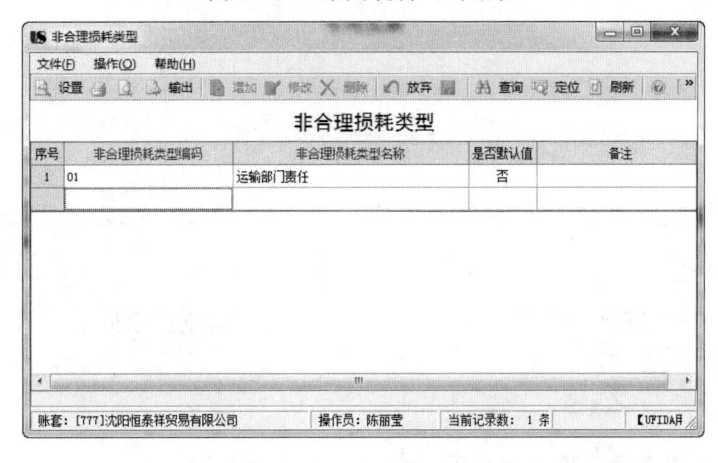

图 2-89 非合理损耗类型设置

(7)在采购管理系统中,执行"采购结算"|"手工结算"命令,打开"手工结算"窗口。

(8)单击"选单"按钮,再单击"查询"按钮,设置查询条件为"日期为2018年8月1日—2018年9月30日"。单击"查询"按钮。

(9)选择相应的采购入库单和采购发票,如图 2-90 所示。

图 2-90 选择采购入库单和采购发票

第 2 章 采购管理　89

(10)单击"OK确认"按钮。

(11)在发票的"非合理损耗类型"选择"01 运输部门责任","非合理损耗数量"栏中输入 5.00,在"非合理损耗金额"栏输入 4800(5×960),"进项税转出金额"栏中自动带入 816 元(5×960×0.17),如图 2-91 所示。

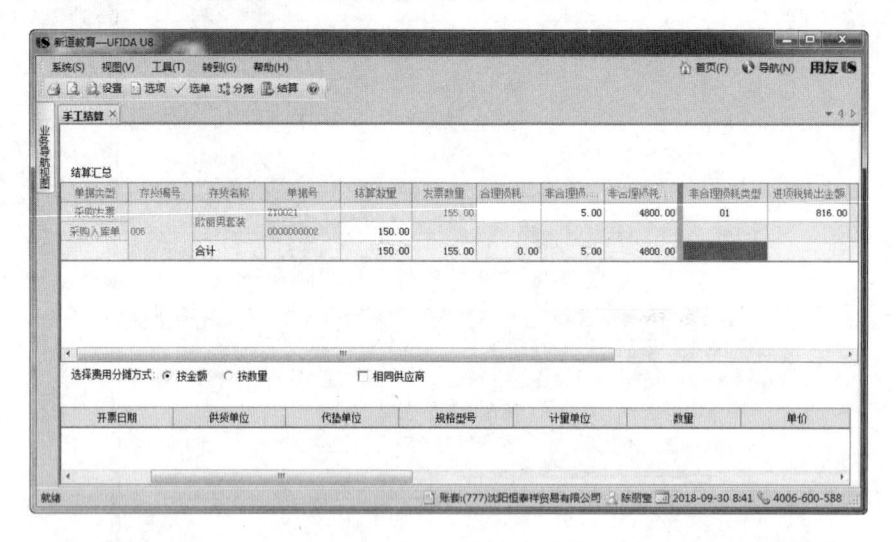

图 2-91 非合理损耗结算

(12)单击"结算"按钮,系统自动弹出"完成结算"信息提示框。

注意:

- 采购溢缺处理需要分清溢缺原因和类型,并分别进行处理。
- 如果为非合理损耗,需要在采购管理系统中设置非合理损耗的类型,否则,不能结算。
- 采购溢缺的结算只能采用手工结算。
- 只有"发票数量=结算数量+合理损耗数量+非合理损耗数量",该条入库单记录与发票记录才能进行采购结算。
- 如果入库数量大于发票数量,则在选择发票时,在发票的附加栏"合理损耗数量"、"非合理损耗数量"、"非合理损耗金额"中输入溢余数量和溢余金额,数量、金额为负数。系统将多余数量按赠品处理,只是降低了入库货物的单价,与企业的分批结算概念不同。
- 如果入库数量小于发票数量,则在选择发票时,在发票的附加栏"合理损耗数量"、"非合理损耗金额"中输入短缺数量、短缺金额、数量、金额为正数。
- 如果是非合理损耗,应该转出进项税额。
- 本月对上月暂估业务执行采购结算后,还需要在存货核算系统中记账后,执行结算成本处理(具体处理方法见存货核算相关业务处理)。

1)应付款系统

在应付款系统中,对"包含已现结发票"的应付单据进行审核(此发票不用制单,到存货模块与蓝字回冲单一并制单)。

2)存货核算系统

操作步骤

(1)结算成本处理

① 在存货核算系统中,执行"业务核算"|"结算成本处理"命令,打开"暂估处理查询"对话框。

② 选中"欧丽服装仓"前的复选框,如图2-92所示。

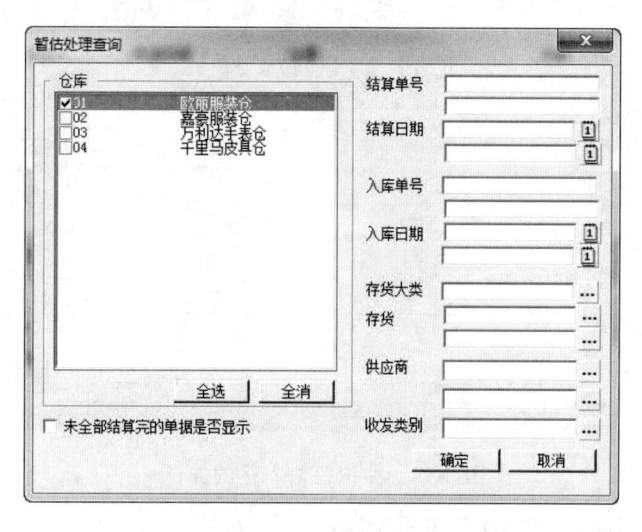

图2-92 "暂估处理查询"对话框

③ 单击"确定"按钮,打开"结算成本处理"窗口。

④ 选中符合信息的入库单,如图2-93所示。

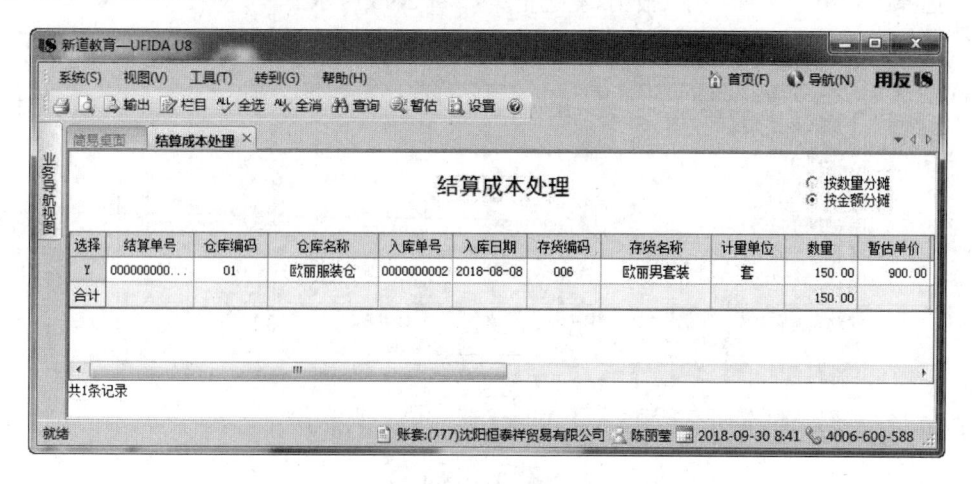

图2-93 暂估结算表

⑤ 单击"暂估"按钮,单击"确定"按钮,再单击"退出"按钮。

(2)生成冲销暂估入账业务的凭证

① 在存货核算系统中,执行"财务核算"|"生成凭证"命令,打开"生成凭证"窗口。

② 单击"选择"按钮,打开"查询条件"对话框。

③ 选中"(24)红字回冲单"复选框,并单击"确定"按钮。

④ 选中要生成凭证的单据,修改凭证类别为"转账凭证",录入"存货"科目编码 1405 和"应付暂估"科目编码 220202。

⑤ 单击"生成"按钮,生成一张红字凭证,保存后,如图 2-94 所示。

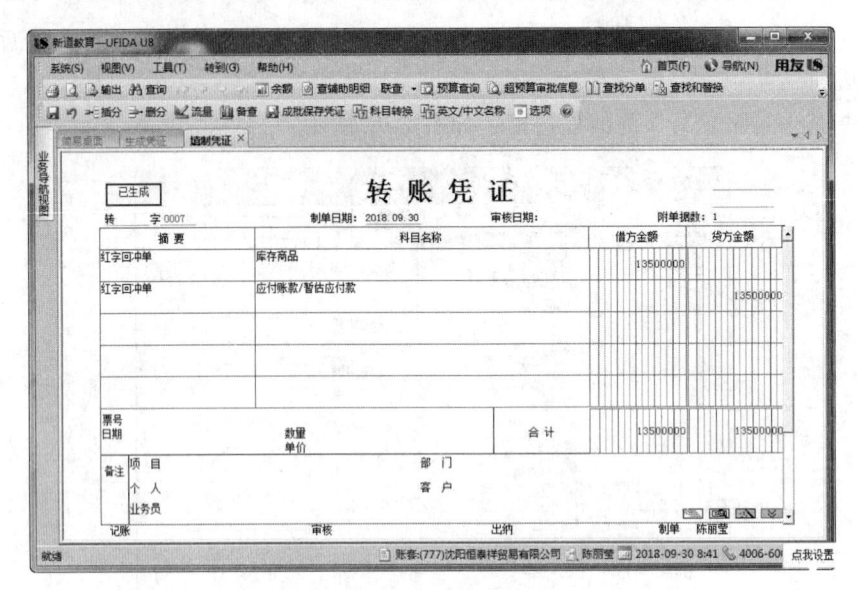

图 2-94 冲销暂估入库的凭证

(3) 生成"蓝字回冲单(报销)"的凭证

① 在存货核算系统的"生成凭证"窗口中,单击"选择"按钮,打开"查询条件"对话框。

② 选择"(30)蓝字回冲单(报销)复选框,如图 2-95 所示。

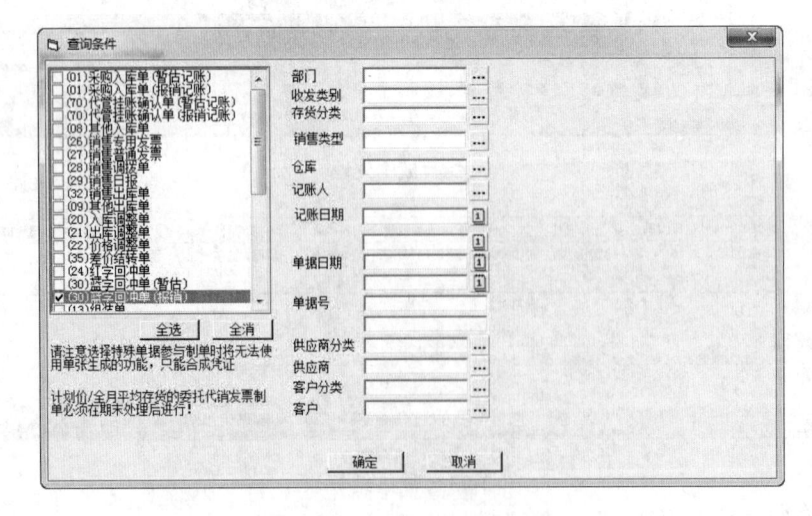

图 2-95 "查询条件"对话框

③ 单击"确定"按钮,打开"未生成凭证单据一览表"窗口。

④ 选中"已结算采购入库单自动选择全部结算单上单据(包括入库单、发票、付款单),非本月采购入库单按蓝字报销单制单",再单击"选择"栏,如图 2-96 所示。

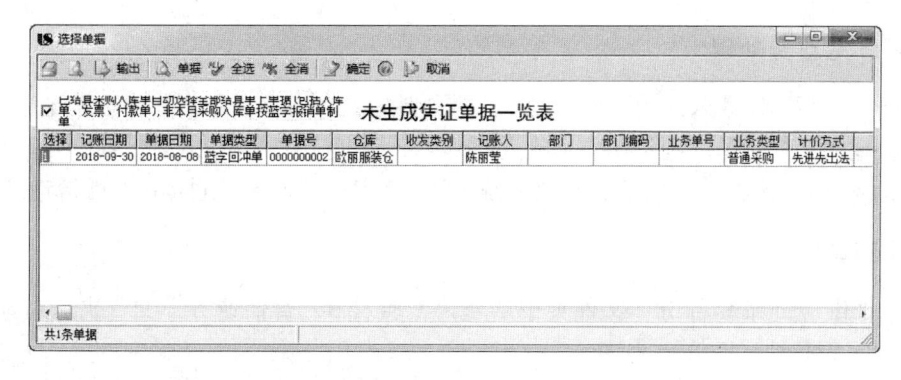

图 2-96 "未生成凭证单据一览表"窗口

⑤ 单击"确定"按钮。
⑥ 录入相关信息,如图 2-97 所示。

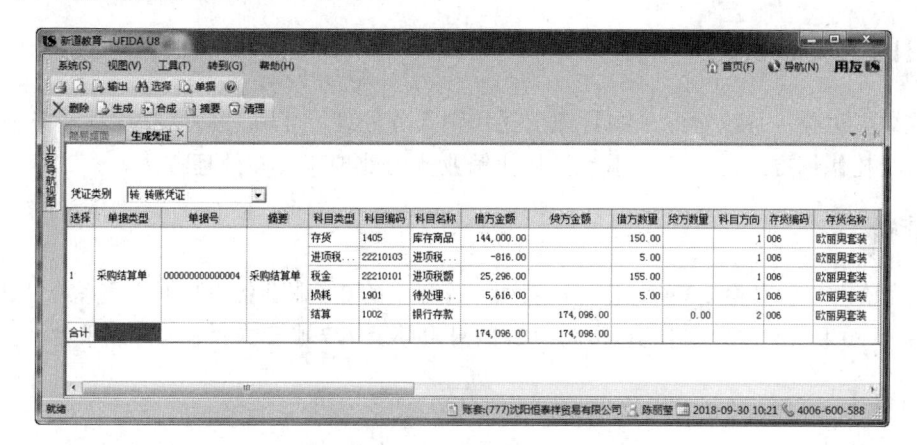

图 2-97 录入存货和对方科目

提示:先增加会计科目"22210103 进项税额转出"。
⑦ "生成"按钮,生成一张转账凭证,如图 2-98 所示。

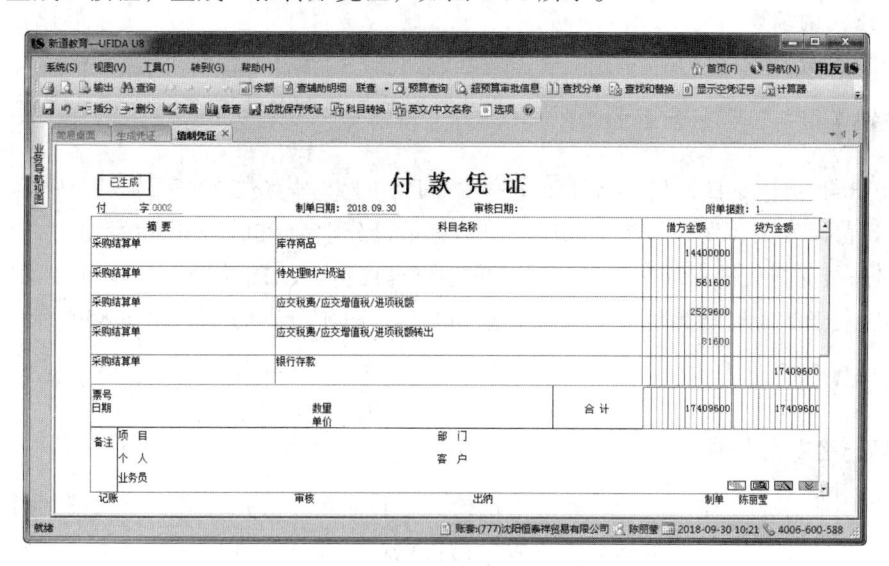

图 2-98 转账凭证

第 2 章 采购管理 ▶ 93

3. 第3笔业务处理

本业务属于货到发票未到的业务，月末发票依然未到，应该进行暂估处理。本笔业务在本月末只需要输入采购订单、到货单、采购入库单；下月收到发票并输入后，系统自动执行"单到回冲"；执行采购结算，并在存货核算系统中执行暂估处理，系统自动改写账簿记录。

4. 账套备份

在 E:\"供应链账套备份"文件夹中新建"实验 2.3"暂估业务"文件夹。将账套输出E:\"实验2.3 暂估业务"文件夹中。

实验 2.4　受托代销业务

【实验目的与要求】

通过本次实验，系统学习采购管理受托代销业务处理。正确理解受托代销业务的内涵，熟悉两种受托代销方式的处理，掌握受托代销业务的处理流程和处理方法。

【实验准备】

已经完成第2章实验2.3的操作，或者引入光盘中的2.3账套备份数据。将系统日期修改为2018年9月30日，以002操作员(密码为2)的身份登录777账套的"企业应用平台"。

【实验内容】

- 在采购管理或库存管理系统中启动"受托代销业务"。
- 在采购管理或库存管理系统中选择"受托代销业务必有订单"。
- 录入受托代销订单、到货单和入库单。
- 受托代销结算。
- 账套备份。

【实验资料】

（1）2018年9月8日，代销深圳千里马皮具厂的千里马女包20只、千里马男包30只，结算并收到普通发票，发票号为PT68968，结算单价分别为850元和800元。

（2）本公司受托代销深圳千里马皮具厂的千里马皮包。2018年9月18日，收到深圳千里马皮具厂发来的千里马男包800只，女包800只，单价分别为980元和850元。

【实验指导】

1. 第一笔业务处理

受托代销业务是一种先销后结算的采购模式，其他企业委托销售企业代销其商品，但商品所有权仍然归委托方，代销商品售出后，销售企业与委托方进行结算，由对方开具的发票明确商品所有权的转移。

操作步骤

（1）在采购管理系统执行"采购结算"|"受托代销结算"命令，打开"查询条件选择"窗口。

（2）参照供应商编码，选择"深圳千里马皮具厂"，单击"确定"按钮，打开"受托代销结算"窗口。

（3）单击"选择"栏，选择要结算的入库单记录。

（4）修改发票日期和结算日期均为 2018-09-08，在"发票号"文本框中输入 PT68968，发票类型选择"普通发票"，在"税率"文本框中选择 0.00，"采购类型"选择"代销商进货"；在拖动窗口下方的左右滚动条，分别修改"含税单价"为 850 元和 800 元，如图 2-99 所示。

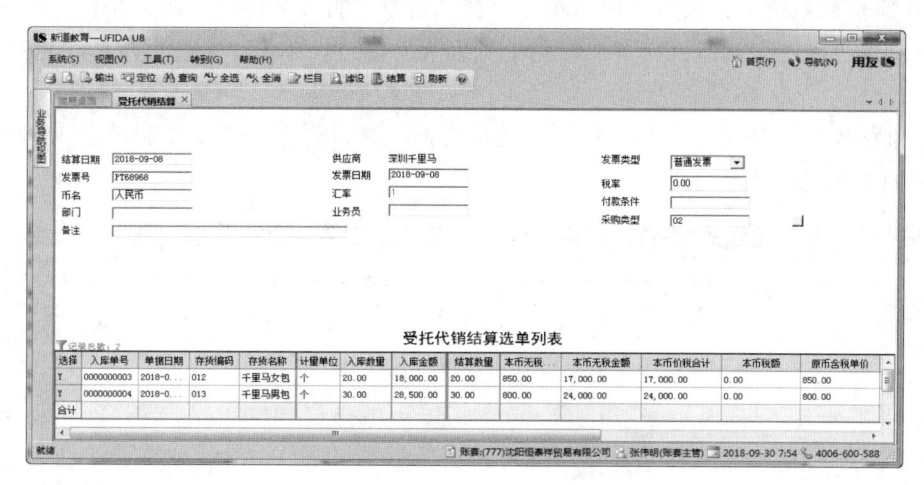

图 2-99 "受托代销结算"窗口

（5）如果要取消本次结算，单击"删除"按钮，可以取消要结算的入库记录。

（6）单击"结算"按钮，系统进行结算，自动生成受托代销发票、受托代销结算单，并自动弹出"结算完成"信息提示对话框，如图 2-100 所示。

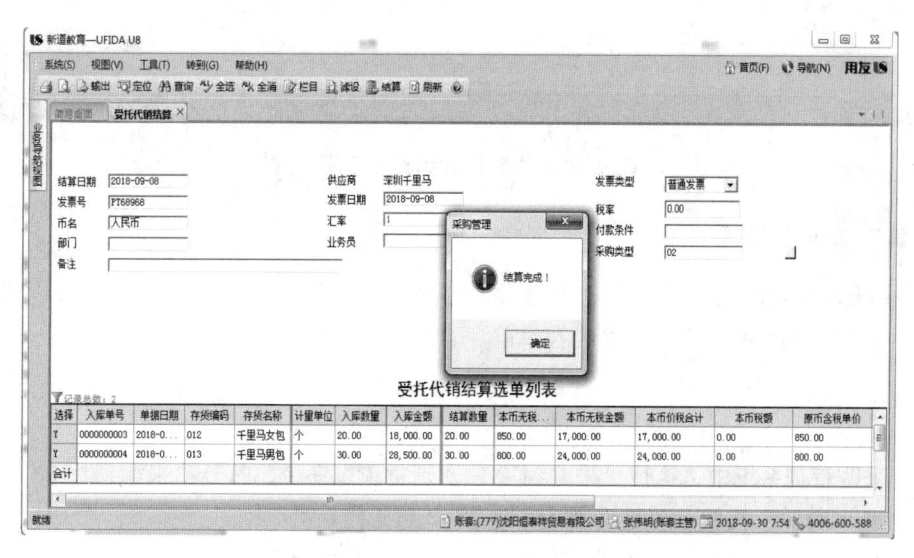

图 2-100 "结算完成"信息提示对话框

第 2 章 采购管理 ➤ 95

(7) 单击"确定"按钮。
(8) 单击"关闭"按钮。

注意：

- 受托代销结算是企业销售委托代销单位的商品后，与委托单位办理付款结算。
- 受托方销售代销商品后根据受托代销入库单进行结算，也可以在取得委托人的发票后再结算。
- 结算表中存货的入库数量、入库金额、已结算数量、已结算金额等信息不能修改。
- 结算表中的结算数量、含税单价、价税合计、税额等信息可以修改。

(9) 在应付款系统中，执行"应付单据审核"命令，打开"应付单查询条件"对话框。
(10) 单击"确定"按钮，打开"应付单据列表"窗口。单击"全选"按钮，再单击"审核"按钮。
(11) 执行"制单处理"命令，打开"制单查询"窗口，选择"发票制单"，修改科目并保存，如图 2-101 所示。

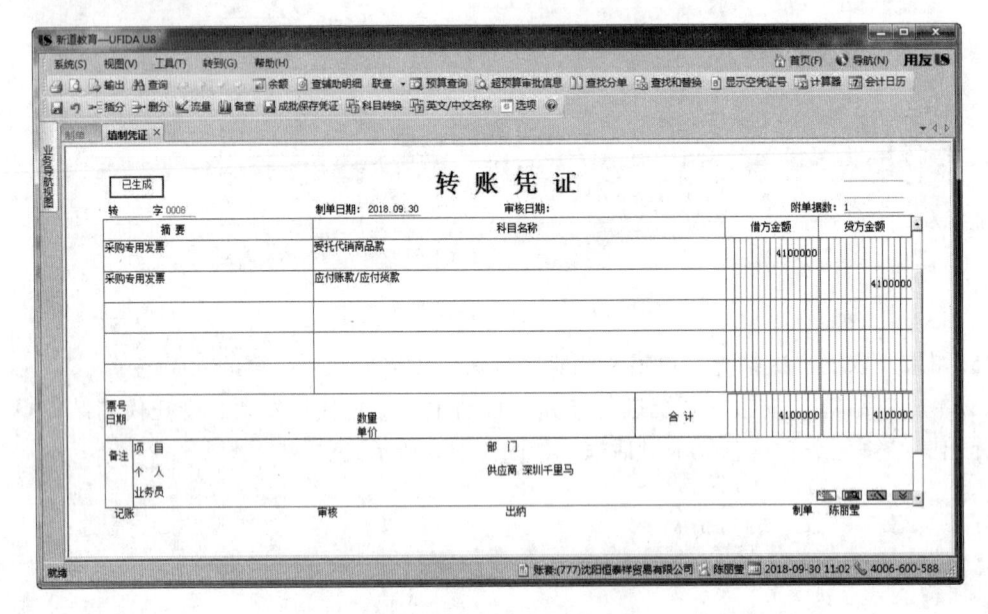

图 2-101 "受托代销结算"凭证

2. 第二笔业务处理

收到委托人发来的代销商品时，应该及时办理受托代销商品入库手续；也可以先办理到货手续，再根据到货单生成受托代销入库单。

操作步骤

(1) 在采购管理系统中，执行"采购到货"|"到货单"命令，打开"采购到货单"窗口。
(2) 单击"增加"按钮，"业务类型"选择"受托代销"。
(3) 继续录入"采购到货单"的其他信息，如图 2-102 所示。

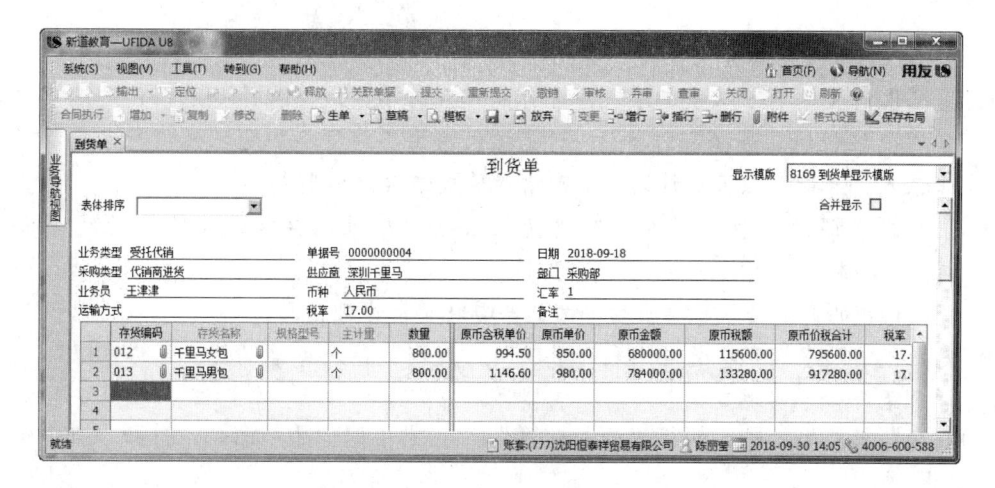

图 2-102 受托代销到货单

（4）单击"保存"按钮，再单击"审核"按钮。

（5）在库存管理系统中，执行"入库业务"|"采购入库单"命令，打开"采购入库单"窗口，单击"生单"下拉按钮，选择"采购到货单（蓝字）"，系统自动弹出"查询条件选择—采购到货单列表"对话框。单击"确定"按钮，打开"到货单生单列表"窗口，选中到货单，单击"确定"按钮，系统自动生成采购入库单，修改入库日期为"2018-09-18"，"仓库"选择"千里马皮具仓"。

（6）单击"保存"按钮，生成采购入库单，再单击"审核"按钮，如图 2-103 所示。

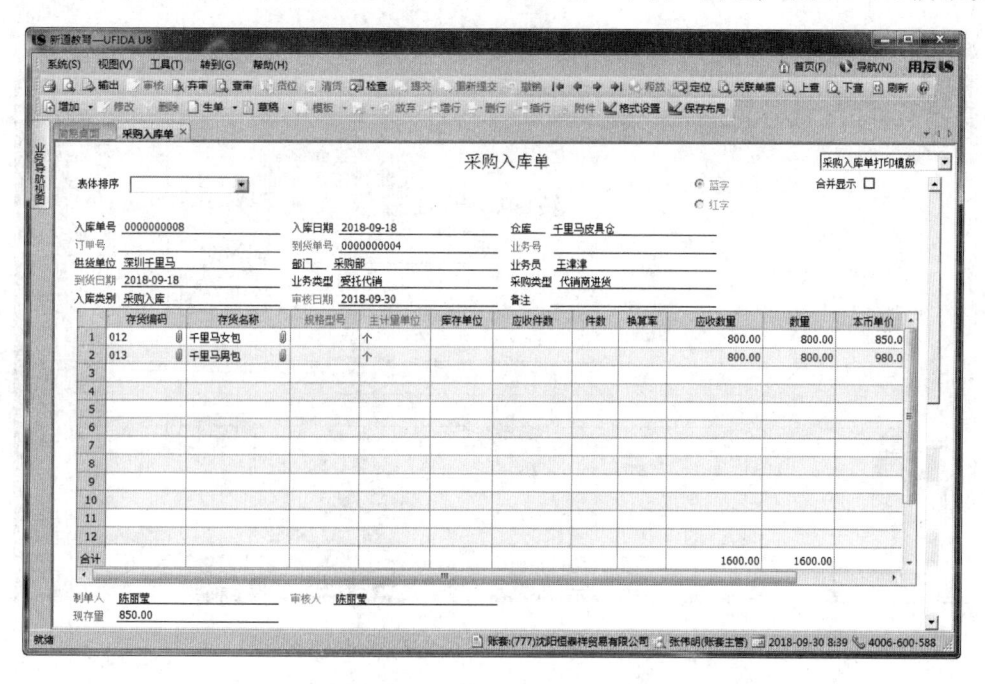

图 2-103 受托代销采购入库单

注意：

- 受托代销入库单在"库存管理"系统中录入。

第 2 章 采购管理 ▶ 97

- 受托代销入库的业务类型为"受托代销"。
- 受托代销入库单可以手工录入，也可以参照订单生成。但是如果在采购选项中选择了"受托代销业务必有订单"，则受托代销业务到货单、受托代销入库单都不能手工录入，只能参照采购计划、采购请购单或销售订单生成。
- 手工或参照录入时，只能针对"受托代销"属性的存货。其他属性的存货不能显示。
- 受托代销的商品必须在售出后，才能与委托单位办理结算。
- 受托代销入库单可以通过"采购管理"|"受托代销入库单"或"采购管理"|"入库单列表"命令实现查询。

（7）在存货核算系统中，执行"业务核算"|"正常单据记账"命令，打开"查询条件选择"对话框。

（8）单击"确定"按钮，打开"正常单据记账列表"窗口。

（9）单击"全选"按钮，再单击"记账"按钮。

（10）单击"退出"按钮退出。

（11）执行"财务核算"|"生成凭证"命令，打开"查询条件"窗口，选择"01 采购入库单（暂估记账）"复选框，单击"确定"按钮，打开"未生成凭证单据一览表"窗口；选择对应的入库单，单击"确定"按钮，返回到"生成凭证"窗口。录入"存货"科目编码 1321，"应付暂估"科目 220202，"差价"科目 1407，生成的凭证如图 2-104 所示。

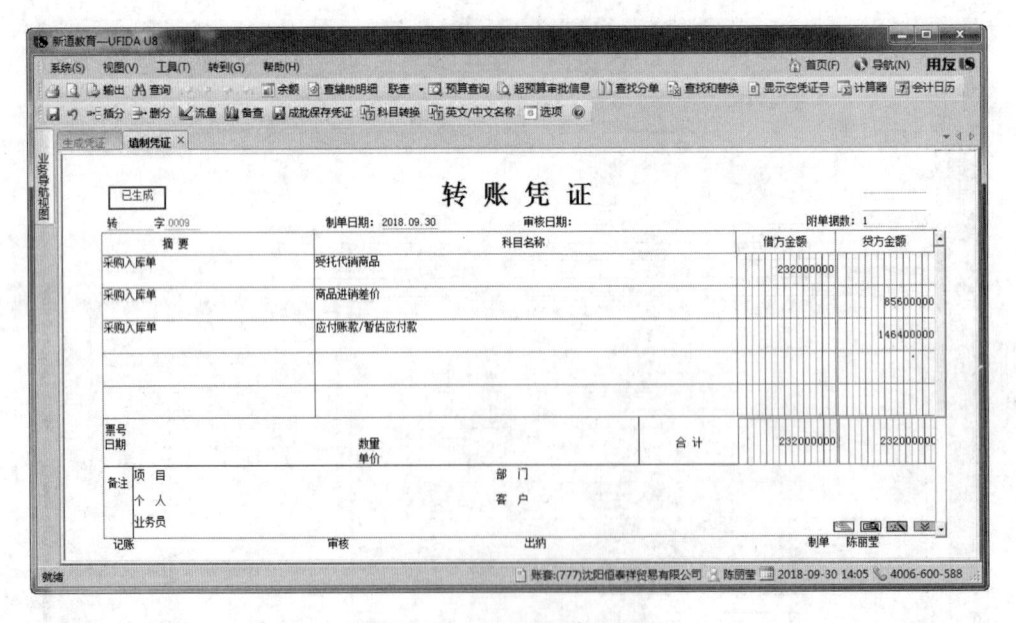

图 2-104 受托代销入库凭证

3. 账套备份

在 E:\"供应链账套备份"文件夹新建"实验 2.4 受托代销业务"文件夹。根据要求将账套备份到 E:\"供应链账套备份"\"实验 2.4 受托代销业务"文件夹。

实验 2.5　采购退货业务

【实验目的与要求】

通过本次实验，系统学习采购管理退货业务处理。正确理解采购退货业务的内涵，熟悉不同情况下采购退货业务的处理，掌握采购退货业务的处理流程和处理方法。

【实验准备】

已经完成第 2 章实验 2.4 的操作，或者引入光盘中的 2.4 账套备份数据。将系统日期修改为 2018 年 9 月 30 日，以 002 操作员(密码为 2)的身份登录 777 账套的"企业应用平台"。

【实验内容】

- 尚未结算的采购退货业务的处理。
- 已经执行采购结算的采购退货业务处理。
- 账套备份。

【实验资料】

(1) 2018 年 9 月 20 日，向上海万利达手表厂订购万利达女表 200 只，单价 215 元。本月 25 日全部到货，办理入库手续。2018 年 9 月 28 日，发现本月 25 日入库的上海万利达女表 100 只存在质量问题，要求该批女表全部退回。与上海万利达手表厂协商后，对方同意全部退货。对方已经按 200 只开具专用发票。发票已于 27 日收到(发票号 ZY00258)，但尚未结算。

(2) 2018 年 9 月 27 日，收到本月 22 日采购的万利达男表 300 只，单价 240 元。28 日验收入库时发现 20 只存在质量问题，与对方协商，退货 20 只，验收合格的男表办理入库手续。

(3) 2018 年 9 月 29 日，本月 20 日向广东欧丽服装厂订购 800 套女套装，单价为 440 元，29 日全部到货并办理了验收入库手续。30 日，发现 10 套女套装有质量问题，经协商，对方同意退货。当日收到对方开具的专用发票，发票号 ZY00518。

(4) 2018 年 9 月 30 日，发现本月 30 日入库的 20 件嘉豪商务男装、15 件嘉豪商务女装存在质量问题，要求退货。经与北京嘉豪服装厂协商，对方同意退货。该批服装已于 30 日办理采购结算。

【实验指导】

1. 第 1 笔业务处理

本笔业务属于结算前全部退货业务，需要先录入采购订单、采购到货单和采购入库单，然后编制退货单、红字采购入库单，进行红蓝入库单和采购发票的手工结算。

操作步骤

(1) 在采购管理系统中，执行"采购订货"|"采购订单"命令，增加一张采购订单。输

入采购万利达女表 200 只，原币单价 215 元等内容，单击"保存"按钮，再单击"审核"按钮。

(2) 在采购管理系统中，执行"采购到货"|"到货单"命令，参照采购订单生成万利达女表的采购到货单，如图 2-105 所示，然后保存、审核。

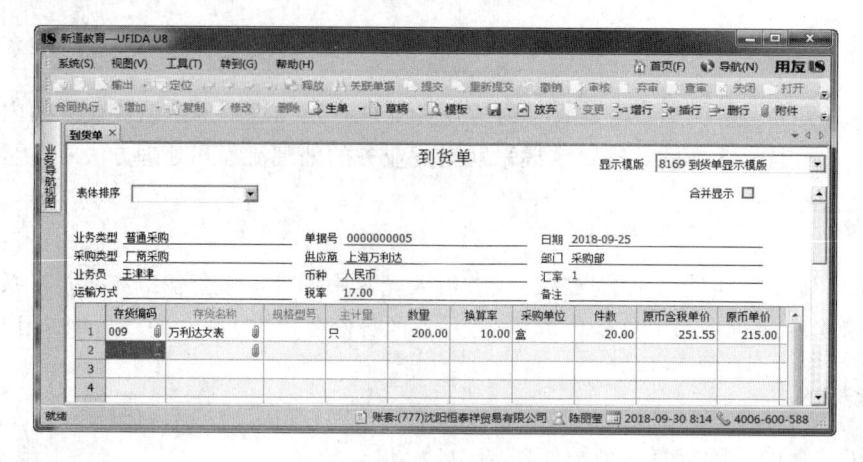

图 2-105 采购到货单

(3) 在库存管理系统中，执行"入库业务"|"采购入库单"命令。在采购入库单窗口中，直接单击"生单"下拉按钮，选择"到货单"，系统自动弹出"查询条件选择—采购到货单列表"对话框，选择对应的到货单，单击"确定"按钮，系统自动生成采购入库单，单击"保存"按钮，再单击"审核"按钮。

(4) 在存货核算系统中，执行"业务核算"|"正常单据记账"命令进行单据记账。

注意：

- 由于此时尚未收到采购发票，还未进行采购结算，暂不生成凭证，也暂不确认应付账款。

(5) 2018 年 9 月 27 日，根据采购入库单生成采购发票，修改发票号为 ZY00258。在采购管理系统中，执行"采购发票"|"专用采购发票"命令，打开专用发票输入窗口，并根据 25 日填制的采购入库单生成采购专用发票，如图 2-106 所示。

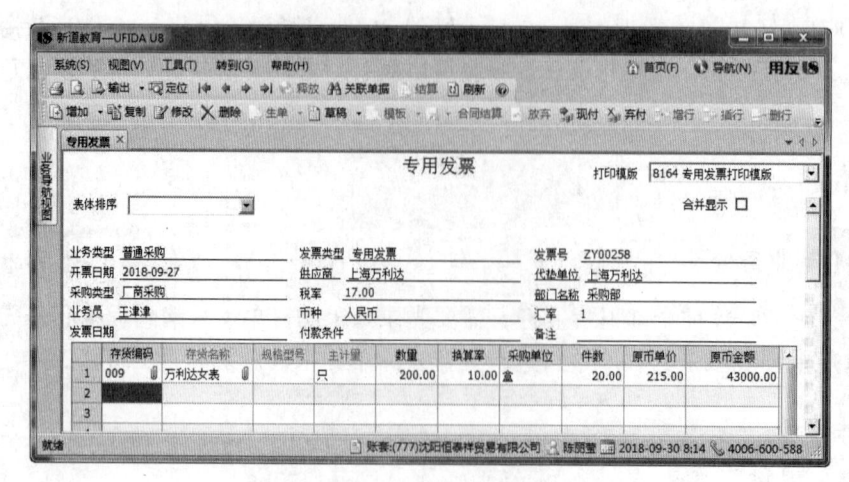

图 2-106 采购专用发票

100 ◀ ERP 供应链管理系统实验教程(用友 U8V10.1)

(6) 2018 年 9 月 28 日，在采购管理系统中，执行"采购到货"|"采购退货单"命令——，打开"采购退货单"窗口，单击"增加"按钮，参照 25 日填制的采购到货单或 20 日填写的采购订单生成红字退货单，单据上列明退货商品万利达女表、退货数量 200 只、单价 215 等信息。单击"保存"按钮，如图 2-107 所示。

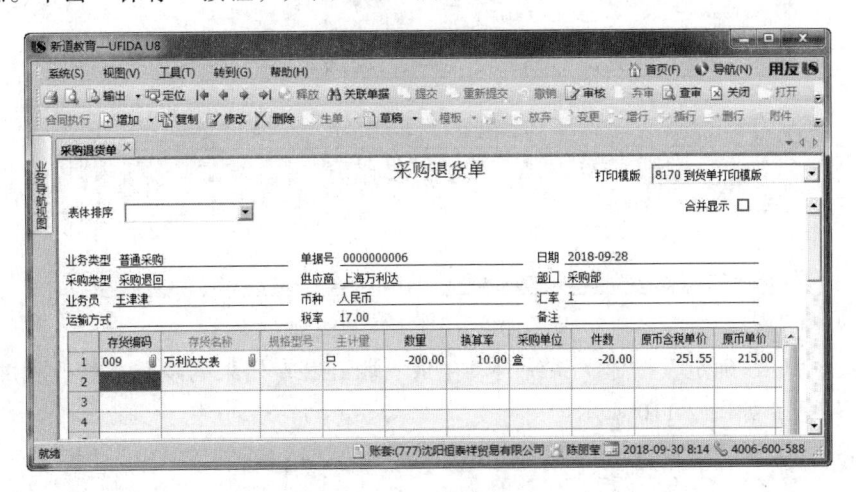

图 2-107 全额退货单

(7) 在库存管理系统中，执行"入库业务"|"采购入库单"命令，打开"采购入库单"窗口。单击"生单"下拉按钮，选择"采购到货单（红字）"，系统自动弹出"查询条件选择—采购到货单列表"对话框，单击"确定"按钮，打开"到货单生单列表"窗口，选择对应的到货单，如图 2-108 所示。

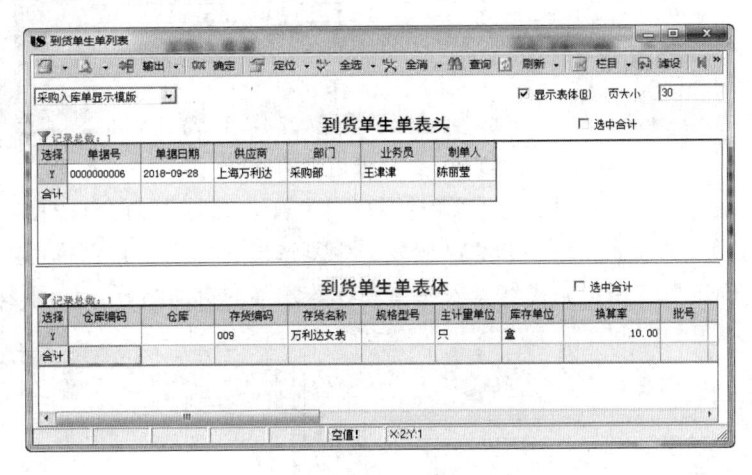

图 2-108 拷贝到退货回单

(8) 单击"OK 确定"按钮，系统自动生成一张红字采购入库单。录入仓库信息，单击"保存"按钮，再单击"审核"按钮。

(9) 在采购管理系统中，执行"采购发票"|"红字专用采购发票"命令，打开"专用发票"窗口，单击"增加"按钮，选择"生单"|"入库单"，系统自动弹出"查询条件选择—采购入库单列表过滤"对话框，单击"确定"按钮，打开"拷贝并执行"窗口，选择对应的采购入库单，如图 2-109 所示。

第 2 章 采购管理 101

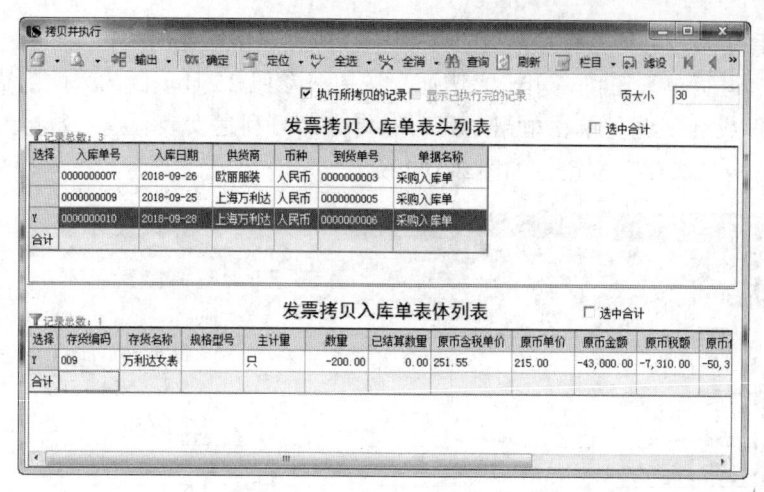

图 2-109 采购入库单查询

(10)单击"OK 确定"按钮，系统自动生成一张红字专用采购发票。修改相关信息，单击"保存"按钮，如图 2-110 所示。

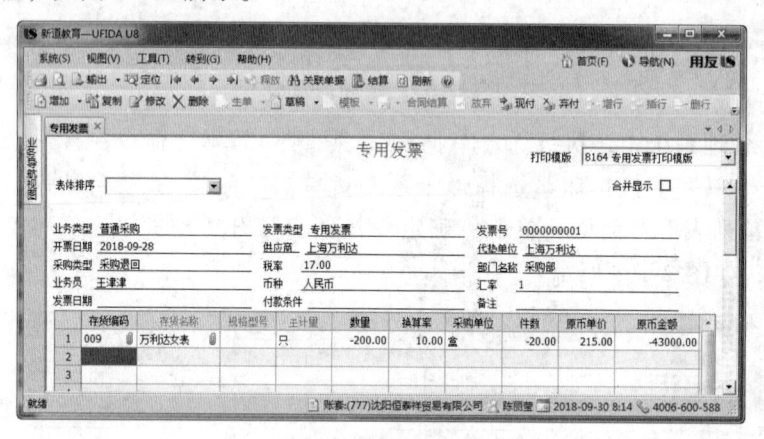

图 2-110 红字专用采购发票

(11)在采购管理系统中，执行"采购结算"|"自动结算"命令，打开"采购自动结算"对话框，选择"红蓝入库单"和"红蓝发票"复选框，如图 2-111 所示。

(12)单击"确定"按钮，完成红蓝入库单和红蓝发票的自动结算，如图 2-112 所示。

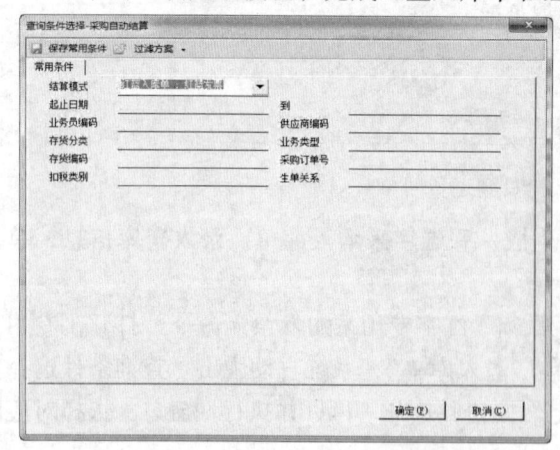

图 2-111 "采购自动结算"对话框 　　　　图 2-112 红蓝单据结算成功

(13) 单击"确定"按钮。

> **注意：**
> - 如果采购管理系统中的采购选项设置为"普通业务必有订单"，则红字采购入库单必须根据红字到货单生成。如果需要手工录入，则需要先取消采购选项的设置。
> - 结算前的退货业务如果只是录入到货单，则只需开具到货退回单，不用进行采购的结算，按照实际入库数量录入采购入库单。
> - 如果退货时已经录入采购入库单，但还没有收到发票，则只需要根据退货数量录入红字入库单，对红蓝入库单进行自动结算。
> - 如果已经录入采购入库单，同时退货时已经收到采购发票，则需要根据退货数量录入红字采购入库单，并录入采购发票，其中发票上的数量=原入库单数量–红字入库单数量。这时需要采用手工结算方式将红字采购入库单与原采购入库单、采购发票进行采购结算，以冲抵原入库数量。

2. 第 2 笔业务的处理

本笔业务属于入库前部分退货业务，需要录入采购订单、采购到货单和退货单，并根据实际入库数量输入采购入库单。

操作步骤

1) 填制采购订单和采购到货单

(1) 2018 年 9 月 22 日，在采购管理系统中，执行"采购订货"|"采购订单"命令，增加采购订单。输入万利达男表 300 只、单价 240 元，单击"保存"按钮，再单击"审核"按钮。

(2) 2018 年 9 月 27 日，执行"采购到货"|"到货单"命令，根据采购订单生成采购到货单。

(3) 2018 年 9 月 28 日，入库时发现 20 只男表不合格，需要开具 20 只男表的退货单。执行"采购到货"|"采购退货单"命令，输入并保存一张红字采购到货单，采购类型为"采购退回"，退货数量为负数，如图 2-113 所示，保存审核。

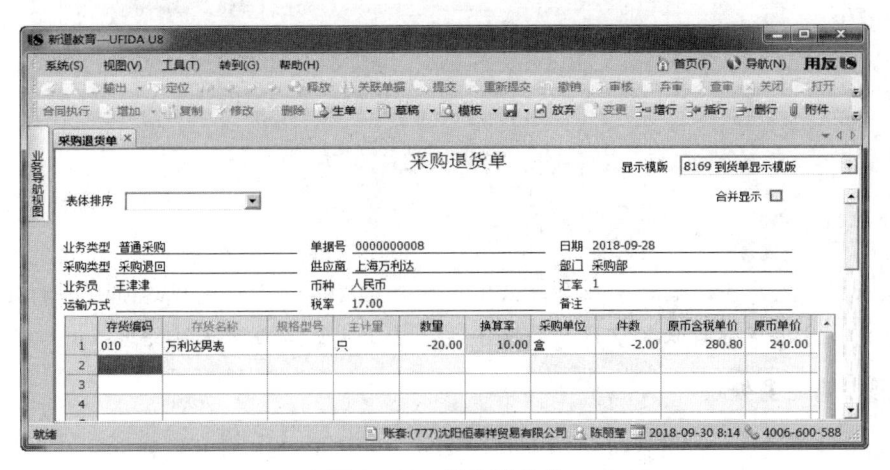

图 2-113　部分退货单

2)填制采购入库单

(1)2018年9月28日,输入一张采购入库单。在库存管理系统中,执行"入库业务"|"采购入库单"命令。

(2)单击"生单"按钮,打开"选择采购订单或采购到货单"对话框,选择"采购到货单(批量)"选项卡。选中第7号单据的"选择"栏:修改入库日期为"2018-09-28":"入库仓库"选择"万利达手表仓":拖动表下方的滚动条到最后,修改"本次入库数量"为280,如图2-114所示。

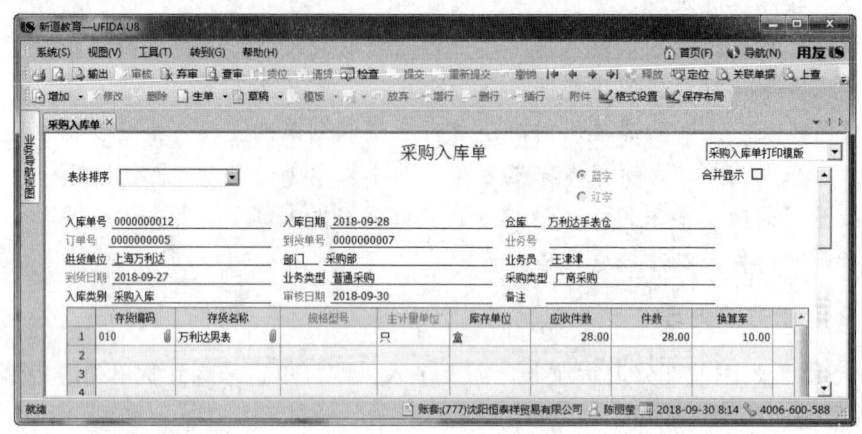

图2-114 选择单据并修改数据

(3)单击"OK 确定"按钮,生成一张采购入库单。单击"审核"按钮,审核采购入库单,如图2-115所示。

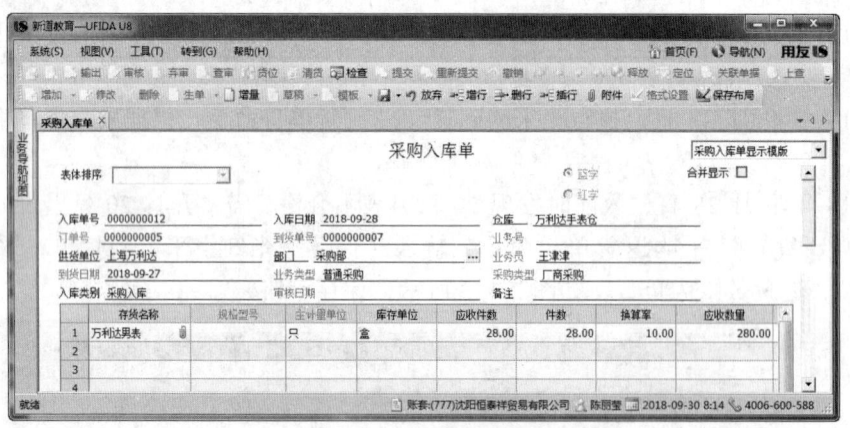

图2-115 已审核的采购入库单

注意:

- 尚未办理入库手续的退货业务,只需要开具退货单,即可完成退货业务的处理。
- 收到对方按实际验收数量开具的发票后,按正常业务办理采购结算。

3. 第3笔业务处理

本笔业务属于结算前部分退货。20日已经输入采购订单;29日开具到货单和采购入库单;30日退货时输入红字到货单和红字采购入库单,并按合格服装的实际数量输入采购发票。

操作步骤

(1)在采购管理系统中,执行"采购订货"|"采购订单"命令。单击"增加"按钮,修改采购日期为20日,订购欧丽女套装800套,单价440元,保存并审核。

(2)在采购管理系统中,执行"采购到货"|"到货单"命令。单击"增加"按钮,修改日期为29日,收到广东欧丽服装厂发来的800套女套装,参照采购订单生成采购到货单,保存并审核。

(3)在库存管理系统中,执行"入库业务"|"采购入库单"命令。单击"生单"下拉按钮,选择参照"采购到货单"生成采购入库单,并在"生单选单列表"中,选中到货单,单击"确定"按钮。在生成的采购入库单界面,单击"保存"按钮,再单击"审核"按钮,保存并审核采购入库单。

(4)30日,发现10套女套装存在质量问题,在采购管理系统中参照生成采购退货单并保存,如图2-116所示。

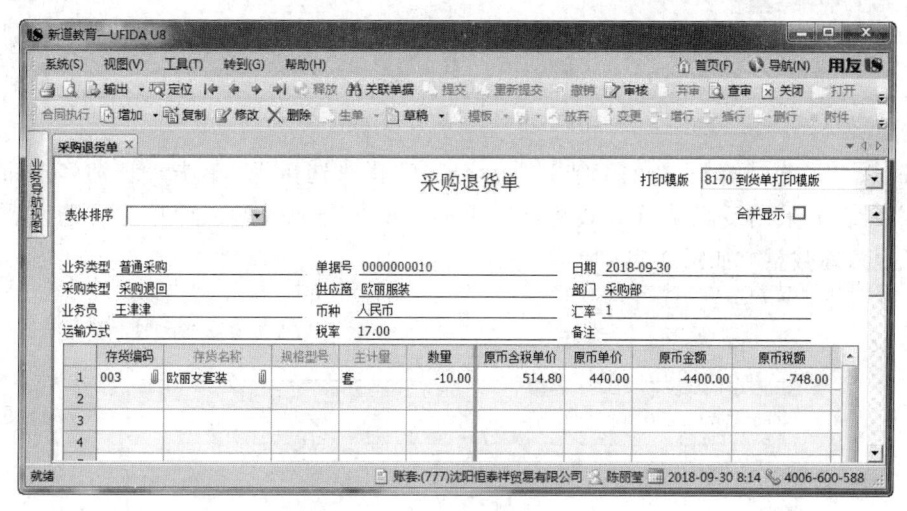

图2-116 部分采购退货单

(5)在库存管理系统中参照生成红字入库单,如图2-117所示。

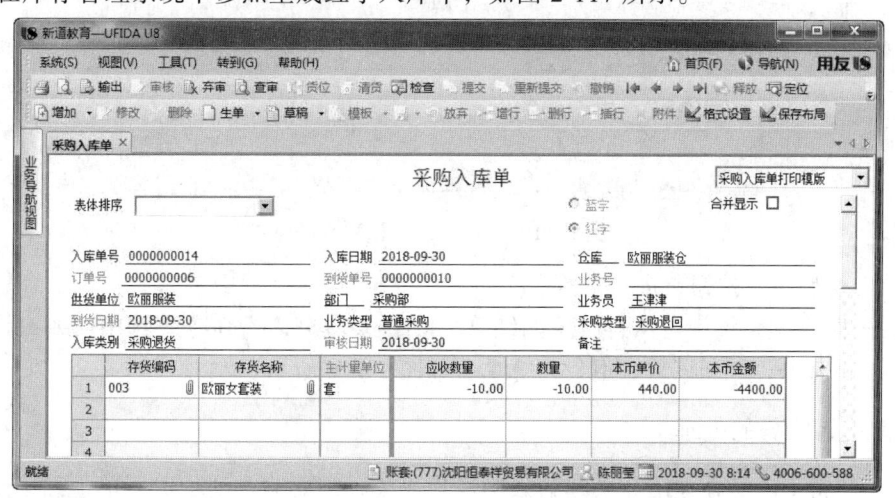

图2-117 部分退货红字入库单

(6) 30 日，在采购管理系统中，执行"采购发票"|"专用采购发票"命令。单击"增加"按钮，修改专用发票号为 ZY00518，根据原入库数量扣除退货数量后的实际数量(790)和发票单价 440 元，参照生成采购专用发票，如图 2-118 所示。

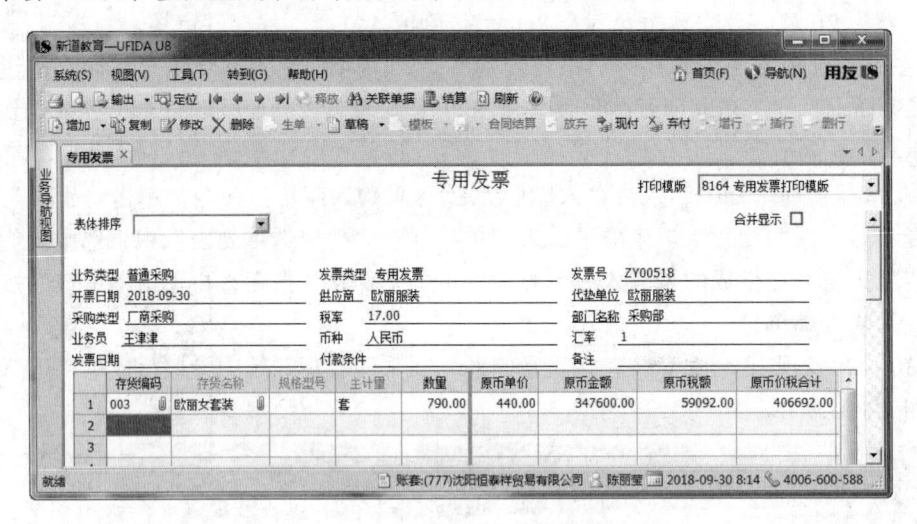

图 2-118　采购专用发票

(7) 执行"采购结算"|"手工结算"命令，选择"选单"，单击"查询"按钮，打开"结算单"列表，采用手工结算方式将红字采购入库单与原采购入库单和采购发票进行结算，冲抵原入库数量，如图 2-119 所示。

图 2-119　部分退货手工结算

(8) 单击"确定"按钮，进行结算。

(9) 在采购管理系统中，执行"采购结算"|"结算单列表"命令，选中所要查询的采购结算单记录并双击，打开该采购退货结算单，如图 2-120 所示。

4. 第 4 笔业务的处理

本笔业务属于已经办理结算手续的采购退货业务，需要输入到货退回单、红字采购入库单和红字采购发票，并进行手工结算。

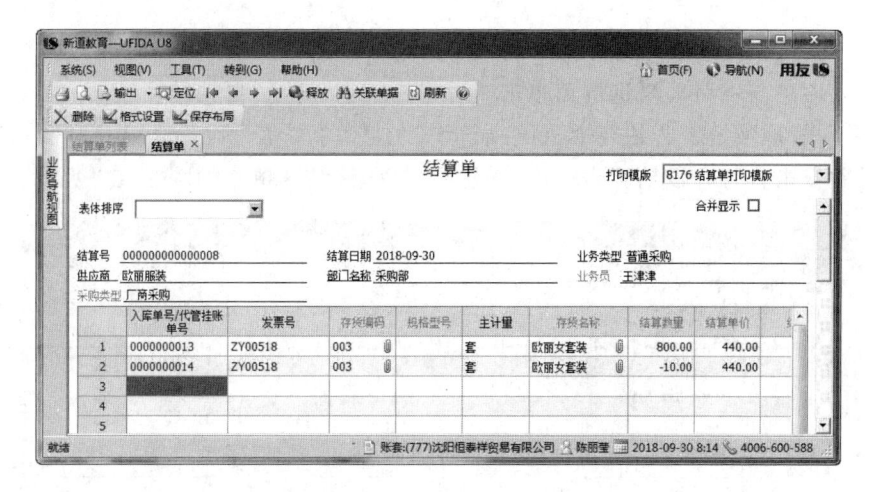

图 2-120 采购退货结算单

操作步骤

(1)在采购管理系统中,执行"采购到货"|"采购退货单"命令,打开"采购退货"窗口,单击"增加"按钮,选择"生单"|"采购订单",系统自动弹出"查询条件选择—采购订单列表过滤"对话框,单击"确定"按钮,打开"拷贝并执行"窗口,拷贝第 2 号采购订单,退货数量为 20 件嘉豪商务男装,单价 250 元;嘉豪商务女装 15 件,单价 220 元,如图 2-121 所示。

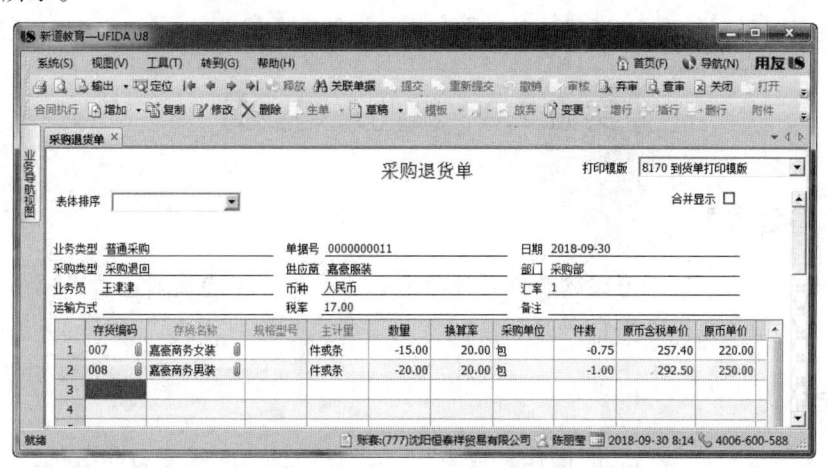

图 2-121 采购退货单

(2)在库存管理系统中,执行"入库业务"|"采购入库单"命令,打开"采购入库单"窗口,单击"生单"下拉按钮,选择"采购到货单(红字)",系统自动弹出"查询条件选择—采购到货单列表"对话框,单击"确定"按钮,打开"拷贝并执行"窗口,在"生单选单列表"中选中符合信息的采购到货单,单击"确定"按钮,系统自动生成红字采购入库单,保存并审核该红字采购入库单。

(3)在采购管理系统中,执行"采购发票"|"红字专用采购发票"命令,打开"红字专用采购发票"窗口,单击"增加"按钮,参照采购入库单生成红字专用采购发票,单击"保存"按钮。

第 2 章 采购管理 ▶ 107

(4)在采购管理系统中,执行"采购结算"|"自动结算"命令,打开"自动结算"窗口,选择"入库单与发票"复选框,单击"确定"按钮,执行自动结算。

(5)在采购管理系统中,执行"采购结算"|"结算单列表"命令,选中所要查询的采购结算单记录并双击,打开该结算表,可以查询、打印该结算单,如图2-122所示。

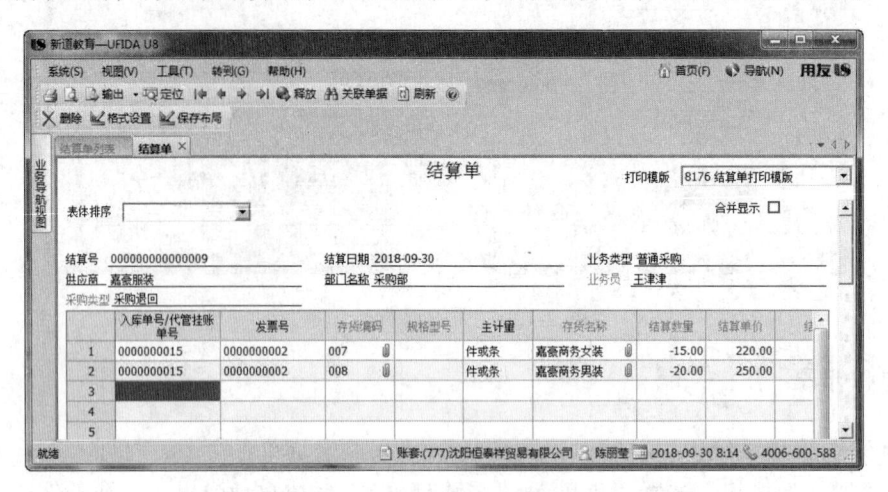

图 2-122　嘉豪服装退货结算单

8. 账套备份

在 E:\"供应链账套备份"文件夹中新建"实验 2.5 采购退货业务"文件夹。将账套输出至 E:\"供应链账套备份"\"实验 2.5 采购退货业务"文件夹中。

实验 2.6　其他采购业务

【实验目的与要求】

通过本次实验,系统学习采购管理其他采购业务处理。正确理解运费进项税额抵扣的情形,熟悉特殊情况下采购业务的处理,掌握特殊采购业务的处理流程和处理方法。

【实验准备】

已经完成第 2 章实验 2.5 的操作,或者引入光盘中的 2.5 账套备份数据。将系统日期修改为 2018 年 9 月 30 日,以 002 操作员(密码为 2)的身份登录 777 账套的"企业应用平台"。

【实验内容】

- 录入或生成采购到货单、采购入库单等普通采购业务单据,并进行审核确认。
- 录入或生成采购发票,并按要求修改采购发票编号。
- 进行采购结算。
- 支付采购款项或确认应付账款,可以立即制单,也可以月末合并制单。
- 账套备份。

【实验资料】

恒泰祥贸易有限公司日常采购业务如下(采购部,业务员:王津津):

(1)2018年9月14日,向上海万利达手表厂订购万利达女表2000只,单价220元。要求本月20日到货。本月19日,收到上海万利达手表厂发来的万利达女表和专用发票,发票号码ZY00112。发票上写明万利达女表2000只,单价220元,增值税率17%;同时附有一张运杂费发票,发票载明运杂费3000元(不能抵扣进项税),订货合同约定运杂费由本公司承担。经检验,手表质量合格(入万利达手表仓),财务部门确认采购成本和该笔应付款项。

(2)2018年9月18日,向上海万利达手表厂订购万利达男表1000只,单价240元。要求本月25日到货。本月23日,收到上海万利达手表厂发来的万利达男表和专用发票,发票号码ZY00188,合同约定运费由本公司承担。专用发票上写明男表1000只,单价240元,增值税率17%。在验收入库(万利达手表仓)时发现损坏5只,属于合理损耗。本公司确认后立即付款50%(电汇DH00887666)。

【实验指导】

1. 第1笔业务处理

本笔业务需要录入采购订单、采购入库单、采购发票、运费发票并进行手工结算。

操作步骤

1)采购业务
(1)在采购管理系统中,填制并审核一张采购订单。
(2)在库存管理系统中,根据采购订单生成采购入库单。
(3)在采购管理系统中,根据采购入库单生成采购专用发票。
(4)执行"采购发票"|"专用采购发票"命令,根据采购入库单拷贝生成采购专用发票,修改发票号为ZY00112。
(5)在采购管理系统中,执行"采购发票"|"运费发票"命令,打开"运费发票"窗口,单击"增加"按钮,手工输入一张运费发票,修改发票表头的税率为0.00,输入表体内容,存货名称为"运输费",单击"保存"按钮,如图2-123所示。

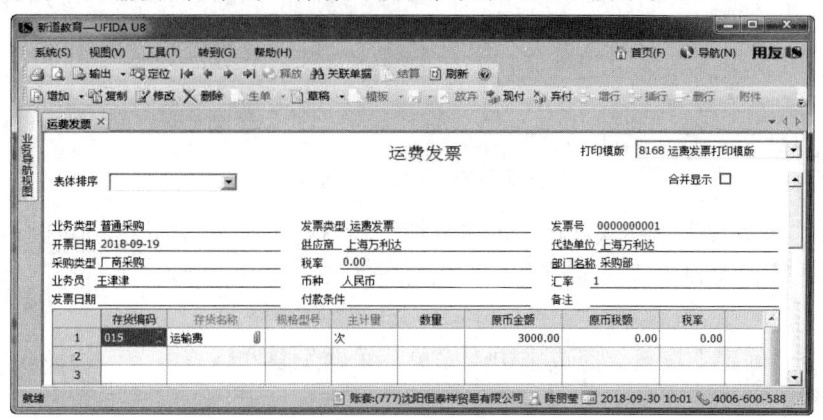

图2-123 运费发票

第2章 采购管理 ▶ 109

(6)在采购管理系统中,执行"采购结算"|"手工结算"命令,打开"手工结算"窗口。

(7)单击"选单"按钮,打开"结算选单"窗口,再单击"查询"按钮,打开"查询条件选择—采购手工结算"窗口,选择相应的采购入库单、采购发票和运费发票,如图 2-124 所示。

图 2-124 手工结算选单

(8)单击"确定"按钮,系统返回到"手工结算"窗口,如图 2-125 所示。

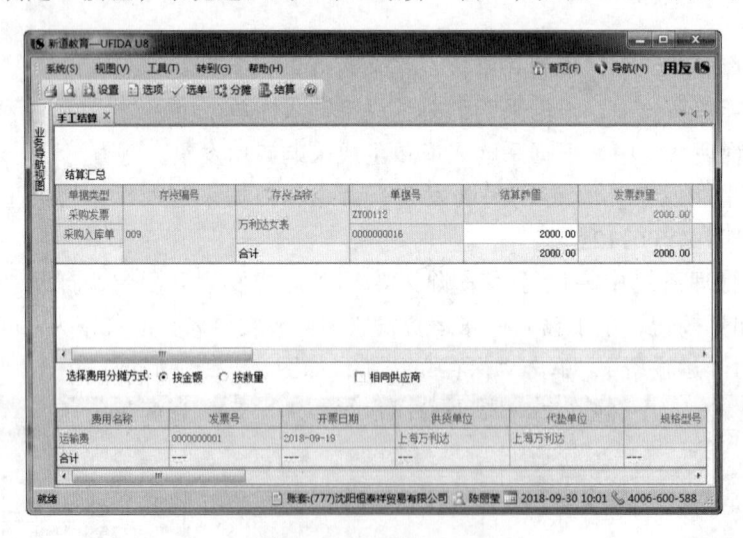

图 2-125 手工结算选票

(9)选择"按数量"单选按钮,单击"分摊"按钮,再单击"结算"按钮,系统自动弹出"完成结算!"信息提示框,如图 2-126 所示。

(10)单击"确定"按钮。完成采购入库单、采购发票和运费发票之间的结算。

(11)查询结算单列表,可以查询到万利达女表结算单。执行

图 2-126 完成手工结算

110 ◀ ERP供应链管理系统实验教程(用友U8V10.1)

"采购结算"|"结算单列表"命令,打开"结算单列表"窗口。结算单价为 221.5 元,即为分摊运费后的单价,暂估单价为 220 元,即为分摊运费前的单价,如图 2-127 所示。

图 2-127 结算单列表查询

(12)单击"确定"按钮,打开"采购结算单列表"窗口,可以查看到第 4 张结算单的内容。

(13)单击"退出"按钮退出。

注意:

- 采购运费发票只能手工录入,并将运输费用视为一项"存货"。
- 运费发票上如果载明是市外运输费,则可以按市外运输费的 11%作为进项增值税处理。
- 采购订单、运费发票与采购发票之间只能通过手工结算完成采购结算。
- 采购运费可以按金额分摊,也可以按数量进行分摊。
- 采购结算后,由系统自动计算入库存货的采购成本。

2)确定存货成本

操作步骤

(1)单据记账

① 在存货核算系统中,执行"业务核算"|"正常单据记账"命令,打开"查询条件选择"对话框。

② 单击"确定"按钮,打开"正常单据记账列表"窗口。

③ 选择要记账的单据,再单击"记账"按钮记账。

④ 单击"退出"按钮,退出。

(2)生成凭证

① 在存货核算系统中,执行"财务核算"|"生成凭证"命令,打开"生成凭证"窗口。

② 单击"选择"按钮，打开"查询条件"对话框。

③ 选中"采购入库单(报销记账)"复选框。

④ 单击"确定"按钮，打开"未生成凭证单据一览表"窗口。

⑤ 选择要记账的单据，再单击"确定"按钮。

⑥ 修改凭证类别为"转账凭证"，再录入"差价"科目为 1407，"存货"科目为 1405，"对方"科目为 1401。

⑦ 单击"生成"按钮，生成一张"转账凭证"。

⑧ 单击"保存"按钮保存。

3) 确定应付账款

操作步骤

(1) 审核应付单据

① 在应付款管理系统中，执行"应付单据处理"|"应付单据审核"命令，打开"应付单查询条件选择"对话框。

② 单击"确定"按钮，打开"应付单据列表"窗口。

③ 单击"全选"按钮，再单击"审核"按钮。

(2) 制单处理

① 在应付款管理系统中，执行"制单处理"命令，打开"制单查询"对话框。

② 选择"发票制单"，单击"确定"按钮，打开"采购发票制单"窗口。

③ 单击"全选"按钮，修改凭证类别为"转账凭证"。再单击"制单"按钮，根据采购发票和运费发票分别生成两张转账凭证。

④ 单击"保存"按钮保存，按翻页键保存另一张凭证。

2. 第 2 笔业务的处理

本笔业务需要生成采购入库单，按照采购订单生成采购发票，并执行手工采购结算。

操作步骤

(1) 在采购管理系统中，填制并审核一张采购订单。

(2) 在库存管理系统中，执行"入库业务"|"采购入库单"命令，打开"采购入库单"窗口，单击"生单"下拉按钮，选择"采购订单"，系统自动弹出"查询条件选择—采购订单列表"窗口，单击"确定"按钮，打开"订单生单列表"窗口，选择对应的采购订单，单击"确定"按钮，系统自动生成采购入库单，如图 2-128 所示。

(3) 双击"选择"，输入仓库信息，单击"确定"按钮，单击"修改"按钮，修改入库日期，修改表体中"库存单位"为"只"，"件数"为 995.00。

(4) 单击"保存"按钮，保存采购入库单后，再单击"审核"按钮。

(5) 在采购管理系统中，执行"采购发票"|"专用采购发票"命令，根据采购订单生成采购发票。单击"保存"按钮，再单击"现付"按钮，支付 50%的款项(280 800×50%= 140 400)，另外 50%形成应付款项。

图 2-128 采购入库单

(6) 在采购管理系统中,执行"采购结算"|"手工结算"命令,打开"手工结算"窗口。

(7) 单击"选单"按钮,打开"结算选单"窗口,单击"查询"按钮,打开"查询条件选择－采购手工结算"窗口,选择对应的采购发票和采购入库单,单击"确定"按钮,系统返回到"手工结算"窗口。

(8) 输入合理损耗数量 5.00,如图 2-129 所示。

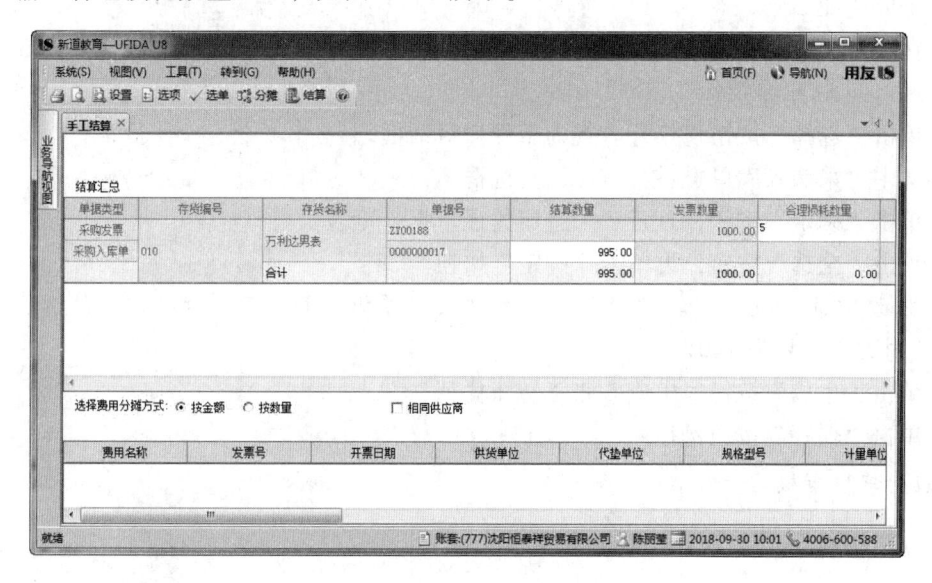

图 2-129 输入合理损耗数量

(9) 单击"结算"按钮,完成结算。
(10) 查询结算单列表,可以查询结算情况。

注意:

- 如果采购入库数量小于发票数量,属于损耗,可以根据损耗原因在采购手工结算

第 2 章 采购管理 ➤ 113

时，在相应栏内输入损耗数量，即可进行采购结算。
- 如果采购入库大于发票的数量，则应该在相应损耗数量栏内输入负数量，系统将入库数量大于发票数量视为赠品，不计算金额，降低入库存货的采购成本。
- 如果入库数量+合理损耗+非合理损耗等项目不等于发票数量，则系统提示不能结算。
- 如果针对一张入库单进行分批结算，则需要手工修改结算数量，并按发票数量进行结算，否则不能结算。
- 如果在生成发票时没有立即付款，可以先确认付款账款，然后在应付款管理系统中手工录入一张付款单，审核确认后制单，或者期末合并制单。

4) 确认采购成本

操作步骤

(1) 单据记账

① 在存货核算系统中，执行"业务核算"|"正常单据记账"命令，打开"查询条件选择"对话框。

② 单击"确定"按钮，打开"正常单据记账列表"窗口。

③ 单击"全选"按钮，再单击"记账"按钮记账。

④ 单击"退出"按钮，退出。

(2) 生成凭证

① 在存货核算系统中，执行："财务核算"|"生成凭证"命令，打开"生成凭证"窗口。

② 单击"选择"按钮，打开"查询条件"对话框。

③ 选中"采购入库单(报销记账)"复选框。

④ 单击"确定"按钮，打开"未生成凭证单据一览表"窗口。

⑤ 单击"全选"按钮，再单击"确定"按钮。

⑥ 修改凭证类别为"转账凭证"，再录入"差价"科目为 1407，"存货"科目为 1405，"对方"科目为 1401。

⑦ 单击"生成"按钮，生成一张"转账凭证"。

⑧ 单击"保存"按钮保存。

5) 应付单据审核

操作步骤

(1) 在应付款系统中，执行"应付单据处理"|"应付单据审核"命令，打开"应付单查询条件"对话框。

(2) 选中"包含已现结发票"复选框，如图 2-130 所示。

(3) 单击"确定"按钮，打开"应付单据列表"窗口。

(4) 单击"全选"按钮，再单击"审核"按钮。

图 2-130 "应付单据列表"窗口

6) 生成现结凭证

操作步骤

(1) 在应付款系统中,执行"制单处理"命令,打开"制单查询"对话框。
(2) 选择"现结制单"复选框,取消"发票制单"复选框,如图 2-131 所示。

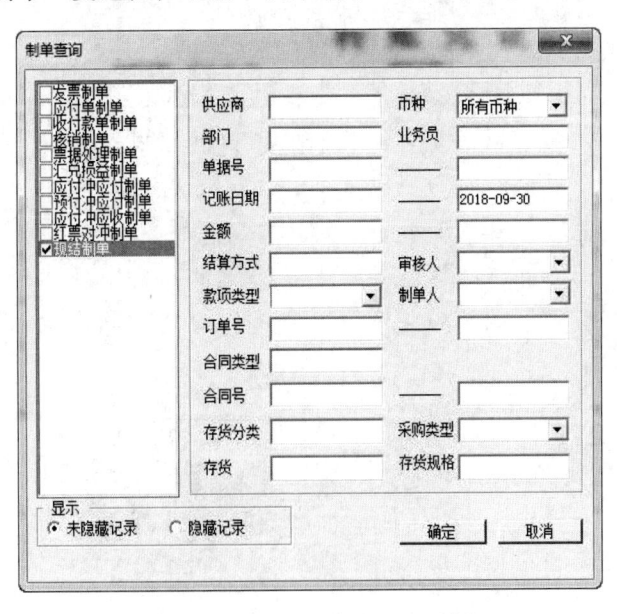

图 2-131 "制单查询"对话框

(3) 单击"确定"按钮,打开"现结制单"窗口。

第 2 章 采购管理 ▶ 115

(4)单击"全选"按钮,修改凭证类别为"付款凭证",再单击"制单"按钮,生成一张付款凭证。

(5)单击"保存"按钮,如图 2-132 所示。

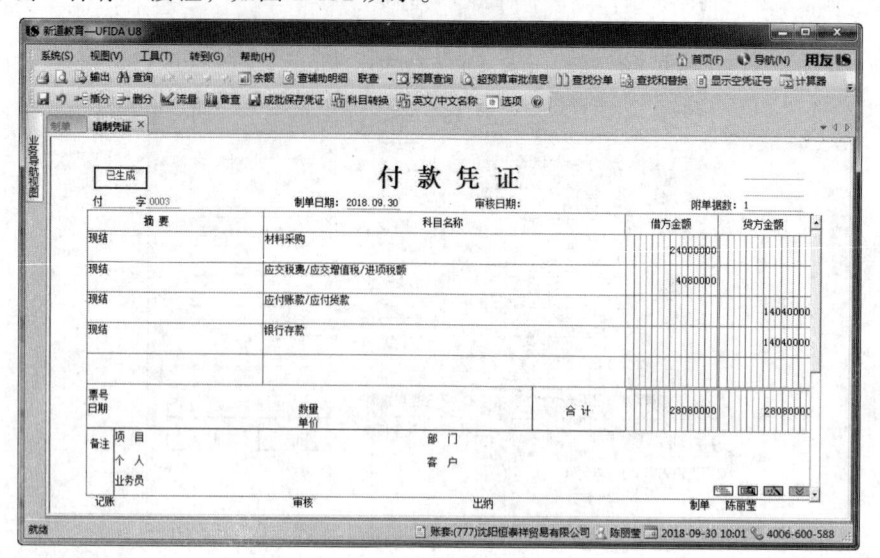

图 2-132 付款凭证

4. 账套备份

在 E:\"供应链账套备份"文件夹中新建"实验 2.6 其他采购业务"文件夹。将账套输出 E:\"实验 2.6 其他采购业务"文件夹中。

第3章

销 售 管 理

销售管理系统(也称为销售管理子系统)是ERP供应链管理系统的重要组成部分，是以管理为中心，整合项目、报价、合同、退货、售后等销售管理流程，辅以竞争对手管理和销售团队管理，集市场、销售、服务于一体，通过优化企业资源，深度挖掘最佳的市场活动模式。

1. 基本功能

销售管理系统的主要功能是对销售业务的全部流程进行管理，提供报价、订货、发货、开票的完整销售流程，支持普通销售、委托代销、分期收款、直运、零售、销售调拨等多种类型的销售业务，支持以订单为核心的业务模式，并可对销售价格和信用进行实时监控。企业可以根据实际情况进行销售流程的定制，构建自己的销售业务管理平台。

2. 业务概述

销售业务从基本的报价开始到最后的销售发票，处理各种销售发货、销售开票、委托销售、发货结算调整等业务；动态反映各种销售业务数据，便于企业及时了解销售相关信息，进行销售信用控制。

销售管理系统如果与库存管理系统联用，销售发货单、销售发票或委托代销发货单等新增后会自动冲减库存管理系统中的存货现存量，经审核后自动生成销售出库单传递给库存管理系统。同样，库存管理系统为销售管理系统提供可用于销售的存货现存量，如果存货核算系统与销售管理系统联用，存货核算系统将把计算出的存货销售成本传递给销售管理系统。如果与应收账款系统联用，则该系统为销售管理系统提供销售发票、销售调拨单的收账结算情况以及代垫费用核算情况。

3. 日常业务处理及流程

1) 普通销售业务

普通销售业务有两种模式：先发货后开票模式和先开票后发货(也称为开票即发货)模式。如果先填制发货单，即为先发货后开票模式，销售发票可参照已审核发货单生成；如果先填制销售发票，即为先开票后发货模式，发票审核后会自动生成销售发货单。

先发货后开票模式的业务流程及数据流程，如图3-1所示。

先开票后发货模式的业务流程及数据流程，如图3-2所示。

(1) 销售报价。销售报价是企业向客户提供货品、规格、价格、结算方式等信息，双方达成协议后，销售报价单转为有效力的销售合同或销售订单。企业可以针对不同客户、不同存货、不同批量提出不同的报价、扣率。

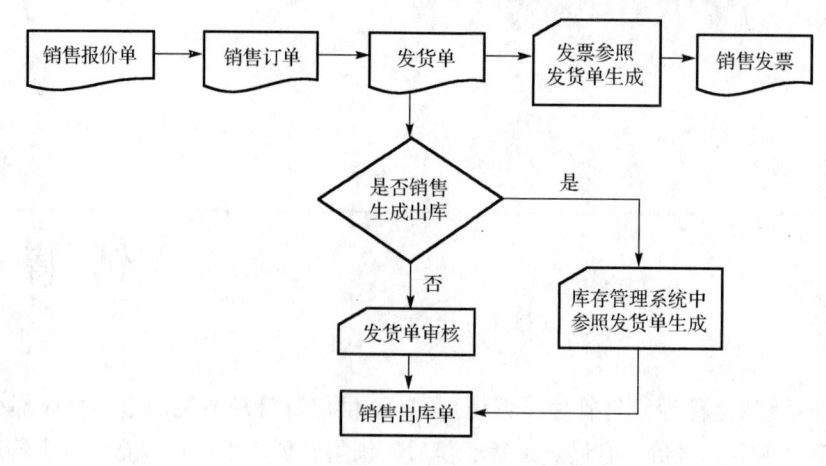

图 3-1　先发货后开票模式的业务流程

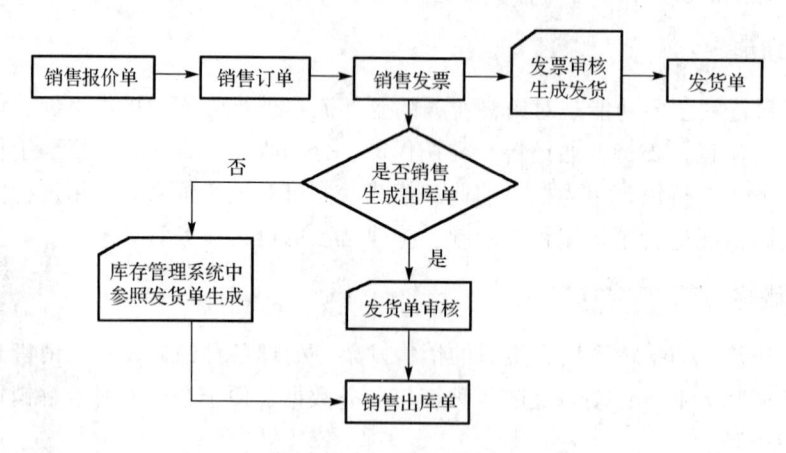

图 3-2　先开票后发货模式的业务流程

销售报价单只能手工增加。销售报价单表头栏目中，业务类型、销售类型、单据日期、币种等栏目为必填项，表体栏目中，存货编码、存货名称、数量、税额等栏目为必填项。销售报价单可以修改、删除、审核、弃审、关闭、弹出。已审核未关闭的报价单可以参照生成销售订单。

(2) 销售订货。销售订货是指由购销双方确认的客户要货需求的过程，企业根据销售订单组织货源，并对订单的执行进行管理、控制和追踪。销售订单是反映由购销双方确认的客户要货需求的单据，它可以是企业销售合同中关于货物的明细内容，也可以是一种订货的口头协议。

销售订单可以手工增加，也可以参照销售报价单生成。销售订单可以修改、删除、审核、弃审、关闭、弹出。已审核未关闭的销售订单可以变更，可以参照生成销售发货单、销售发票。已执行完成的订单和不能执行完成的订单，可以人工关闭订单。

(3) 销售发货。销售发货是企业执行与客户签订的销售合同或销售订单，将货物发往客户的行为，是销售业务的执行阶段。发货单是销售方作为给客户发货的凭据，是销售发货业务的执行载体。无论工业企业还是商业企业，发货单都是销售管理系统的核心单据。

在先发货后开票模式下，发货单由销售部门根据销售订单填制或手工输入，客户通过发货单取得货物所有权。发货单审核后，可以生成销售发票、销售出库单。在先开票后发货模式下，发货单由销售发票产生，发货单只作浏览，不能进行修改、删除、弃审等操作，但可以关闭、弹出；销售出库单根据自动生成的发货单生成。

(4) 销售开票。销售开票是在销售过程中企业给客户开具销售发票及其所附清单的过程，它是销售收入确认、销售成本计算、应交销售税金确认和应收账款确认的依据，是销售业务的重要环节。

销售发票是在销售开票过程中开具的原始销售单据，包括增值税专用发票、普通发票及其所附清单。销售发票复核后通知财务部门的应收款管理系统核算应收账款，在应收款管理系统审核登记应收明细账，制单生成凭证。

在先开票后发货模式下，销售发票可以手工增加，也可以参照销售订单生成；销售发票可以修改、删除、复核、弃复。销售发票复核时生成销售发货单；弃复时删除生成的发货单。与库存管理系统集成使用，且设置销售生成出库单，则销售发票复核时自动生成销售出库单；否则在库存管理系统根据销售发票自动生成发货单，手工生成销售出库单。

在先发货后开票模式下，销售发票可以参照销售发货单生成；销售发票可以修改、删除、复核、弃复。

(5) 代垫费用。在销售业务中，代垫费用指随货物销售所发生的，不通过发票处理而形成的暂时代垫、将来需向客户收取的费用项目，如运杂费、保险费等。代垫费用形成了企业对客户的应收款，代垫费用的收款核销由应收款管理系统处理。

代垫费用单可以在"代垫费用单"直接录入，可分摊到具体的货物；也可以在发票、销售日报、零售日报中按【代垫】按钮录入，与发票建立关联，可分摊到具体的货物。代垫费用单可以修改、删除、审核、弃审。代垫费用单审核后在应收款管理系统生成其他应收单；弃审时删除生成的其他应收单。

代垫费用单中，代垫日期、代垫单号、客户简称、销售部门、币种、费用项目、代垫金额、存货编码、存货名称等栏目必须填列。

2) 委托代销业务

委托代销业务，指企业将商品委托他人进行销售但商品所有权仍归本企业的销售方式。委托代销商品销售后，受托方与企业进行结算，并开具正式的销售发票，转移商品所有权，形成销售收入。

销售部门制订销售计划，销售人员按照销售计划，签订委托代销合同或协议；销售部门根据委托代销协议填制委托代销发货单并审核；销售部门通知仓库备货，根据生成的销售出库单出库；受托方对货物进行接收；受托方售出代销商品后，开具售出清单；销售部门根据受托方的售出清单开具委托代销结算单；结算单审核后系统自动生成销售发票；销售发票传递到应收款管理系统，进行收款结算。

委托代销业务流程及数据流程，如图3-3所示。

3) 分期收款销售业务

分期收款发出商品业务类似于委托代销业务，货物提前发给客户，分期收回货款，收入与成本按照收款情况分期确认。

分期收款销售的特点是：一次发货，当时不确认收入，分次确认收入，在确认收入的同时配比性地转成本。

分期收款销售业务流程及数据流程，如图3-4所示。

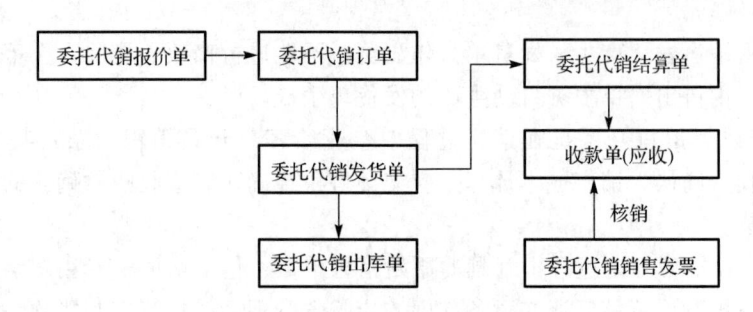

图 3-3 委托代销业务流程

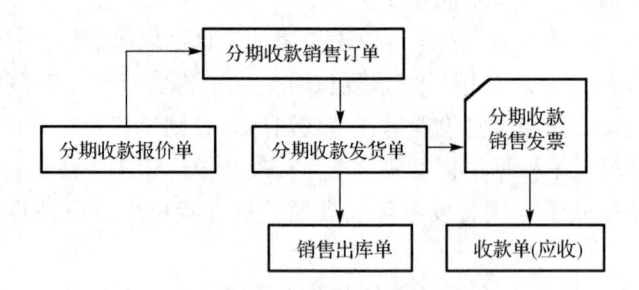

图 3-4 分期收款业务流程

分期收款业务的各表的关联关系及回写字段情况与先发货后开票业务类似。

4) 直运销售业务(参照直运采购业务)

5) 零售日报业务

零售日报业务指商业企业用户将商品销售给零售客户的销售方式,销售管理系统通过零售日报的方式接收用户的零售业务原始数据。

当发生零售业务时,应将相应的销售票据作为销售零售日报输入销售管理系统。零售日报不是原始的销售单据,是零售业务数据的日汇总,这种业务常见于商场、超市等零售企业。

零售日报业务流程及数据流程,如图 3-5 所示。

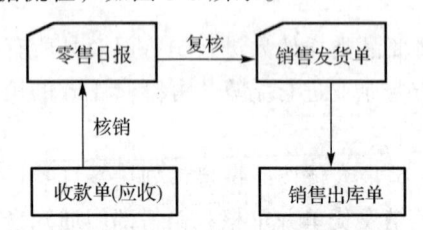

图 3-5 零售日报业务流程

零售日报业务的各表的关联关系及回写字段情况与无订单先开票后发货业务类似。

4. 账表查询

为了实现对销售业务管理的事中控制、事后分析,可通过对销售管理系统提供的各种账表进行查询和分析,以便提高销售管理水平。

销售账表包括:统计表、销售明细账、销售分析和综合分析。

1) 统计表

(1) 销售综合统计表。系统提供多角度、综合性的销售统计表,能够提供销售金额、折扣、成本、毛利等数据。

(2)进销存统计表。进销存统计表仅用于商业企业,可以进行采购、其他入库、销售、其他出库、暂估、成本、毛利的数据统计分析。

只有当采购管理、库存管理、销售管理、存货核算4个系统联合使用时,才能使用进销存统计表。

2)销售明细账

(1)销售成本明细账。销售成本明细账可以查询存货的销售成本情况,兼顾会计和业务的不同需要。

(2)销售明细表。销售明细表可以查询销售发票、销售调拨单、零售日报的明细记录。

3)销售分析

(1)销售增长分析。销售增长分析可以分析部门或货物的本期销售比前期销售的增长情况。

(2)货物流向分析。货物流向分析可以分析按照不同分组条件(如客户、地区、行业)在某时间区间的销售货物流向比例。

(3)销售结构分析。销售结构分析可以分析按照不同分组条件(如客户、业务员、货物等)在某时间段的销售构成情况。

(4)销售毛利分析。销售毛利分析可以统计货物在不同期间的毛利变动及影响原因。

(5)市场分析。市场分析可以反映某时间区间内部门/业务员所负责的客户或地区销售、回款、业务应收(发货未开票)的比例情况。

(6)货龄分析。按货物/客户/地区/行业/部门/业务员分析各货龄区间发货未开票或发货未收款的情况。

4)综合分析

综合分析只能用于商业企业,而且必须在销售管理系统与存货核算系统联合使用时可用。包括:动销分析、商品周转率分析、畅适滞分析和经营状况分析。

(1)动销分析。按商品/部门分析任意时间段内经营商品的动销率及未动销货物的时间构成。

(2)商品周转率分析。分析某时间范围内某部门所经营商品的周转速度。如果用户选择周转率作为发货周转率,则周转指发货;如果用户选择周转率作为销售周转率,则周转指销售。

(3)畅适滞分析。按商品/部门分析查询期间经营货物畅销、适销、滞销构成。

(4)经营状况分析。按部门分析某时间范围内多种经营指标的对比情况。

实验 3.1 销售管理系统初始化

【实验目的与要求】

通过本实验,系统学习销售管理系统初始化设置的主要内容和操作方法。理解销售管理系统参数设置的意义,掌握销售期初数据的录入方法。

【实验准备】

已经完成第 2 章实验 2.6 的操作，或者引入光盘中的 2.6 账套备份数据。将系统日期修改为 2018 年 9 月 01 日，以 002 操作员(密码为 2)的身份登录 777 账套的"企业应用平台"。

【实验内容】

- 设置销售管理系统的参数。
- 设置应收款管理系统的参数。
- 输入销售管理系统的期初数据。
- 备份账套。

【实验资料】

1. 设置销售管理系统参数

- 有委托代销业务。
- 有零售日报业务。
- 有分期收款业务。
- 允许超发货量开票。
- 直运销售业务。
- 销售生成出库单。
- 普通销售必有订单。
- 新增发货单参照订单生成。
- 新增退货单、新增发票参照发货单生成。
- 取消报价含税。
- 其他设置由系统默认。

2. 应收款管理系统参数设置和初始设置

1) 应收款管理系统选项

应收款管理系统选项如表 3-1 所示。

表 3-1　应收款管理系统选项

应收款核销方式	按单据	单据审核日期依据	单据日期
控制科目依据	按客户	受控科目制单方式	明细到单据
销售科目依据	按存货	坏账处理方式	应收余额百分比法

2) 初始设置

- 基本科目设置：应收科目 1122，预收科目 2203，销售收入科目 6001，税金科目 22210102。
- 控制科目设置：按客户设置。应收科目 1122，预收科目 2203。
- 产品科目设置：按商品设置。销售收入和销售退回科目 6001，应交增值税 22210102。
- 结算方式科目设置：现金支票、转账支票、电汇科目 1002。
- 坏账准备设置：提取比率 1%，坏账准备期初余额为 0，坏账准备科目 1231，对方科目 6701。

3. 单据设置

允许手工修改销售专用发票号。

4. 销售管理系统期初数（销售管理系统价格均为不含税价）

1）期初发货单

（1）2018年8月8日，欧丽女套装500套，单价600元，欧丽服装仓；北京王府井百货公司，销售部门为批发部，销售类型为批发销售。

（2）2018年8月10日，万利达女表100只，单价320元，万利达手表仓；大连大商百货公司，销售部门为批发部，销售类型为批发销售。

2）分期收款发出商品期初数

2018年8月15日，给上海子公司（上海鸿运贸易公司）发出欧丽男套装400套，单价1600元，属于欧丽服装仓，销售部门为批发部，销售类型为批发销售。

【实验指导】

1. 销售管理系统参数设置

销售管理系统参数的设置，是指在处理销售日常业务之前，确定销售业务的范围、类型及对各种销售业务的核算要求，这是销售管理系统初始化的一项重要工作。因为一旦销售管理系统开始处理日常业务，有的系统参数就不能修改，有的也不能重新设置。因此，在系统初始化时应该设置好相关的系统参数。

操作步骤

（1）在企业应用平台中，执行"供应链"|"销售管理"命令，打开销售管理系统。

（2）在系统菜单下，执行"设置"|"销售选项"命令，打开"销售选项"对话框。

（3）打开"业务控制"选项卡，选中"有零售日报业务"、"有委托代销业务"、"有直运销售业务"、"有分期收款业务"、"销售生成出库单"和"普通销售必有订单"复选框，取消"报价含税"前复选框的选中，如图3-6所示。

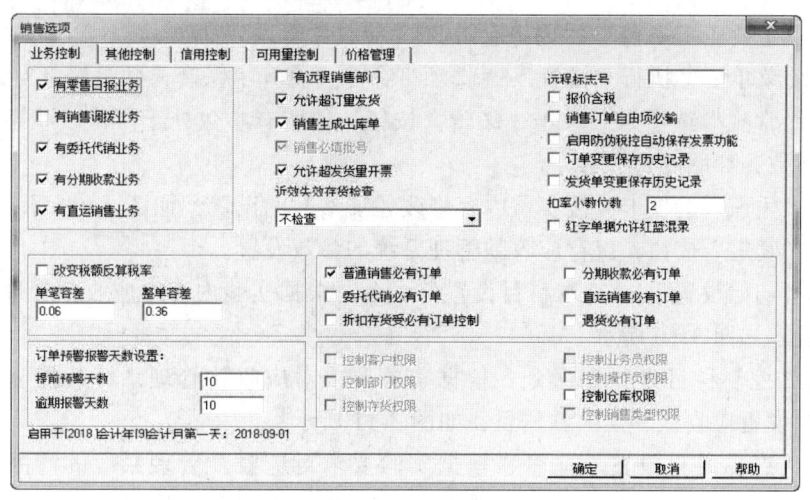

图3-6 "业务控制"选项卡

(4)打开"其他控制"选项卡,"新增发货单默认"选择"参照订单";"新增退货单默认"选择"参照发货";"新增发票默认"选择"参照发货";其他选项按系统默认设置,如图 3-7 所示。

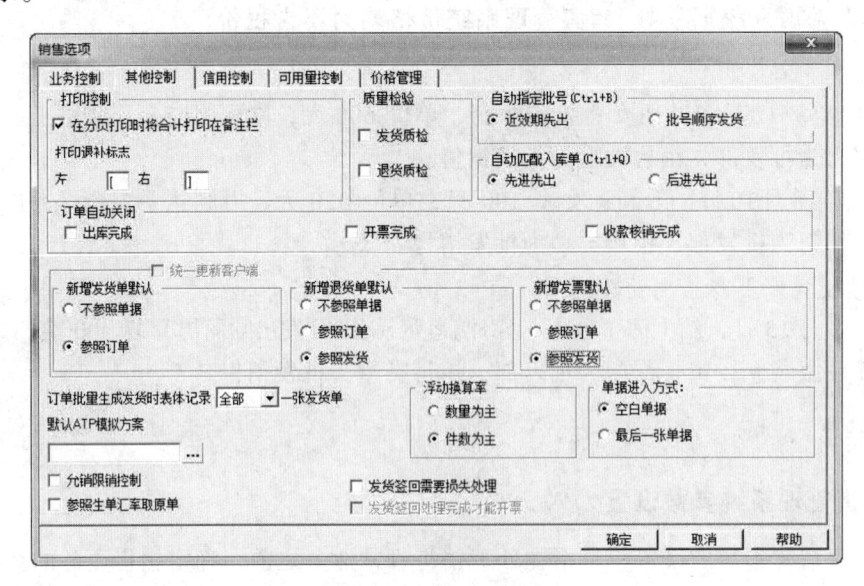

图 3-7 "其他控制"选项卡

(5)单击"确认"按钮,保存销售管理系统的参数设置。

2. 应收款管理系统参数设置和初始设置

应收款管理系统与销售管理系统在联用的情况下,两个系统存在着数据传递关系。因此,启用销售管理系统的同时,应该启用应收款管理系统。应收款管理系统参数设置和初始设置,都是系统的初始化工作,应该在处理日常业务之前完成。如果应收款管理系统已经进行了日常业务处理,则其系统参数和初始设置就不能随便修改。

操作步骤

(1)执行"企业应用平台"|"财务会计"|"应收款管理"命令。

(2)在系统菜单下,执行"设置"|"选项"命令,打开"账套参数设置"对话框。

(3)打开"常规"选项卡,单击"编辑"按钮,使所有参数处于可修改状态,按实验要求设置系统参数,如图 3-8 所示。

(4)打开"凭证"选项卡,按实验内容修改凭证参数的设置,如图 3-9 所示。

(5)单击"确定"按钮,保存应收款管理系统的参数设置。

(6)执行"初始设置"|"基本科目设置"命令,根据实验内容对应收款管理系统的基本科目进行设置,如图 3-10 所示。

(7)执行"控制科目设置"命令,根据实验要求对应收款管理系统的控制科目进行设置,即按客户设置应收款、预收款科目,如图 3-11 所示。

(8)执行"产品科目设置"命令,根据实验要求对应收款管理系统的产品科目进行设置,即按存货设置销售收入科目、应交增值税科目和销售退回科目,如图 3-12 所示。

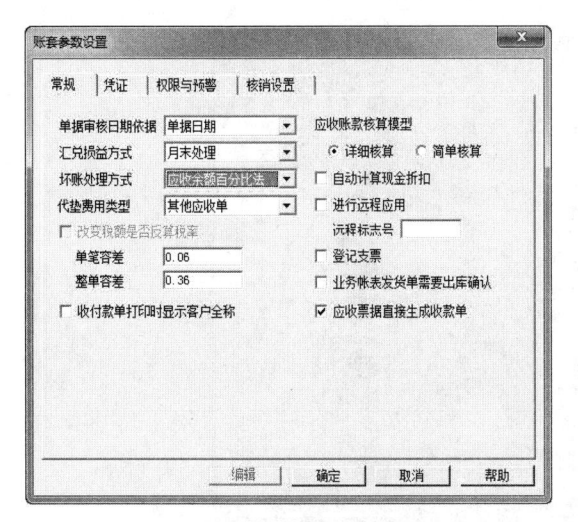

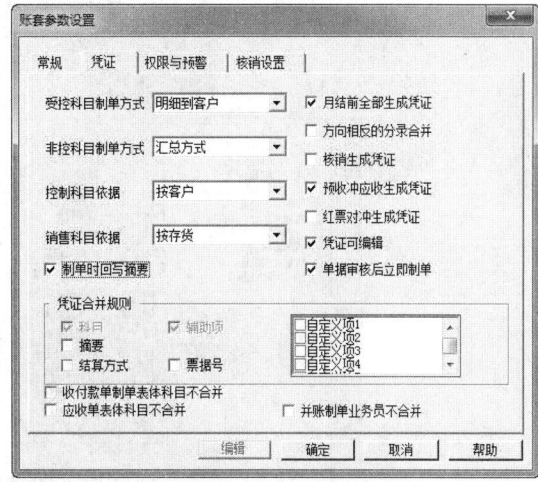

图 3-8 "常规"选项卡

图 3-9 "凭证"选项卡

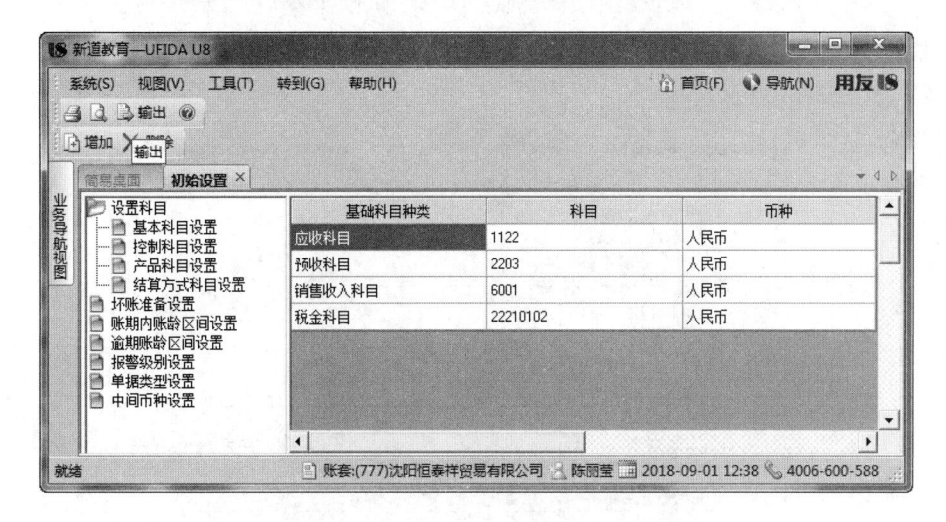

图 3-10 应收款管理系统基本科目设置

图 3-11 应收款管理系统控制科目设置

第 3 章 销售管理 ▶ 125

图 3-12　应收款管理系统产品科目设置

(9)执行"结算方式科目设置"命令,根据实验要求对应收款管理系统的结算方式科目进行设置,如图 3-13 所示。

图 3-13　应收款管理系统结算方式科目设置

(10)执行"坏账准备设置"命令,分别录入相关内容并单击"确定"按钮完成操作,如图 3-14 所示。

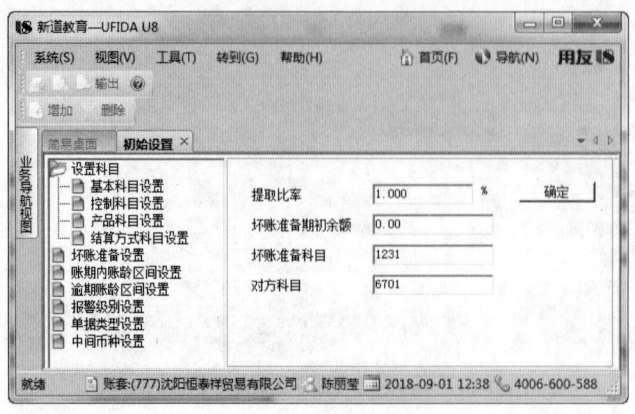

图 3-14　坏账准备设置

(11)以上已经完成应收款管理系统设置,单击"退出"按钮,退出初始设置。

3. 单据编号设置

在企业应用平台上,打开"基础设置"选项卡,执行"单据设置"|"单据编号设置"命令,打开"单据编号设置"对话框。选择"编号设置"选项卡,执行"销售"|"销售专用发票"命令。单击对话框右上方的"修改"按钮,选中"手工改动,重号时自动重取(T)"复选框,如图3-15所示。单击"保存"按钮,保存设置,再单击"退出"按钮。

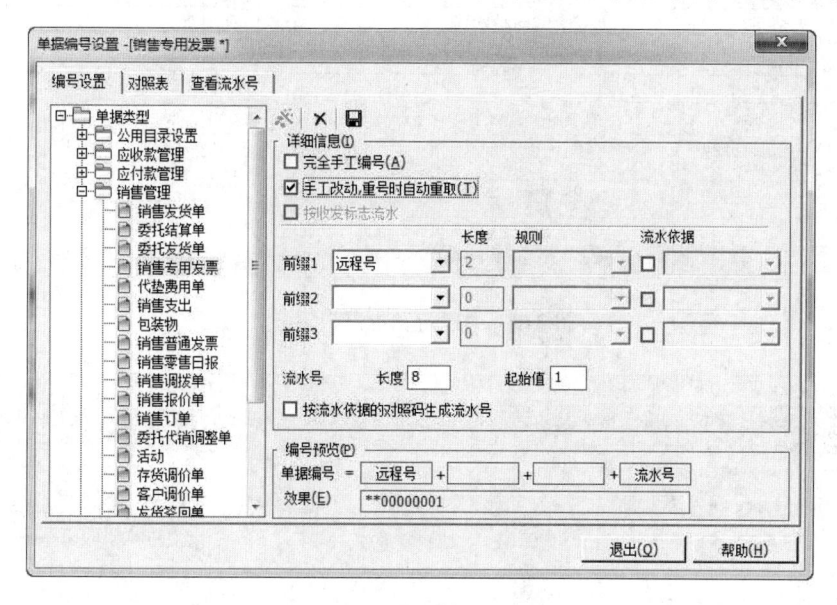

图 3-15 "编号设置"选项卡

4. 销售管理系统期初数据录入

在销售管理系统启用期初,对于已经发货而尚未开具发票的货物,应该作为期初发货单录入销售管理系统的期初数据中,以便将来开具发票后,进行发票复核,即销售结算。

1) 期初发货单录入

操作步骤

(1)在企业应用平台中,登录供应链中的销售管理子系统。

(2)执行"设置"|"期初录入"|"期初发货单"命令,打开"期初发货单"窗口。

(3)单击"增加"按钮,按照实验内容输入期初发货单的信息,如图3-16所示。

(4)单击"保存"按钮,保存发货单信息。

(5)单击"审核"按钮,审核确认发货单信息,再单击"增加"按钮,录入、保存并审核第2张期初发货单,如图3-17所示,只有审核后的发货单才可用于销售发票录入时参照。

(6)期初发货单全部录入、审核完毕,单击"退出"按钮,退出期初发货单录入与审核界面,完成期初发货单录入与审核工作。

图 3-16 "期初发货单"窗口

图 3-17 第 2 张期初发货单

2）期初分期收款发货单录入

操作步骤

（1）在销售管理系统中，执行"设置"|"期初录入"|"期初发货单"命令。

（2）单击"增加"按钮，按实验要求输入分期收款发货单信息。注意"业务类型"必须选择"分期收款"。

（3）单击"保存"按钮，然后单击"审核"按钮，确认并保存输入的信息，如图 3-18 所示。

图 3-18 分期收款期初发货单

注意：

- 当销售管理系统与存货核算系统集成使用时，存货核算系统中分期收款发出商品的期初余额从销售管理系统中取数，取数的依据就是已经审核的分期收款期初发货单。
- 存货核算系统从销售管理系统中取数后，销售管理系统就不能再录入存货核算系统启动日期前的分期收款发出商品发货单。
- 在实际业务执行过程中，审核常常是对当前业务完成的确认。有的单据只有经过审核，才是有效单据，才能进入下一流程，才能被其他单据参照或被其他功能、其他系统使用。
- 对发货单的审核可以单击"批审"按钮，以快速完成发货单的审核工作。
- 审核后的发货单不能修改或删除。
- 如果要修改或删除期初发货单，则必须先取消审核，即单击"弃审按钮"。但如果期初发货单已经有下游单据生成，如生成了销售发票或存货核算系统已经记账等，那么，该期初发货单是不能弃审的，也不能修改或删除。
- 如果销售管理系统已经执行月末结账，则不能对发货单等单据执行"弃审"。

5. 账套备份

在 E:\"供应链账套备份"文件夹中新建"实验 3.1 销售管理系统初始化"文件夹。将账套输出至 E:\"供应链账套备份"\"实验 3.1 销售管理系统初始化"文件夹中。

实验 3.2　普通批发赊销

【实验目的与要求】

通过本实验，系统学习销售管理普通批发赊销业务处理。能够与应收款管理系统、库存管理系统、存货核算系统、总账系统集成使用，以便及时处理赊销款项，并对赊销业务进行相应的财务处理。掌握普通赊销业务的处理流程和处理方法，深入了解销售管理系统与供应链系统的其他子系统之间的紧密联系和数据传递关系，以正确处理销售业务和与销售相关的其他业务。

【实验准备】

已经完成第 3 章实验 3.1 的操作，或者引入光盘中 3.1 账套备份数据。将系统日期修改为 2018 年 9 月 30 日，单据填制日期按业务发生日期。以 002 操作员(密码为 2)的身份登录 777 账套的"企业应用平台"。

【实验内容】

- 销售生成出库单。
- 普通销售必有销售订单。
- 录入销售报价单，录入或生成销售订单、销售发货单。
- 录入或生成销售发票，并按要求修改发票编号。
- 对销售发票进行复核，确认应收款项。
- 根据销售专用发票确认销售成本(存货采用先进先出法核算)。
- 备份账套。

【实验材料】

销售部，业务员孙悦；仓管员张红林。

(1) 2018 年 9 月 8 日，给大连大商百货公司开具 8 月 10 日销售万利达女表的销售专用发票(ZY000165)，款项尚未收到。

(2) 2018 年 9 月 10 日，沈阳新玛特百货公司打算订购万利达女表 1000 只，出价(不含税)180 元/只。要求本月 30 日前发货，本公司报价(不含税)为 310 元。12 日，本公司与沈阳新玛特百货公司协商，对方同意万利达女表销售单价为 300 元，但订货数量减为 800 只。本公司确认后于 9 月 13 日发货(手表仓)，本公司以现金代垫运费 500 元。当日开具销售专用发票，发票号为 ZY000122，货款尚未收到。

(3) 2018 年 9 月 15 日，北京王府井百货公司有意向本公司订购欧丽男衣 800 件、欧丽男裤 800 条，本公司报价(不含税)分别为 500 元和 380 元。16 日，北京王府井百货公司同意我公司的报价，并决定追加订货，男衣追加 200 件，男裤追加 200 条，需要分批开具销售发票。本公司同意对方的订货要求。2018 年 9 月 18 日，按销售订单发货(欧丽服务仓)，给北京王府井百货公司分别出男衣和男裤各 200 件(条)，本公司支付运杂费 200 元(现金支票XJ101000588)。次日开具两张销售专用发票，发票号分别为 ZY000278 和 ZY000279。对方电汇(DH0077889)款项 117 000 元已经收到，系付 200 件男衣的价税款。200 条男裤款项暂欠。确认出库成本。

(4) 2018 年 9 月 20 日，大连大商百货公司就向本公司订购欧丽男套装 200 套进行询价，本公司报价(不含税)1000 元，对方初步同意。本公司根据报价单生成销售订单。2018 年 9 月 23 日，大连大商百货公司提出价格过高，只能接受 950 元/套，本公司不同意。对方撤销对本公司欧丽男套装的订购。

【实验指导】

1. 第 1 笔普通销售业务的处理

本笔业务属于 8 月 10 日已经发货的销售业务，本期开具销售专用发票确认应收款项。因此，本笔业务需要在销售管理系统中开具销售专用发票；在应收款管理系统中审核应收单并生成凭证传递至总账系统。由于万利达女表采用售价法核算，月末才能结转销售成本。

操作步骤

1) 销售管理系统开具销售专用发票

（1）在销售管理系统中，执行"销售开票" | "销售专用发票"命令，打开"销售专用发票"窗口。

（2）单击"增加"按钮，打开"查询条件选择—参照发货单"窗口。默认业务类型为"普通销售"，可以重新选择。

（3）设置查询条件，单击"确定"按钮，系统根据查询条件显示符合条件的全部单据。

（4）在显示的发货单记录中选择客户为"大连大商"，或者选择日期为"2018 年 8 月 10 日"的发货单，在所选择单据前单击，出现"Y"表示选择成功。

（5）选择存货信息。系统自动显示该发货单的存货信息，选择需要开具发票的存货，在其前面单击，出现"Y"表示选择成功，如图 3-19 所示。选择完毕，单击"OK 确定"按钮。

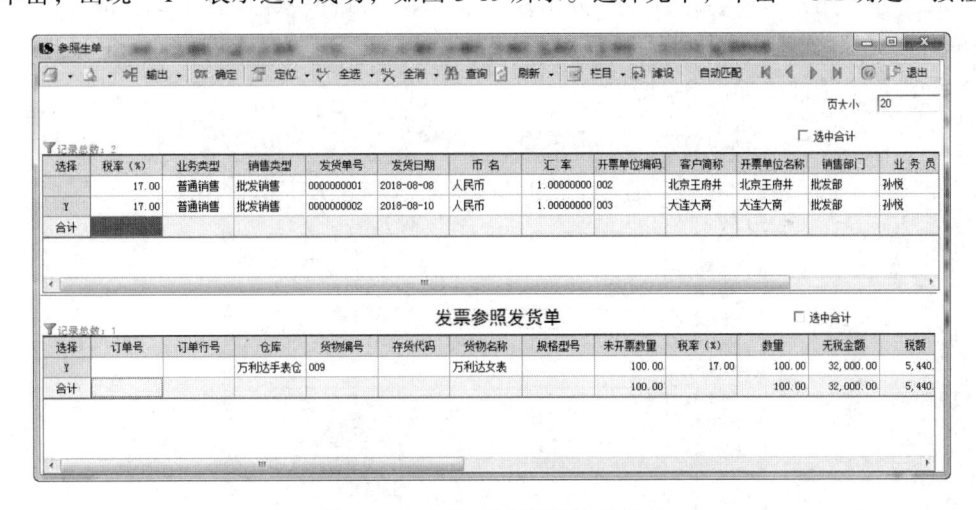

图 3-19 选择生成发票的发货单

（6）系统根据所选择的发货单和存货自动生成一张销售专用发票。修改发票信息，如开具发票的日期和发票号等信息，确认后单击"保存"按钮，确认并保存发票信息，如图 3-20 所示。

（7）单击"复核"按钮，确认该销售专用发票的信息。

注意：

- 尚未复核的发票可以直接修改。

- 已经复核的发票不能直接修改或删除。
- 已经复核的发票取消复核后，可以修改。单击"弃复"按钮，弃复成功后，单击"修改"按钮。修改信息确认单击"保存"按钮。如果需要删除，取消复核成功后可以直接删除。

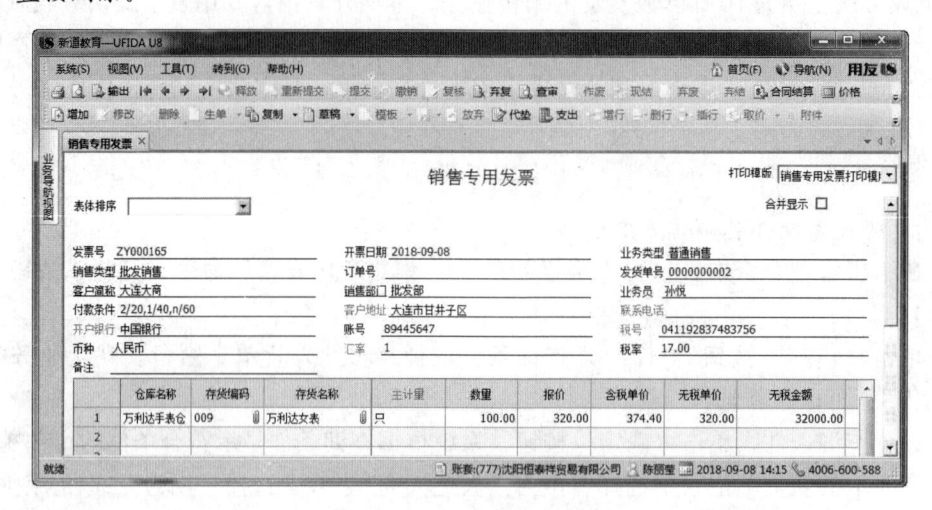

图 3-20　销售专用发票

2) 应收款管理系统审核应收单并制单

(1) 在企业应用平台中，打开"业务工作"选项卡，执行"财务会计"|"应收款管理"|"应收单据处理"|"应收单据审核"命令，系统自动弹出"应收单查询条件"对话框。

(2) 设置查询条件，如图 3-21 所示。

图 3-21　"应收单查询条件"对话框

(3) 单击"确定"按钮，选择需要审核的应收单据，在记录的"选择"栏处双击，出现"Y"，表示选择成功。

(4)单击"审核"按钮,系统自动弹出"本次审核成功单据 1 张"信息提示对话框。单击"确认"按钮。

(5)执行"制单处理"命令,系统自动打开"制单查询"对话框。设置单据查询条件,默认选择"发票制单"。

(6)在需要制单的记录前的"选择"栏中输入 1,或单击"全选"按钮,系统显示1,表示选择的单击成功,可以生成凭证,如图 3-22 所示。

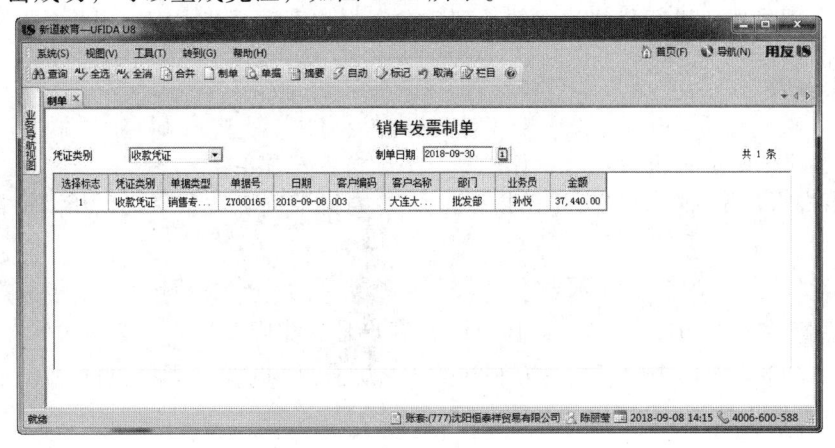

图 3-22 制单单据查询

(7)选择凭证类别为"转账凭证",单击"制单"按钮,系统根据所选择的应收单自动生成转账凭证。单击"保存"按钮,系统显示"已生成"标志,如图 3-23 所示。

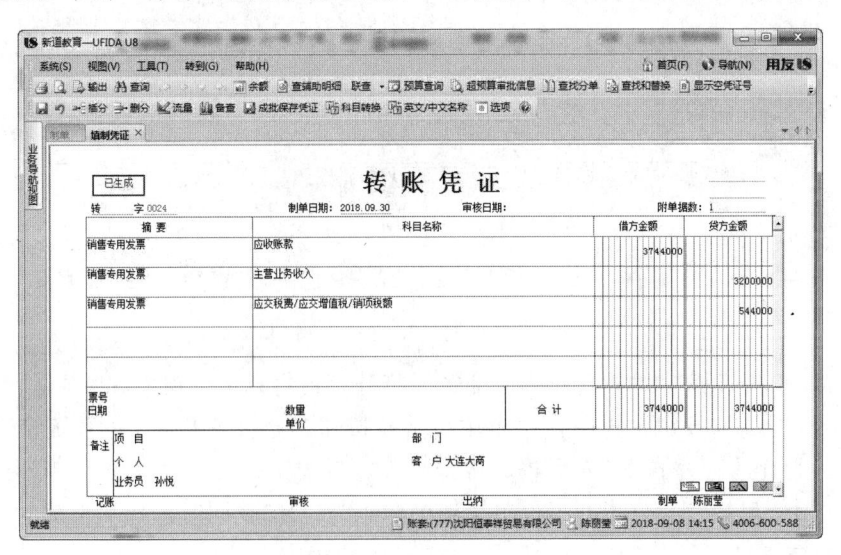

图 3-23 根据应收单生成凭证

(8)执行"单据查询"|"凭证查询"命令,可以查询根据应收单生成的转账凭证。查询完毕,单击"退出"按钮。

注意:

- 可以根据每笔业务的应收单据制单,也可以月末一次制单。

- 如果制单日期不序时，则系统拒绝保存不序时的凭证。
- 如果要取消制单的序时控制，则启动总账系统，在其初始设置中取消"制单序时控制"选项。

2. 第2笔普通销售业务的处理

本笔业务属于本期发生的业务，需要填制或生成报价单、销售单、销售发货单、销售出货单、销售专用发票，进行代垫运费的处理；在应收款管理系统中审核应收单并制单。

操作步骤

1) 销售管理系统填制报价单、销售订单，生成销售发货单

（1）在销售管理系统中，执行"销售报价"|"销售报价单"命令，打开"销售报价单"窗口。

（2）单击"增加"按钮，输入表头信息。业务类型为"普通销售"，销售类型为"批发销售"，日期修改为"2018年9月10日"，客户是"沈阳新玛特百货公司"，业务员"孙悦"，税率为17%。表体中的存货为万利达女表，数量1000只，无税单价310元/只。单击"保存"和"审核"按钮，如图3-24所示。

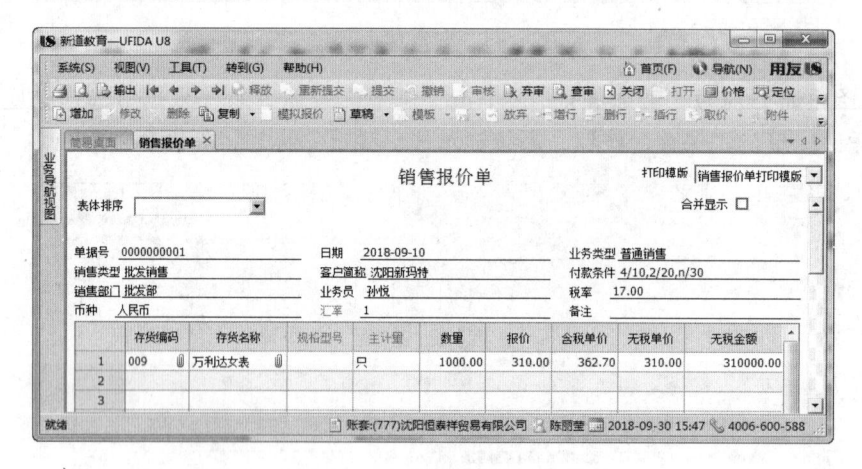

图3-24 "销售报价单"窗口

（3）执行"销售订货"|"销售订单"命令，打开"销售订单"窗口。

（4）单击"增加"按钮，再单击"生单"下拉按钮，选择"报价"，系统自动弹出"查询条件选择—订单参照报价单"对话框，单击"确定"按钮，打开"参照生单"窗口。选择9月10日的沈阳新玛特百货公司的报价单，选中标志为"Y"，同时选择下半部的存货万利达女表，选中标志为"Y"，如图3-25所示，单击"OK确定"按钮。

（5）系统根据报价单自动生成一张销售订单。修改订单与报价单不一致的信息，如日期为2018-09-12，无税单价为300，数量为800，信息确认后单击"保存"按钮，再单击"审核"按钮，如图3-26所示。

（6）执行"销售发货"|"发货单"命令，打开"发货单"窗口。

（7）单击"增加"按钮，打开"查询条件选择—参照订单"对话框，单击"确定"按钮，打开"参照生单"窗口。

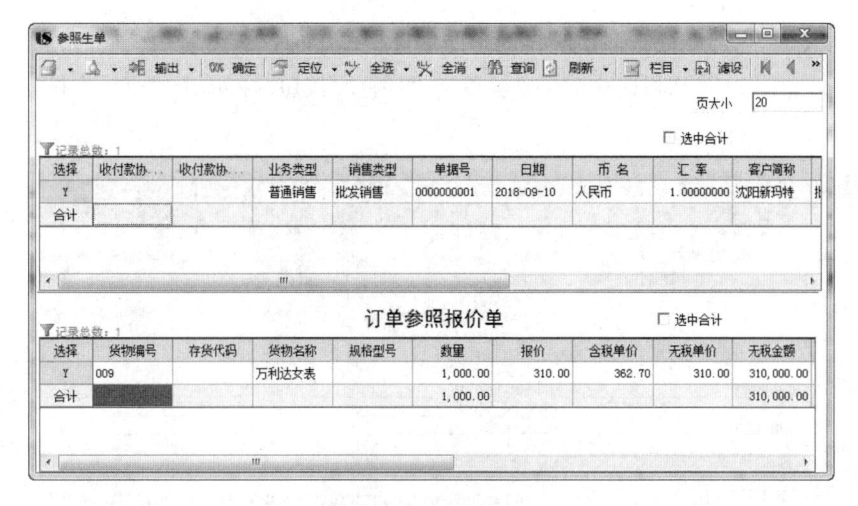

图 3-25 选择报价单

图 3-26 销售订单

(8)在"参照生单"管理窗口中，系统显示复核条件的销售订单。单击出现"Y"选中销售订单和存货，如图 3-27 所示。

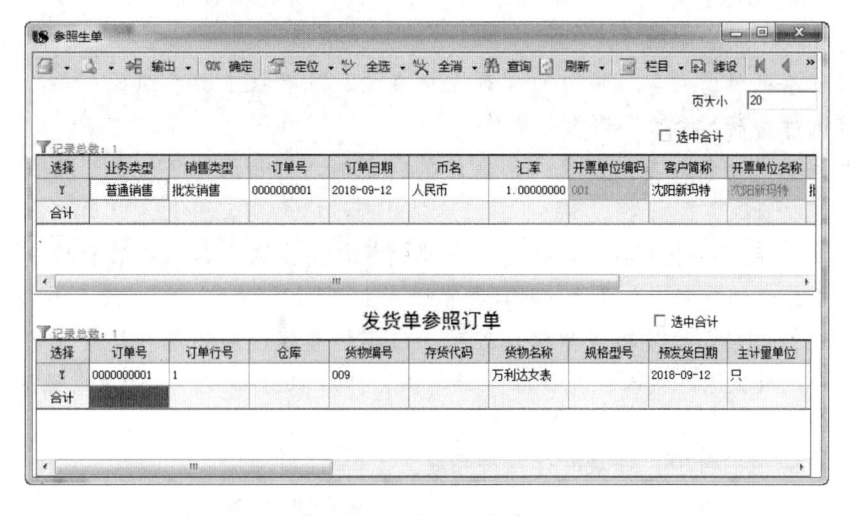

图 3-27 销售订单查询

第 3 章 销售管理 ▶ 135

(9)单击"OK 确定"按钮，系统自动参照销售订单生成销售发货单，修改发货日期为"13日"，输入发货仓库为"万利达手表仓"。单击"保存"按钮，再单击"审核"按钮，如图3-28所示。

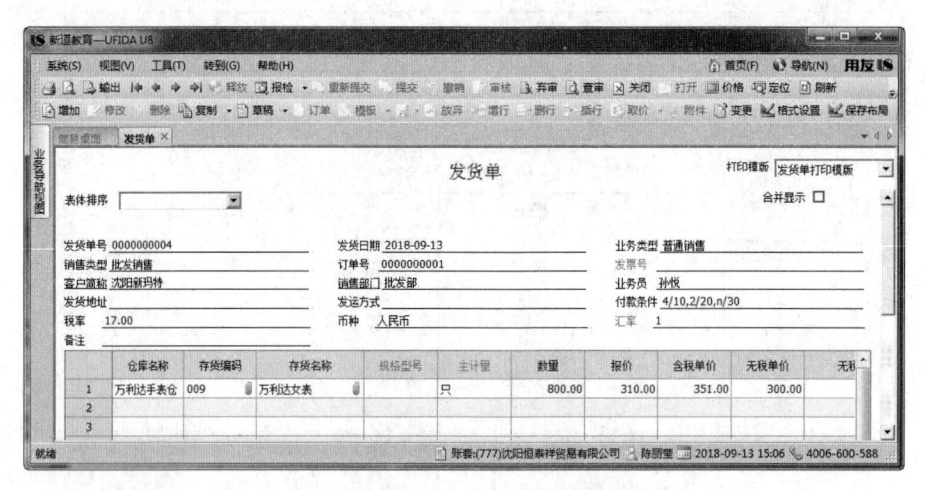

图3-28 "销售发货单"窗口

(10)单击"退出"按钮，退出"销售发货单"窗口。

注意：

- 销售报价单只能手工输入。
- 销售报价单没有审核前，可以单击"修改"按钮进行修改；如果已经审核，则必须先取消审核，然后才能修改。
- 报价单被参照后与销售订单不建立关联，即使审核后也可以删除。
- 销售订单可以手工输入，也可以根据销售报价单参照生成。
- 参照报价单生成的销售订单，所有从报价单带入的信息均可修改；同时还可以在销售订单上增行、删行。
- 已经保存的报价单可以在报价单列表中查询；所选择报价单打开后，可以执行弃审、修改、删除等操作。
- 已经保存的销售订单可以在订单列表中查询。没有被下游参照的订单可以在打开单据后执行弃审、修改、删除等操作。
- 已经审核的销售订单可以修改。在订单列表中，打开该销售订单，单击"变更"按钮，可以修改。
- 销售发货单可以手工输入，也可以参照销售订单生成。如果销售管理系统选项中设置了"普通销售必有订单"，则只能参照生成。
- 如果销售订单、发货单等单据已经被下游单据参照，则不能直接修改、删除。如果需要修改或删除，则必须先删除下游单据，然后取消审核，再修改或删除。

2) 销售出库单

(1)在企业应用平台中，登录库存管理系统。

(2)执行"出库业务"|"销售出库单"命令，系统根据销售发货单自动生成销售出库

单。按"翻页键"查看，单击"审核"按钮，确认销售出库单，如图 3-29 所示，单击"确定"按钮。

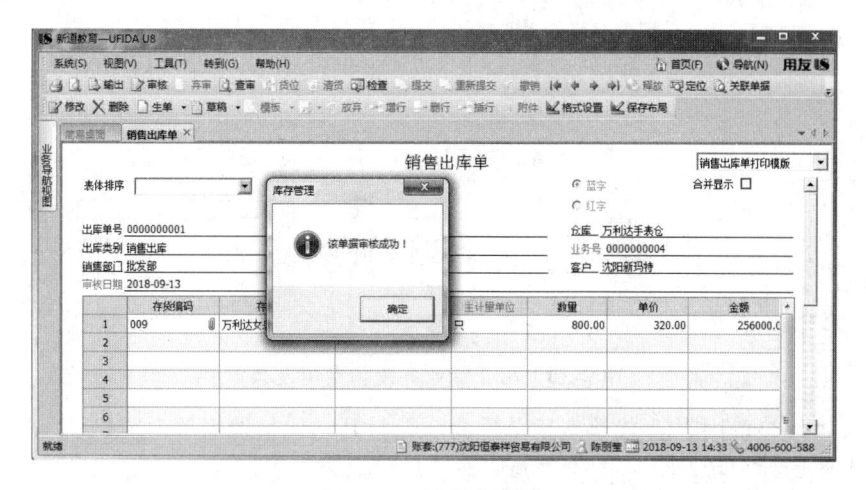

图 3-29 销售出库单

> **注意：**
>
> - 在销售管理系统选项中设置了"销售生成出库单"，则系统根据销售出库单自动生成出库单。
> - 如果在销售管理选项中没有设置"销售生成出库单"，则在库存管理系统的销售出库单窗口中单击"生单"下拉按钮，系统显示"出库单查询"窗口。用户自行选择查询单据生成销售出库单。
> - 在由库存管理生单向销售管理生单切换时，如果有已审核/复核的发货单、发票未在库存管理系统生成销售出库单，将无法生成销售出库单。因此，应检查已审核/复核的销售单据是否已经全部生成销售出库单后再切换。
> - 系统自动生成尚未销售出库单不能修改，可以直接审核。

3) 销售专用发票

(1) 在销售管理系统中，执行"销售开票" | "销售专用发票"命令，打开"销售专用发票"窗口。

(2) 单击"增加"按钮，打开"查询条件选择—发票参照发货单"对话框，默认业务类型为"普通销售"，可以重新选择。

(3) 设置查询条件，单击"确定"按钮，系统根据查询条件显示符合条件的全部单据。

(4) 在显示的发货单记录中选择客户为"沈阳新玛特百货公司"，或者选择日期为"2018年 9 月 13 日"的发货单，在所选择单据前单击，出现"Y"表示选择成功。

(5) 选择存货信息。系统自动显示该发货单的存货信息，选择需要开具发票的存货，在其前面单击，出现"Y"表示选择成功。选择完毕，单击"OK确定"按钮。

(6) 系统根据所选择的发货单和存货自动生成一张销售专用发票。修改发票日期和发票号，确认后单击"保存"按钮，确认并保存发票信息，如图 3-30 所示。

(7) 单击"复核"按钮，复核销售专用发票的信息，然后退出。

图 3-30　第 2 笔业务销售专用发票

(8) 执行"代垫费用"|"代垫费用单"命令，打开"代垫费用单"窗口。

(9) 单击"增加"按钮，输入代垫费用及其相关内容，如图 3-31 所示。

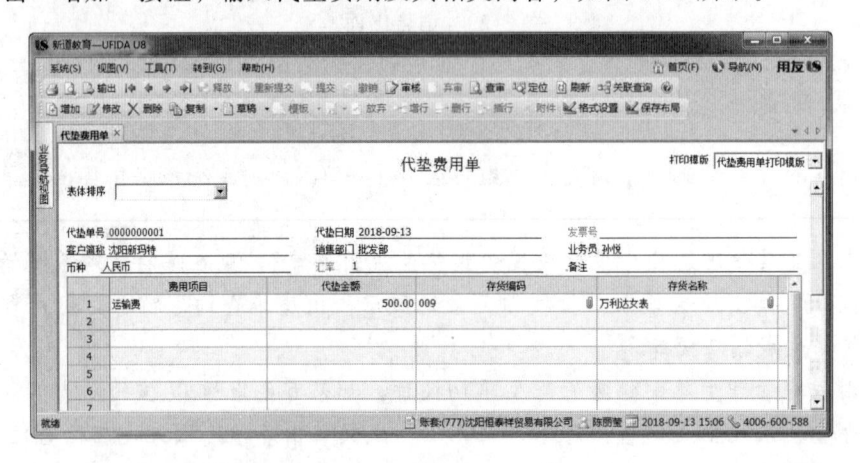

图 3-31　"代垫费用单"窗口

(10) 单击"保存"按钮，再单击"审核"按钮审核。

注意：

- 代垫费用单可以在销售管理系统的专用发票窗口输入。生成销售专用发票保存后，单击"代垫"按钮，调出"代垫费用单"窗口，输入"代垫费用单"。
- 代垫费用单也可以通过执行"销售管理"|"代垫费用"|"代垫费用单"命令进行输入。
- 代垫费用单保存后自动生成其他应收单，并传递至应收款管理系统。
- 销售管理系统只能记录代垫费用，但不能对代垫费用制单。其凭证需要在应收款管理系统中审核代垫费用单后，才能制单。

4) 应收款管理系统审核应收单并制单

(1) 在企业应用平台，打开"业务工作"选项卡，执行"财务会计"|"应收款管理"|"应收单据处理"|"应收单据审核"命令，打开"应收单查询条件"对话框，设置查询条件。

(2)单击"确定"按钮。选择需要审核的应收单据,包括沈阳新玛特的运费单据和应收单据,在记录的"选择"处单击,出现"Y"表示选择成功。

(3)单击"审核"按钮,系统自动弹出"本次审核成功单据2张"信息提示对话框。

(4)执行"制单处理"命令,打开"单据查询"窗口。设置单据查询条件,选择"发票制单"和"应收单制单",单击"确定"按钮。

(5)单击"全选"按钮,在需要制单的两个记录前的"选择标志"栏分别填1和2,表示选择1的单据生成一张凭证,选择2的单据生成另一张凭证。

(6)选择凭证类别为"转账凭证",单击"制单"按钮,系统根据所选择的应收单自动生成两张转账凭证;分别单击"保存"按钮,系统显示"已生成"标志,如图3-32所示。单击"下一张"按钮,在第2行科目名称栏输入1001,修改凭证类别为"付款凭证",再单击"保存"按钮,如图3-33所示。

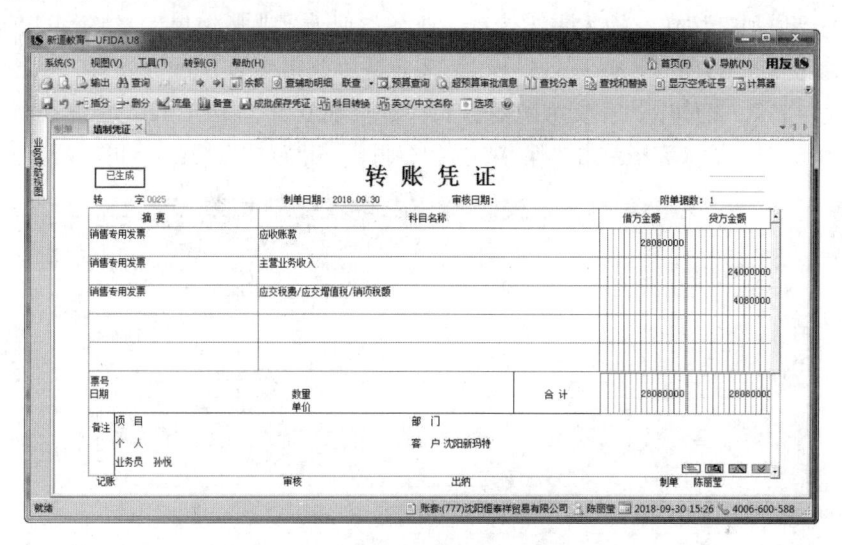

图 3-32 根据应收单生成转账凭证

图 3-33 生成付款凭证

第 3 章 销售管理 ▶ 139

(7)执行"单据查询"|"凭证查询"命令,可以查询根据应收单生成的转账凭证。查询完毕,单击"退出"按钮。

3. 第 3 笔普通销售业务的处理

本笔业务是北京王府井百货公司向本公司订购欧丽男裤的业务,需要填制报价单和销售订单,根据销售订单生成销售发货单,同时根据销售发货单生成销售专用发票和销售出库单。

操作步骤

(1)在销售管理系统中,执行"销售报价"|"销售报价单"命令,打开"销售报价单"窗口。

(2)单击"增加"按钮,输入表头信息,业务类型为"普通销售",销售类型为"批发销售",日期修改为"2018 年 9 月 15 日",客户是"北京王府井百货公司",业务员为"孙悦",税率为 17%。表体中的存货为欧丽男衣,数量 800 件,报价 500 元/件;欧丽男裤 800 条,单价 380 元/条。输入完毕单击"保存"按钮,再单击"审核"按钮,如图 3-34 所示。

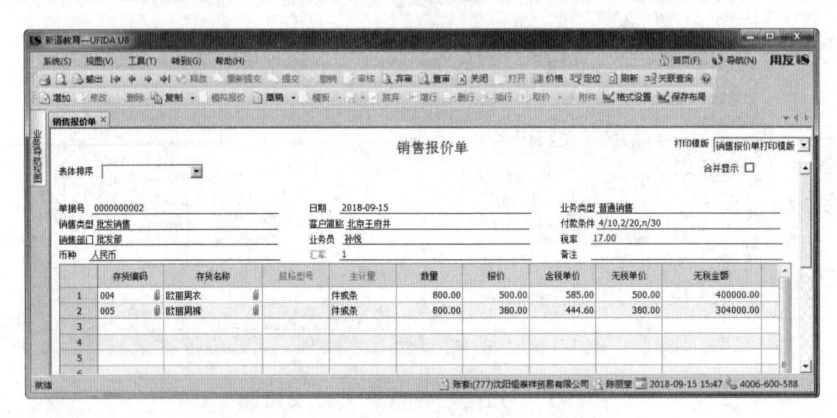

图 3-34 销售报价单

(3)执行"销售订货"|"销售订单"命令,打开"销售订单"窗口。

(4)单击"增加"按钮,再单击"生单"下拉按钮,选择"报价",参照报价单生成销售订单,修改销售订单日期为"16 日",分别修改男衣和男裤的数量为 1000。信息确认后单击"保存"按钮,再单击"审核"按钮。

1)在销售管理系统填制销售发货单、销售专用发票和支付费用单

(1)在销售管理系统中,执行"销售发货"|"发货单"命令,打开"发货单"窗口。

(2)单击"增加"按钮,打开"查询条件选择—参照订单"对话框,单击"确定"按钮,打开"参照生单"窗口。

(3)在"参照生单"窗口中,系统显示符合条件的销售订单,单击出现"Y"表示选中销售订单和相应的存货,如图 3-35 所示。

(4)单击"OK 确定"按钮,系统自动参照销售订单生成销售发货单,修改发货日期为"18 日",输入发货仓库为"欧丽服装仓",分别修改数量为 200。单击"保存"按钮,再单击"审核"按钮,如图 3-36 所示。

图 3-35　销售订单查询

图 3-36　第 3 笔业务销售发货单

(5)单击"退出"按钮,退出销售发货单窗口。

(6)执行"销售开票"|"销售专用发票"命令,打开"销售专用发票"窗口。

(7)单击"增加"按钮,打开"查询条件选择—参照发货单"窗口。单击"确定"按钮,系统显示符合条件的发货单,选中客户为"北京王府井百货公司"的发货单,同时在存货中选择"欧丽男衣",如图 3-37 所示。

(8)单击"OK 确定"按钮,系统自动根据所选发货单生成销售专用发票,修改日期和发票号,单击"保存"按钮。单击"现结"按钮,在"结算"对话框输入结算方式、结算金额等信息,单击"确定"按钮。最后单击"复核"按钮,确认该销售专用发票的信息,如图 3-38 所示。

第 3 章　销售管理　▶　141

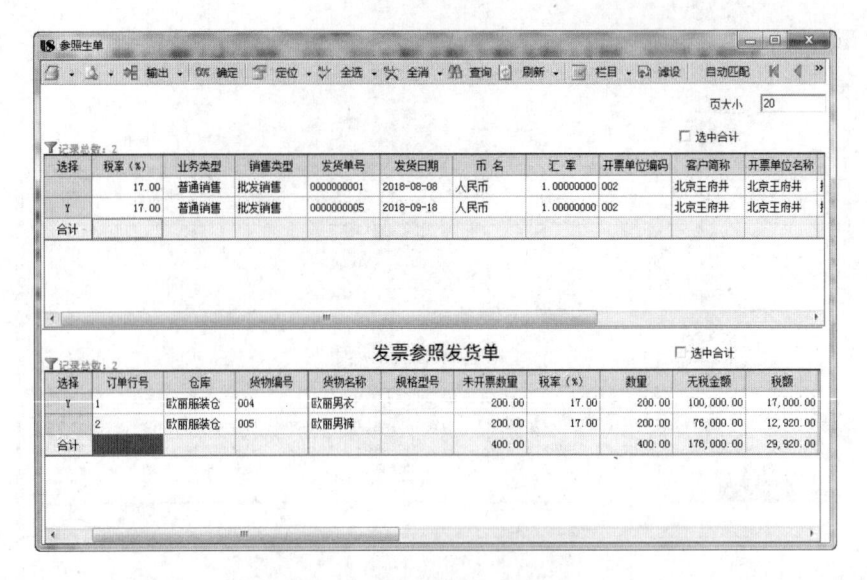

图 3-37 拆单选择存货

图 3-38 拆单销售发票 1

（9）单击"增加"按钮，在"参照生单"窗口中，选择北京王府井百货公司的发货单和欧丽男裤的存货，如图 3-39 所示。选定后单击"OK 确定"按钮。

图 3-39 拆单选择发货单

(10)修改发票日期和发票号，确认后单击"保存"按钮。单击"支出"按钮，系统自动进入支付费用单输入窗口。输入支付的运杂费信息，单击"保存"按钮，再单击"审核"按钮，如图3-40所示。

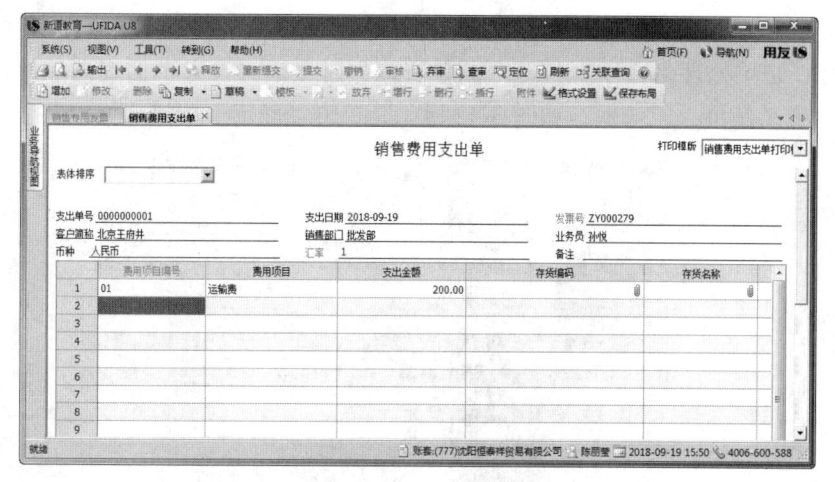

图3-40　第3笔业务销售支出单

(11)单击"退出"按钮，即退出"销售费用支出单"窗口，回到销售发票界面。
(12)单击"复核"按钮，确认该销售专用发票的信息，如图3-41所示。

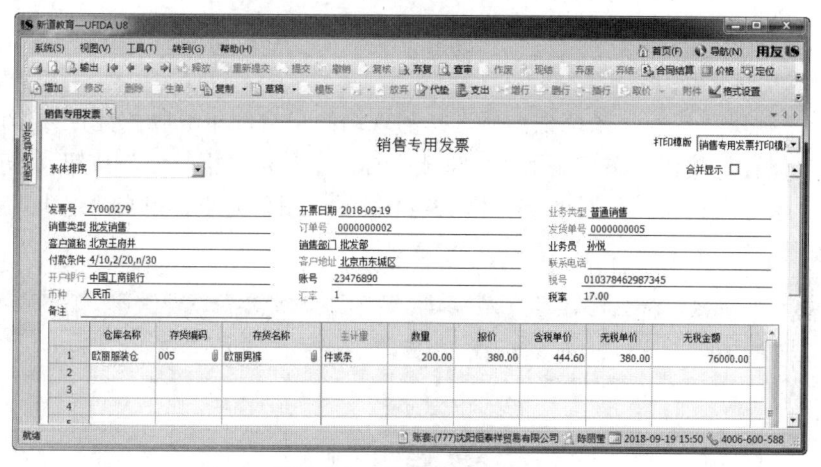

图3-41　拆单销售发票2

注意：

- 销售支出单可以通过在发票界面直接单击"支出"按钮，在销售费用支出窗口中输入支付的各项费用。注意输入时在费用项目处先选择费用项目，系统自动带出费用项目编码。
- 销售支出单也可以在销售管理系统中通过执行"销售支出"|"销售支出单"命令输入费用支出信息。

2) 应收款管理系统审核并制单

(1)启动应收款管理系统，执行"应收单据处理"|"应收单据审核"命令，打开"应收单查询条件"对话框。

(2)设置单据查询条件，选择"包含现结发票"，单击"确定"按钮。

(3)选择需要审核的应收单据，在记录的"选择"处单击，出现"Y"，表示选择成功。本次选择北京王府井百货的两张应收单。

(4)单击"审核"按钮，系统自动弹出"本次审核成功单据2张"信息提示对话框。

(5)执行"制单处理"命令，打开"制单查询"对话框。设置单据查询条件，选择"发票制单"、"现结制单"复选框，如图3-42所示，单击"确定"按钮。

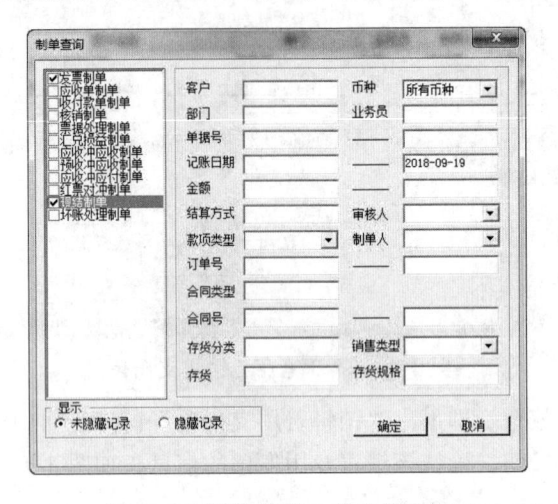

图3-42 现结单据、应收单查询

(6)单击"全选"按钮。

(7)单击"制单"按钮，系统根据所选择的现结制单自动生成收款凭证，修改相应凭证类别，单击"保存"按钮，系统显示"已生成"标志。单击"下一张"按钮，修改相应凭证类别，单击"保存"按钮，如图3-43和图3-44所示。制单完毕，单击"退出"按钮，并退出应收款管理系统。

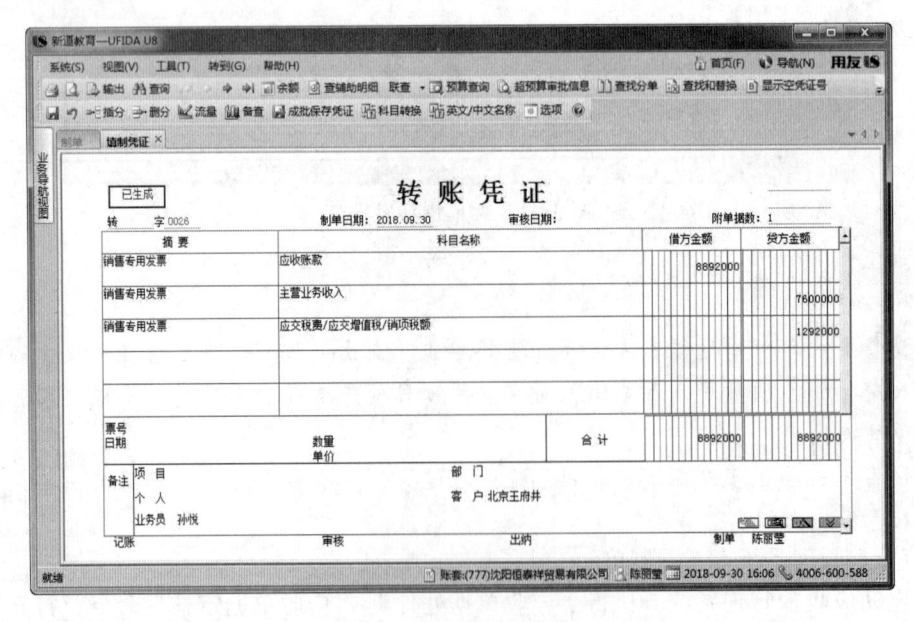

图3-43 应收单凭证

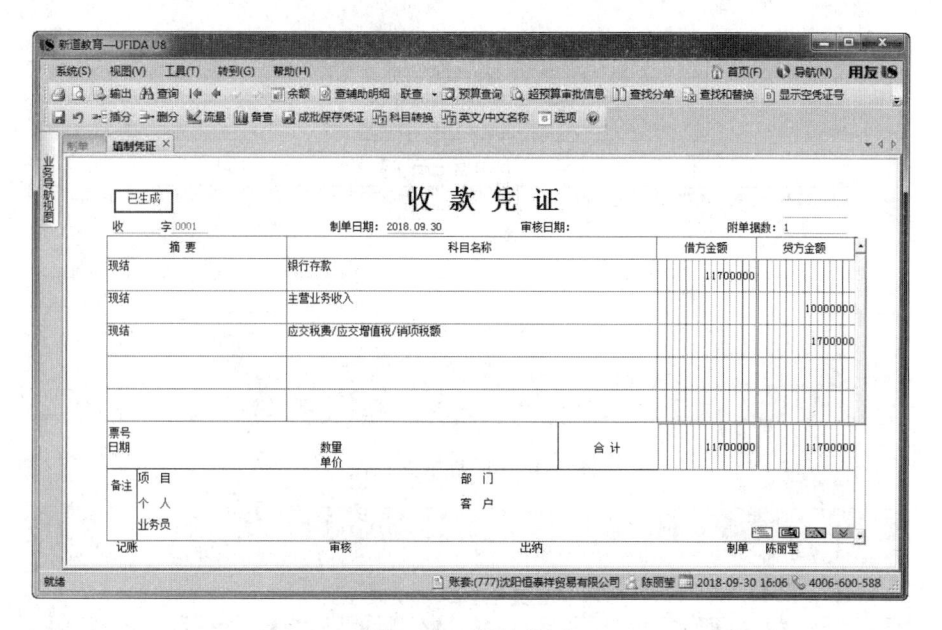

图 3-44 现结凭证

3）销售出库单、结转销售成本

（1）启动库存管理系统，执行"出库业务"|"销售出库单"命令，打开"销售出库单"窗口。按翻页键找到系统根据发货单自动生成的销售出库单，单击"审核"按钮，如图 3-45 所示。

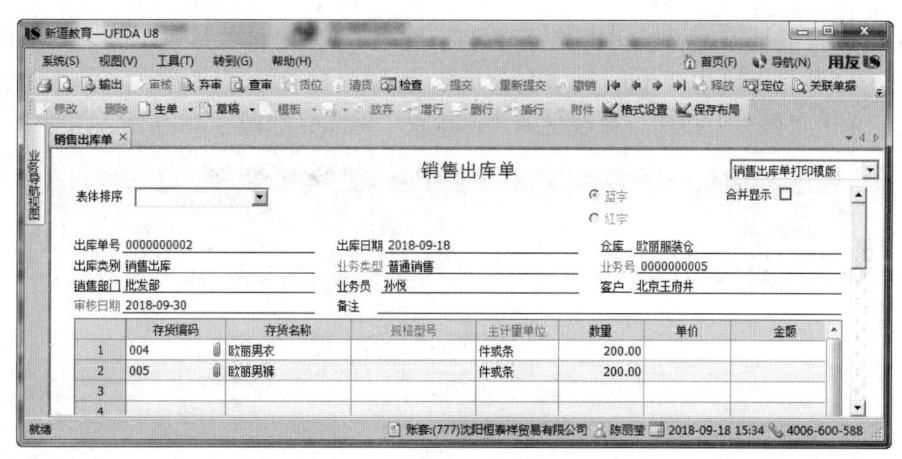

图 3-45 第 3 笔业务销售出库单

（2）启动存货核算系统，执行"业务核算"|"正常单据记账"命令，打开"查询条件选择"对话框。设置查询条件为"欧丽服装仓"、"专用发票"。

（3）单击"确定"按钮，系统显示符合条件的单据。选择需要记账的单据，如图 3-46 所示。单击"记账"按钮，再单击"退出"按钮。

（4）执行"财务核算"|"生成凭证"命令，打开"生成凭证"窗口。

（5）单击"选择"按钮，打开生成凭证"查询条件"对话框，选择"销售专用发票"。

（6）单击"确定"按钮，系统自动弹出"未生成凭证单据一览表"窗口。单击"全选"按钮，选择需要生成凭证的单据，如图 3-47 所示，单击"确定"按钮。

第 3 章 销售管理 ▶ 145

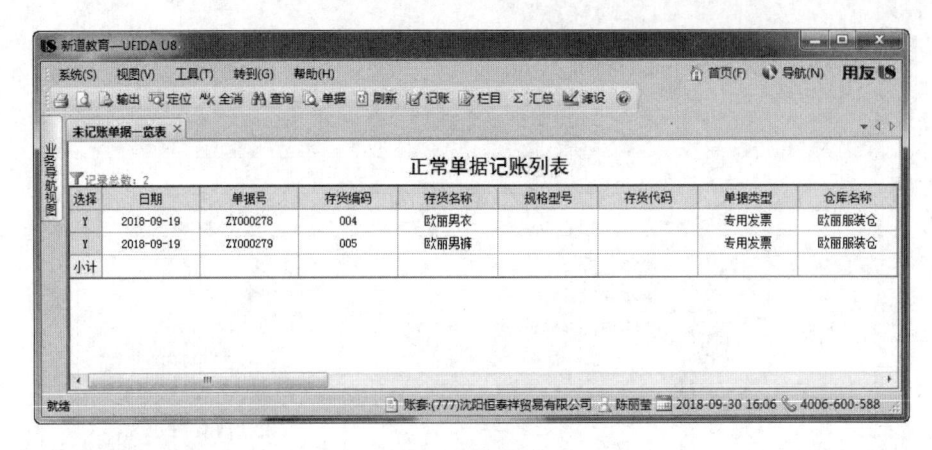

图 3-46 正常单据记账

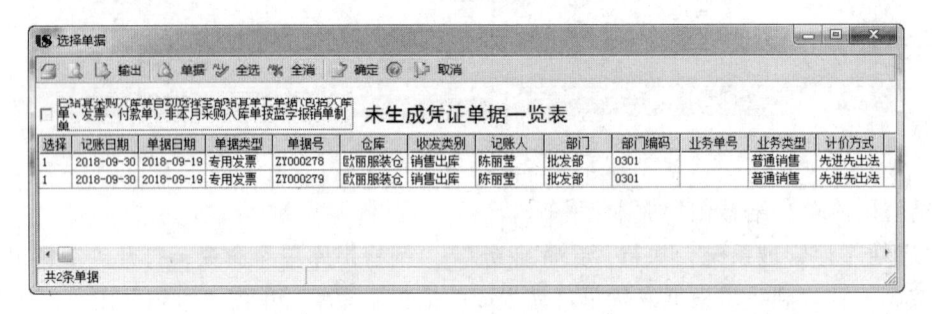

图 3-47 选择生成凭证的单据

(7)修改相应凭证类别后,单击"合成"按钮,核对入账科目是否正确,或者补充输入入账科目(存货科目编码为 1405,对方科目编码为 6401),系统自动生成了一张结转销售成本的凭证;单击"保存"按钮,系统显示"已生成"标志,如图 3-48 所示。

图 3-48 结转销售成本凭证

(8)执行"财务核算"|"凭证列表"命令,可以查询生成的结转销售成本的凭证。

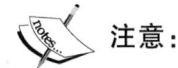

> **注意：**
> - 记账后的单据在"正常单据记账"窗口中不再显示。
> - 只有记账后的单据才能进行制单。
> - 存货核算系统制单时，单击"生成"按钮表示每张销售出库单分别生成记账凭证，单击"合成"按钮表示多张销售出库单合并生成一张记账凭证。
> - 如果存货科目和对方科目没有事先设置，则在生成凭证界面中可以手工补充输入会计科目或修改会计科目，以便保证生成的凭证完全正确。

4. 第4笔普通销售业务的处理

本笔业务属于没有执行完毕中途关闭的业务。需要在销售管理系统中输入报价单、销售订单；对方撤销订货后删除报价单和销售订单，或者执行订单关闭。

操作步骤

(1) 在销售管理系统中，执行"销售报价"|"销售报价单"命令，打开"销售报价单"窗口。

(2) 单击"增加"按钮，输入表头和表头信息。业务类型为"普通销售"，销售类型为"批发销售"，日期修改为"2018年9月20日"，客户是"大连大商百货公司"，业务员为"孙悦"，税率为17%。表体中的存货为欧丽男套装，数量200套，报价1000元/套。单击"保存"按钮，再单击"审核"按钮。

(3) 执行"销售订货"|"销售订单"命令，打开"销售订单"窗口。

(4) 单击"增加"按钮，参照报价单生成销售订单。表头信息与报价单相同，表体中的订购数量为200套，报价为1000元/套，无税单价为1000元。信息确认后单击"保存"按钮，再单击"审核"按钮。

(5) 2018年9月23日，接到对方撤销订货的通知后，领导决定关闭销售订单。

(6) 执行"销售订货"|"订单列表"命令，设置查询条件，查询到9月20日大连大商百货公司的销售订单；选择相应订单，单击"关闭"按钮，关闭订单。执行"销售订货"|"销售订单"命令，查找该张订单，如图3-49所示。

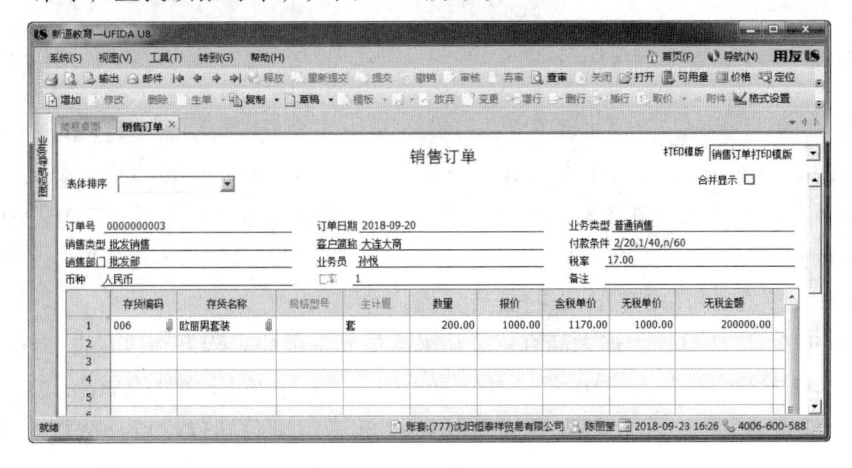

图3-49 销售订单关闭

注意：
- 报价单、销售订单均有 5 种状态，即录入、未审核、已审核、已执行、关闭。
- 已经关闭的订单表示该项业务已经执行完毕或者无法再执行。

5. **账套备份**

在 E:\"供应链账套备份"文件夹中新建"实验 3.2 普通批发赊销"文件夹。将账套输出至 E:\"供应链账套备份"\"实验 3.2 普通批发赊销"文件夹中。

实验 3.3　普通批发现销

【实验目的与要求】

通过本实验，系统学习销售管理普通批发现销业务处理。能够与应收款管理系统、库存管理系统、存货核算系统、总账系统集成使用，以便及时处理现销款项，并对现销业务进行相应的财务处理。掌握普通现销业务的处理流程和处理方法。

【实验准备】

已经完成第 3 章实验 2 的操作，或者引入光盘中的 3.2 账套备份数据。将系统日期修改为 2018 年 9 月 30 日，以 002 操作员(密码为 2)的身份登录 777 账套的"企业应用平台"。

【实验内容】

- 在销售管理系统中取消"普通销售必有订单"。
- 在销售管理系统中取消"销售生成出库单"。
- 开具销售专用发票并复核。
- 确认、收取应收款项。
- 生成销售出库单。
- 根据销售出库单确认销售成本(存货采用先进先出法核算)。
- 备份账套。

【实验资料】

(1) 2018 年 9 月 8 日，收到北京王府井百货公司 8 月 8 日购买欧丽女套装的价税款 351 000 元(电汇 DH02001899)，本公司于本月 4 日开具销售专用发票(ZY000108)，确认出库成本。

(2) 2018 年 9 月 13 日，沈阳新玛特百货公司派采购员到本公司订购万利达男表 1000 只，本公司报价 290 元。经协商，双方认定的价格为 280 元，本公司开具销售专用发票(ZY000299)，收到对方的转账支票(ZZ0011278)。采购员当日提货(手表仓)。

(3) 2018 年 9 月 23 日，大连大商百货公司采购员到本公司采购万利达女表 800 只，本公司报价 320 元，双方协商价格为 310 元，本公司立即开具销售专用发票(ZY000378)，于 25 日和 28 日分两批发货(手表仓)，每次发货 400 只。30 日对方收到货物后，全额支付本次款项和前欠款项。

(4)2018 年 9 月 25 日，北京王府井百货公司有意向本公司订购欧丽女套装 800 套。本公司报价 600 元，经双方协商，最后以 550 元成交。26 日收到对方的电汇(DH001899)，本公司当即开具销售专用发票(ZY000466)。27 日给北京王府井百货公司发货(欧丽服装仓)，确认欧丽女套装出库成本。

(5)2018 年 9 月 28 日，北京王府井百货公司向本公司订购千里马男包 500 只、女表 500 只。本公司报价为：千里马男包 1150 元，千里马女包 1050 元。双方协商订购价为男包 1100 元，女包 1000 元。本公司于 29 日开具销售专用发票(ZY000578)，对方于当日提女包 500 只，男包尚未提货。货款已付。

【实验指导】

1. 第 1 笔普通销售业务的处理

本笔业务属于上月已经发货的销售业务，本期开具销售专用发票并收到款项。因此本笔业务需要在销售管理系统中开具销售专用发票并现结；在应收款管理系统中审核收款后并生成凭证传递至总账系统；在存货核算系统中进行正常单据记账，确认并结转销售成本。

操作步骤

1)销售管理系统开具专用发票

(1)在企业应用平台中，打开"业务工作"选项卡，执行"供应链"|"销售管理"|"销售开票"|"销售专用发票"命令，打开"销售专用发票"窗口。

(2)单击"增加"按钮，打开"查询条件选择—参照发货单"窗口。"客户"选择"北京王府井"，默认业务类型为"普通销售"，可以重新选择。

(3)设置查询条件，如输入或参照起始结束日期、部门业务员、订单号等信息，确认后单击"确定"按钮，系统显示符合条件的单据，如图 3-50 所示。

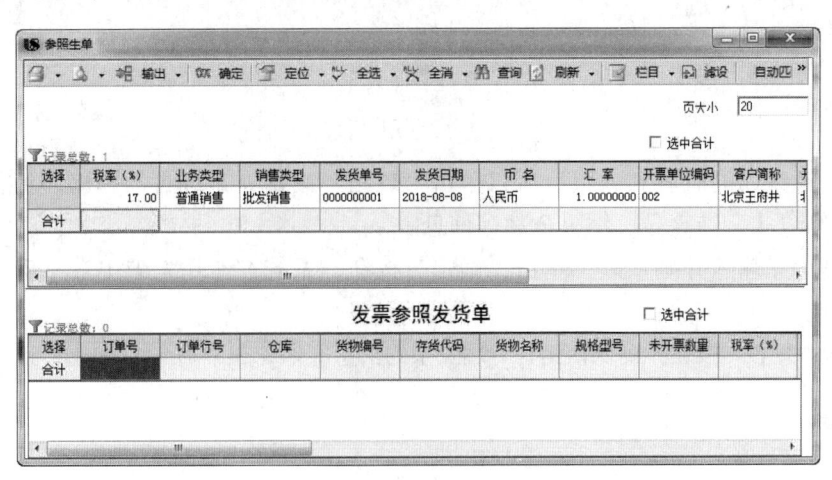

图 3-50　发货单选择窗口

(4)在显示的发货单记录中的"选择"栏双击，出现"Y"表示选择成功。

(5)选择存货信息。系统自动显示该发货单的存货信息，选择需要开具发票的存货，在其前面单击，出现"Y"表示选择成功，如图 3-51 所示。选择完毕，单击"OK 确定"按钮。

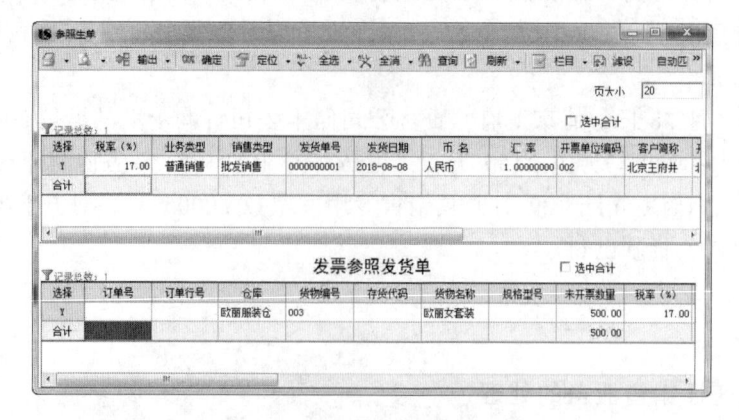

图 3-51　选择生成发票的发货单

(6)系统根据所选择的发货单和存货自动生成一张销售专用发票。修改发票日期、发票号，单击"保存"按钮，确定并保存发票信息，如图 3-52 所示。

图 3-52　销售专用发票

(7)由于开票的同时收到款项，所以单击"现结"按钮，系统自动弹出"销售现结"窗口，输入结算方式、结算号、结算金额等信息。

(8)结算信息输入并确认后，单击"确定"按钮，系统在专用发票上盖章确认，并显示"现结"字样。

(9)单击"复核"按钮，确认该销售专用发票的信息，如图 3-53 所示。单击"退出"按钮。

注意：

- 销售专用发票可以参照发货单自动生成，也可以手工输入。
- 销售管理系统中所有单据上的税率均为 17%。
- 如果需要手工输入销售专用发票，则必须将销售管理系统选项中的"普通销售必有订单"取消，否则，只能参照生成，不能手工输入。

图 3-53 根据发货单生成销售专用发票

- 如果增加销售专用发票，系统没有自动弹出选择发货单的条件查询窗口，则表示在销售管理系统参数设置时，没有选择"普通销售必有订单"选项。这时可以单击"发货"按钮，系统显示发货单查询窗口。
- 如果一张发货单需要分次开具发票，则需要修改发票数量等信息。
- 系统自动生成发票后，如果直接单击"复核"按钮，则不能进行现结处理，只能确认为应收账款。
- 如果需要现结处理，应在自动生成销售发票时，先单击"现结"按钮，进行现结处理，再单击"复核"按钮。
- 已经现结或复核的发票不能直接修改。如果需要修改，可以先单击"弃结"和"弃复"按钮，然后单击"修改"按钮，修改确认后单击"保存"按钮。
- 已经现结或复核的发票不能直接删除，如果需要删除，需要先单击"弃结"和"弃复"按钮。

2) 应收款管理系统审核收款单并制单

(1) 在企业应用平台，打开"业务工作"选项卡，执行"财务会计"|"应收款管理"|"应收单据处理"|"应收单据审核"命令，系统自动弹出"应收单查询条件"对话框。

(2) 选中"包含已现结发票"复选框，如图 3-54 所示。

图 3-54 "应收单查询条件"对话框

第 3 章 销售管理 ▶ 151

(3)单击"确定"按钮,选择需要审核的应收单据,在记录的"选择"栏处双击,出现"Y",表示选择成功,如图3-55所示。

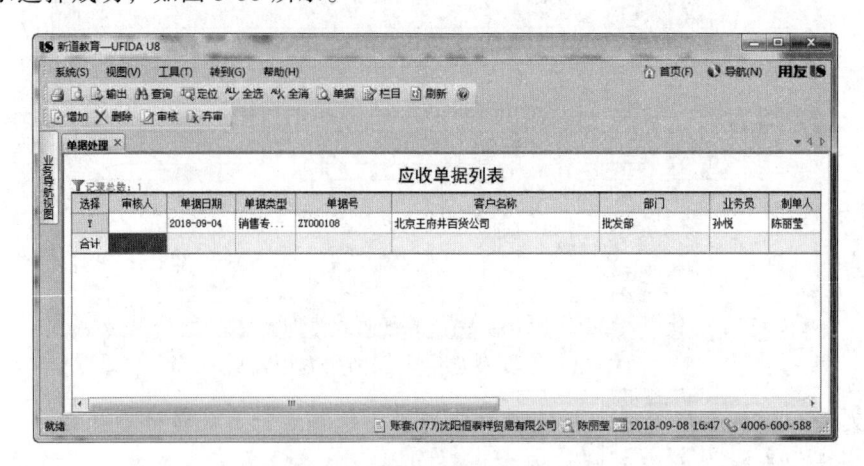

图3-55 选择需要审核的应收单

(4)单击"审核"按钮,系统自动弹出"本次审核成功单据[1]张"信息提示对话框,如图3-56所示,单击"确定"按钮,再退出应收单据审核。

图3-56 应收单审核成功

(5)执行"制单处理"命令,打开"制单查询"对话框,设置单据查询条件,选择"现结制单"复选框,如图3-57所示。

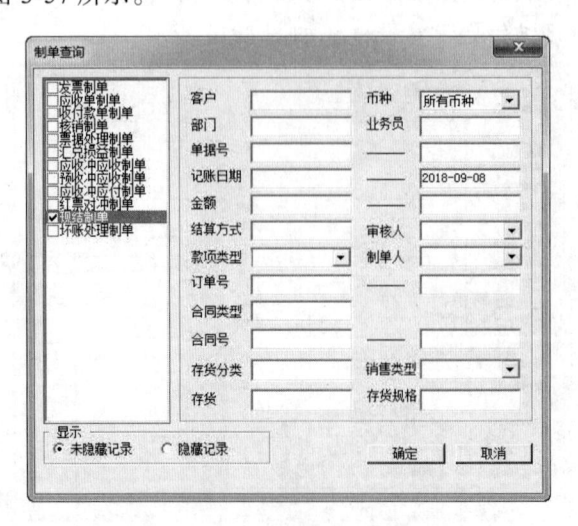

图3-57 "制单查询"对话框

(6)单击"确定"按钮,打开"现结制单"窗口。单击"全选"按钮,如图3-58所示。

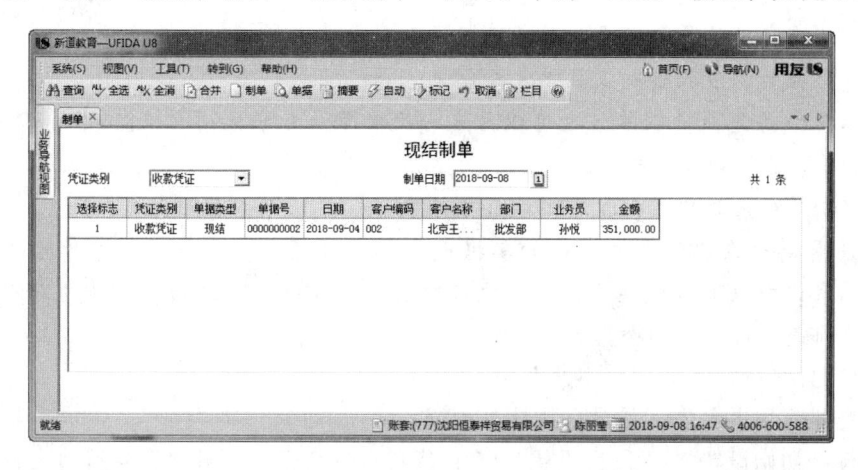

图3-58 "现结制单"窗口

(7)选择凭证类别为"收款凭证",单击"制单"按钮,系统根据所选择的现结制单自动生成收款凭证。单击"保存"按钮,系统自动"已生成"标志,如图3-59所示。制单完毕,单击"退出"按钮,退出应收款管理系统。

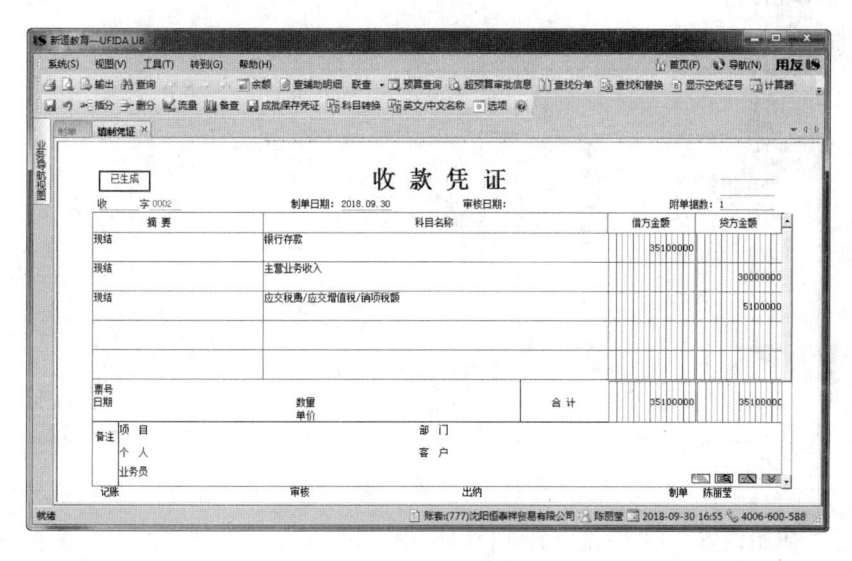

图3-59 现结制单

注意:

- 也可以通过执行"应收款管理系统"|"凭证查询"命令,查询根据应收单生成的凭证。
- 应收单可以在应收款管理系统中手工录入,也可以由销售发票自动生成。当销售管理系统与应收款管理系统集成使用时,销售发票复核后自动生成应收单并传递至应收款管理系统。
- 应收单需要在应收款管理系统中审核确认,才能形成应收款项。
- 如果是现结,应收单也必须在应收款管理系统中审核后,才能确认收取的款项。
- 由销售发票自动生成的应收单不能直接修改。如果需要修改,则必须在销售管理系

第3章 销售管理 ➤ 153

统中取消发票的复核，单击"修改"、"保存"和"复核"按钮，根据修改后的发票生成的应收单就是已经修改后的单据了。
- 只有审核后的应收单或收款单才能制单。
- 可以根据每笔业务制单，也可以月末一次制单。如果采用月末处理，可以按业务分别制单，也可以合并制单。
- 已经制单的应收单或收款单不能直接删除。
- 如果需要删除已经生成凭证的单据或发票，必须先删除凭证，然后在"应收单审核"窗口中取消审核操作，通过执行"应收单审核"|"应收单列表"命令，在"应收单列表"窗口中删除。

3) 存货核算系统结转销售成本并制单

(1) 在企业应用平台中，登录存货核算系统。

(2) 执行"初始设置"|"科目设置"|"存货科目"命令，打开"存货科目"窗口。

(3) 单击"增加"按钮，系统自动增加一行记录，参照输入存货仓库编码、存货类别和存货科目、分期收款发出商品科目、委托代销发出商品科目等。如仓库编码 01，欧丽服装仓，存货科目为"1405 库存商品"，分期收款发出商品科目为"1405 库存商品"，如图 3-60 所示。设置完毕单击"保存"按钮。

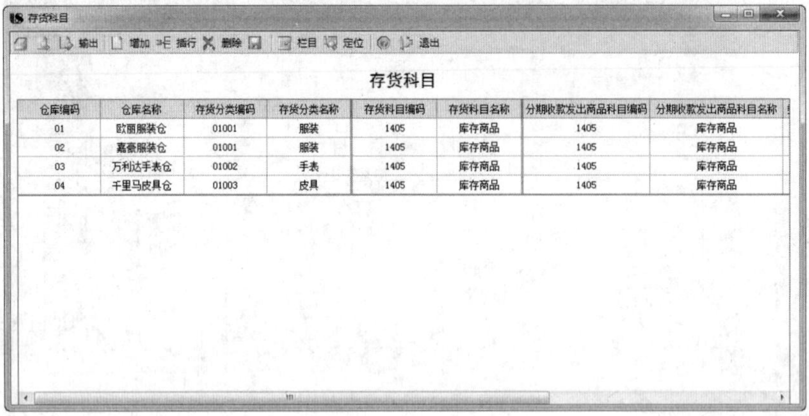

图 3-60 "存货科目"窗口

(4) 执行"初始设置"|"科目设置"|"对方科目"命令，打开"对方科目"窗口。

(5) 单击"增加"按钮，根据收发类别设置存货对方科目。例如，采购入库的对方科目为"1401 材料采购"，销售出库的对方科目为"6401 主营业务成本"，如图 3-61 所示。

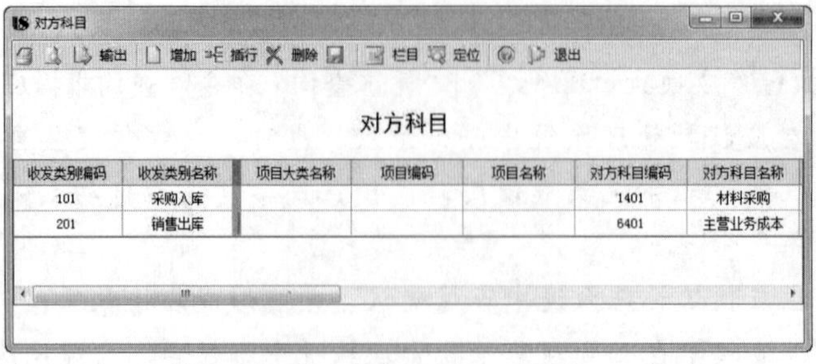

图 3-61 "对方科目"窗口

(6)执行"业务核算"|"正常单据记账"命令,打开"查询条件选择"对话框。设置查询条件为"欧丽服装仓"、"专用发票",如图3-62所示。

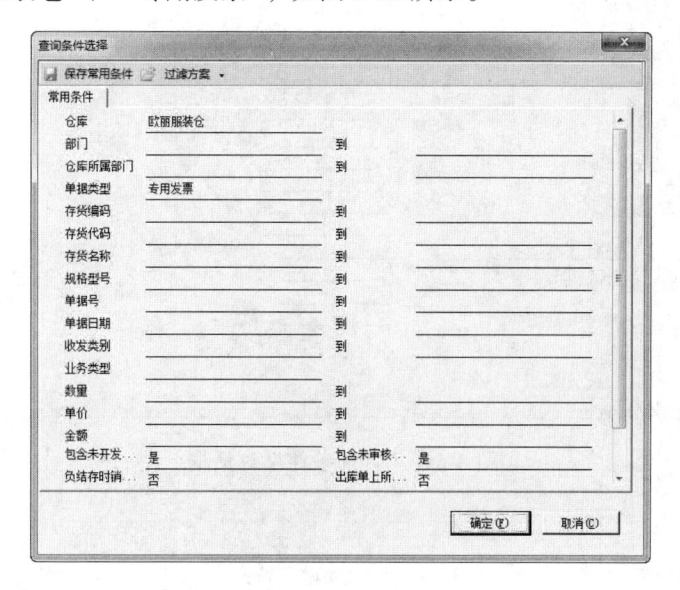

图3-62 "查询条件选择"对话框

(7)单击"确定"按钮,系统显示符合条件的单据。选择需要记账的单据,如图3-63所示,单击"记账"按钮。

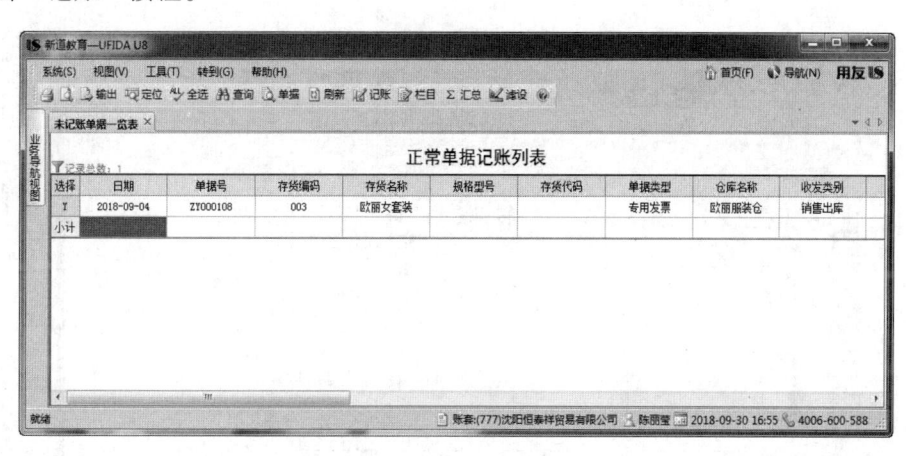

图3-63 正常单据记账

(8)执行"财务核算"|"生成凭证"命令,打开"生成凭证"窗口。

(9)单击"选择"按钮,打开生成凭证的"查询条件"对话框。选择"销售专用发票"复选框,如图3-64所示。

(10)单击"确定"按钮,打开"未生成凭证单据一览表"窗口。选择需要生成凭证的单据,如图3-65所示。单击"确定"按钮。

(11)选择凭证类别,核对入账科目是否正确,确定无误后单击"生成"按钮,系统自动生成一张结转销售成本的凭证,修改凭证类别,单击"保存"按钮,系统显示"已生成"标志,如图3-66所示。

第3章 销售管理 155

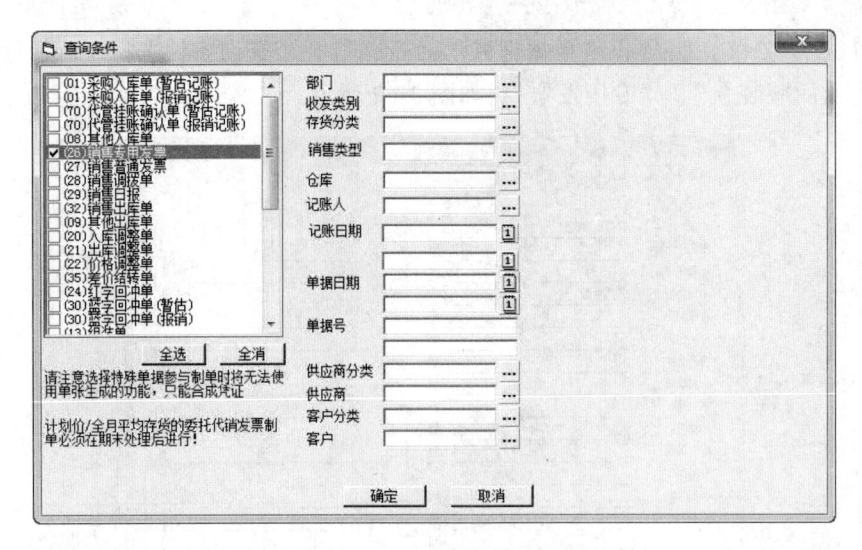

图3-64 "查询条件"对话框

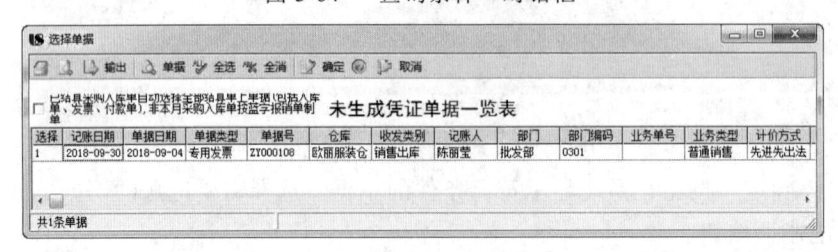

图3-65 "未生成凭证单据一览表"窗口

图3-66 生成结转销售成本凭证

(12)单击"退出"按钮。

(13)执行"财务核算"|"凭证列表"|命令,可以查询生成的结转销售成本的凭证。

> **注意：**
>
> ● 如果在存货核算系统初始化时已经设置过存货科目和对方科目,则此处可以不再设置。

- 存货核算系统必须执行正常单据记账后,才能确认销售出库的成本,并生成结转销售成本凭证。
- 正常单据记账后,可以执行取消记账操作,恢复到记账前状态。
- 可以根据每笔业务单据执行记账操作,也可以月末执行一次记账操作。
- 可以根据每笔业务结转销售成本,生成结转凭证;也可以月末集中结转,合并生成结转凭证。
- 存货采用先进先出法、后进先出法等方法核算,可以随时结转成本;如果存货采用全月加权平均法,则只能在月末计算存货单位成本和结转销售成本。

2. 第2笔普通销售业务的处理

本笔业务属于开票直接发货的普通销售业务,可以直接开具销售专用发票,由销售发票自动生成已审核的销售发货单,再根据销售发货单生成销售出库单,并确认收入、收取价税款。

操作步骤

(1)在销售管理系统中,执行"设置"|"销售选项"命令,取消"普通销售必有订单"和"销售生成出库单"复选框的选中,如图3-67所示,然后单击"确定"按钮。

(2)执行"销售开票"|"销售专用发票"命令,打开"销售专用发票"窗口。单击"增加"按钮,系统自动弹出"查询条件选择—参照发货单"对话框,单击"取消"按钮,关闭该对话框,返回到"销售专用发票"窗口。

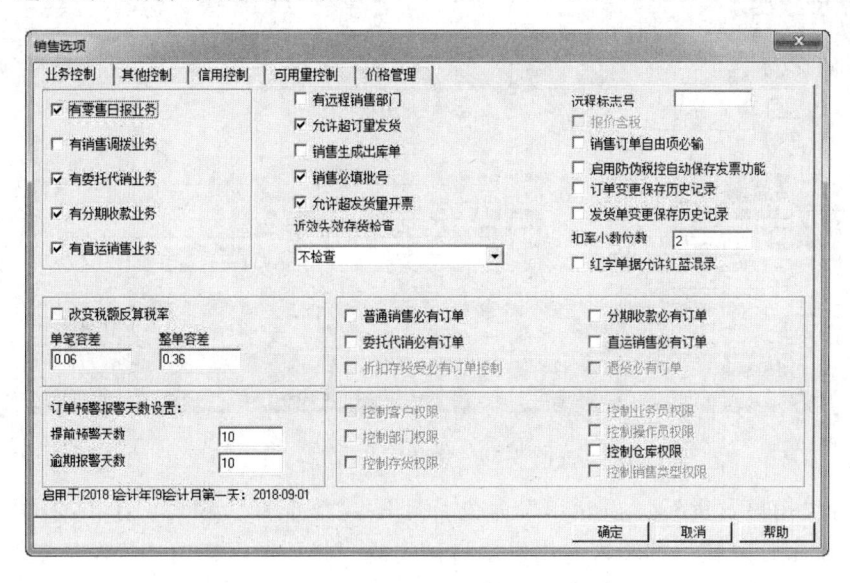

图3-67 修改销售管理系统选项

(3)手工输入发票的表头和表体信息。业务类型为"普通销售",销售类型为"经销商批发",客户为"沈阳新玛特百货公司",开票日期为"2018年9月13日",发票号为ZY000299,销售部门为"批发部",业务员为"孙悦",手表仓万利达男表1000只,报价290元,无税单价280元。全部信息输入后,单击"保存"按钮。

(4)单击"现结"按钮,打开"现结"对话框,输入结算方式为"转账支票"

第3章 销售管理 ▶ 157

(ZZ0011278),全额支付,银行账号指沈阳新玛特百货公司的银行账号,如图 3-68 所示。输入完毕,单击"确定"按钮。

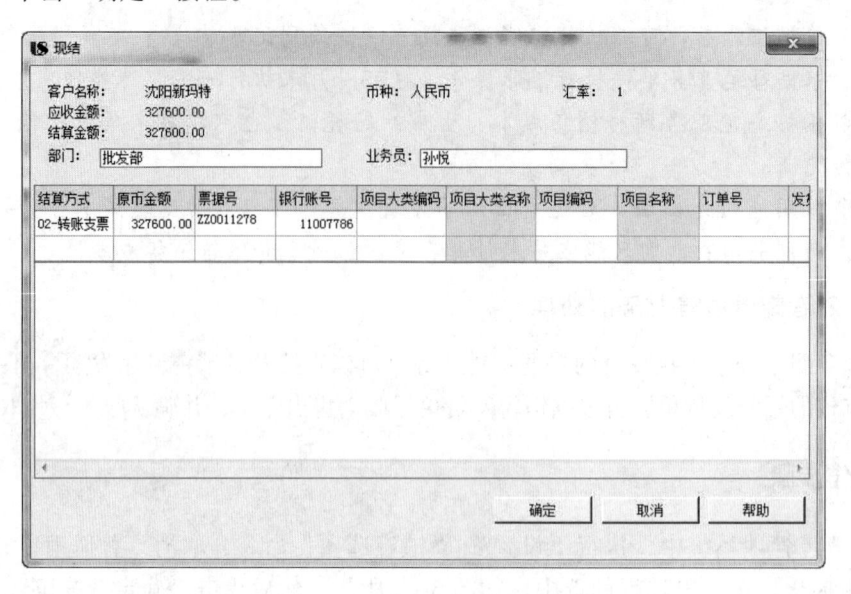

图 3-68 "现结"对话框

(5)发票上自动显示"现结"标志,单击"复核"按钮,如图 3-69 所示。

图 3-69 销售专用发票

(6)执行"销售发货"|"发货单"命令,打开"发货单"窗口,单击"浏览"按钮,可以查看系统根据复核后的销售专用发票自动生成一张已经审核的销售发货单,如图 3-70 所示。单击"退出"按钮,退出销售管理系统。

(7)启动库存管理系统,执行"出库业务"|"销售出库单"命令,打开"销售出库单"窗口。

(8)单击"生单"下拉按钮,选择"销售生单",系统自动弹出"查询条件选择-销售发货单列表"对话框,单击"确定"按钮,打开"销售生单"窗口,系统显示符合条件的单据,选中单据表头,系统显示单据内容,以便于正确确认单据,如图 3-71 所示。

图 3-70　根据销售专用发票生成发货单

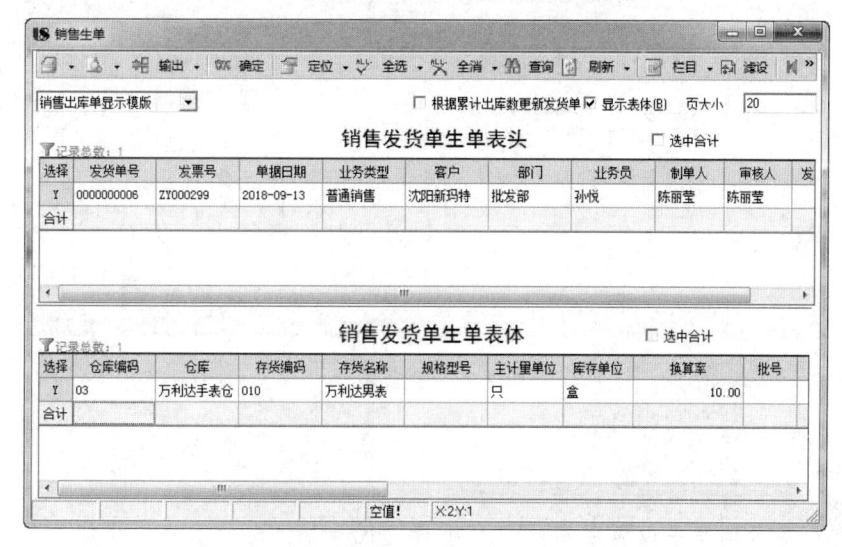

图 3-71　出库单生单单据选择

(9)选中销售发货单后单击"OK 确定"按钮,系统根据选择的发货单生成一张销售出库单。单击"保存"按钮,再单击"审核"按钮,如图 3-72 所示。

图 3-72　根据发货单生成销售出库单

第 3 章　销售管理　▶　159

(10)启动应收款管理系统，执行"应收单据处理"|"应收单据审核"命令，打开"应收单查询条件"对话框。

(11)设置单据查询条件，选择"包含已现结发票"复选框，单击"确定"按钮。

(12)选择需要审核的单据，在该记录的"选择"栏双击，出现"Y"。

(13)单击"审核"按钮，系统显示"本次审核成功单据1张"信息提示对话框。

(14)执行"制单处理"命令，打开"制单查询"对话框，设置单据查询条件，选择"现结制单"。选择单据后单击"制单"按钮，在生成凭证界面中修改凭证类别为"收款凭证"，然后单击"保存"按钮，如图3-73所示。

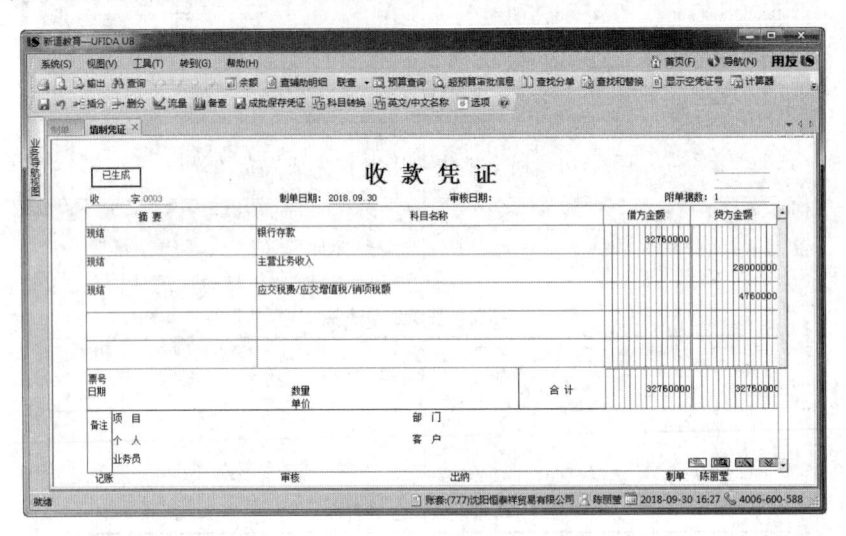

图 3-73 现结制单

> **注意：**
> - 只有在基础档案中设置了客户开户银行、税号等信息的客户，才能开具销售专用发票，否则，只能开具普遍发票。
> - 开具销售专用发票现结时，需要输入客户的银行账号，否则，只能开具普通发票进行现结处理。
> - 如果在销售管理系统销售选项的"其他控制"选项卡中，选择"新增发票默认参照发货单订单生成"，则新增发票时系统自动打开"选择发货单"对话框。系统默认为"新增发票默认发票参照订单生成"。
> - 根据销售专用发票生成的发货单信息不能修改，发货单日期为操作业务日期。如果需要与发票日期相同，则注册进入企业应用平台的日期应该与发票日期相同，否则发货单日期不等于发票日期。其他由系统自动生成的单据或凭证日期也是如此。
> - 根据销售专用发票自动生产的发货单信息不能修改。
> - 根据发货单生成销售出库单时，可以修改出库数量，即可处理分次出库业务。

3. 第3笔普通销售业务的处理

本笔业务属于先开票后发货的普通销售业务，可以直接开具销售专用发票，由销售专用发票自动生成已审核的销售发货单，再根据销售发货单分次生成销售出库单，确认应收账款。

操作步骤

(1)在销售管理系统中，执行"销售开票"|"销售专用发票"命令，打开"销售专用发票"窗口。

(2)单击"增加"按钮，打开"查询条件选择—参照发货单"对话框，单击"取消"按钮，关闭该对话框。手工输入发票的表头和表体信息。业务类型为"普通销售"，销售类型为"批发销售"，客户为"大连大商百货公司"，开票日期为"2018年9月23日"，发票号为ZY000378，销售部为"批发部"。手表仓万利达女表800只，报价320元，无税单价310元。全部信息输入后，单击"保存"按钮，再单击"复核"按钮。

(3)执行"销售发货"|"发货单"命令，打开"发货单"窗口。单击"浏览"按钮，可以查看系统根据复核后的销售专用发票自动生成了一张已经审核的销售发货单。单击"退出"按钮，退出销售管理系统。

(4)启动库存管理系统，执行"出库业务"|"销售出库单"命令，打开"销售出库单"窗口。

(5)单击"生单"下拉按钮，选择"销售生单"，系统自动弹出"查询条件选择"对话框，单击"确定"按钮，打开"销售生单"窗口，双击"选择"栏，选中对应的发货单，如图3-74所示。

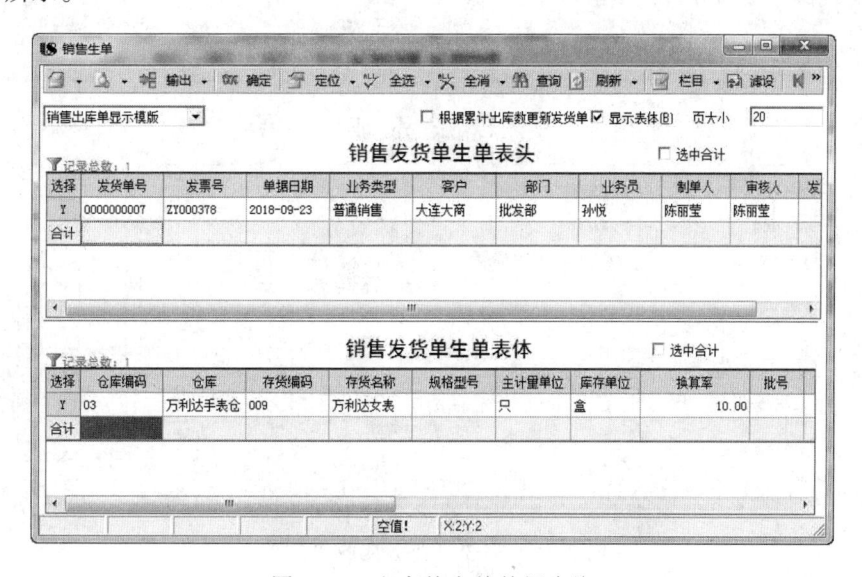

图3-74 出库单生单单据查询

(6)单击"OK 确定"按钮，系统根据选择的发货单生成一张销售出库单，修改发货数量为400，修改出库日期"2018-09-25"。单击"保存"按钮，再单击"审核"按钮，如图3-75所示。

(7)启动应收款管理系统，执行"应收单据处理"|"应收单据审核"命令，打开"应收单查询条件"对话框。

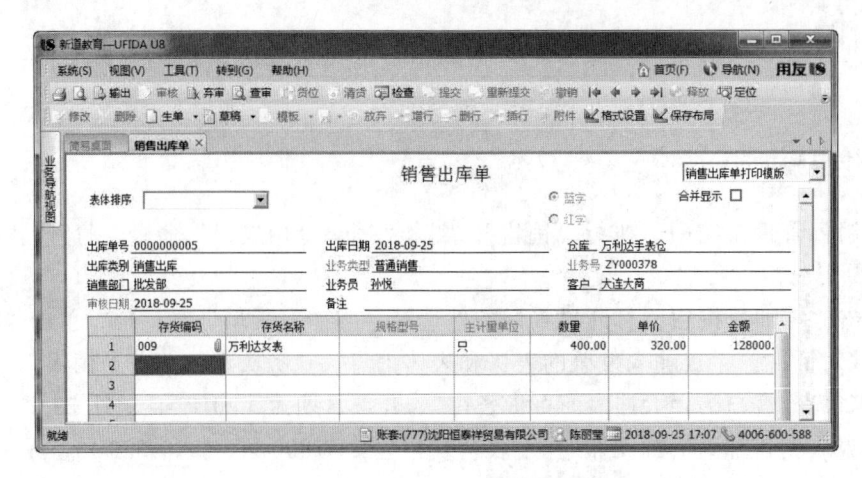

图 3-75 分次生成销售出库单 1

(8) 设置单据查询条件，单击"确定"按钮。

(9) 选择需要审核的应收单据，在记录的"选择"栏双击，出现 Y。

(10) 单击"审核"按钮，系统自动弹出"本次审核成功单据 1 张"信息提示对话框。

(11) 执行"制单处理"命令，打开"单据查询"窗口，设置单据查询条件，选择"发票制单"。选择单据后单击"制单"按钮，在生成凭证界面修改凭证类别为"转账凭证"，然后单击"保存"按钮，如图 3-76 所示。

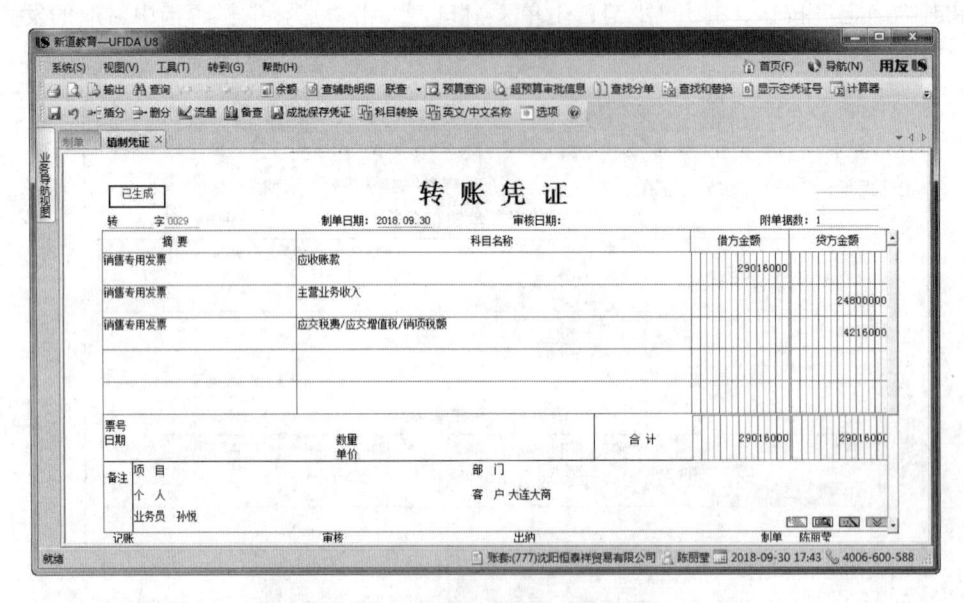

图 3-76 第 3 笔业务应收单制单

(12) 在库存管理系统中，执行"出库任务"|"销售出库单"命令，打开"销售出库单"窗口。

(13) 单击"生单"下拉按钮，选择"销售生单"，系统自动弹出"查询条件选择"对话框，单击"确定"按钮，打开"销售生单"窗口，系统显示符合条件的单据，双击"选择"栏，选中对应的发货单，单击"确定"按钮，系统根据选择的发货单生成一张销售出库单，数量为 400。单击"保存"按钮，再单击"审核"按钮，如图 3-77 所示。

图 3-77　分次生成销售出库单 2

4. 第 4 笔普通销售业务的处理

本笔业务属于开票现销的普通销售业务，需要开具销售专用发票，进行现结，根据应收单确认收入并制单，根据销售专用发票自动生成已审核的销售发货单，再根据销售发货单生成销售出库单并结转销售成本。

操作步骤

(1) 在销售管理系统中，执行"销售开票"|"销售专用发票"命令，打开"销售专用发票"窗口。

(2) 单击"增加"按钮，打开"查询条件选择—参照发货单"对话框，单击"取消"按钮，关闭该对话框。手工输入发票的表头和表体信息。业务类型为"普通销售"，销售类型为"批发销售"，客户为"北京王府井百货公司"，开票日期为"2018 年 9 月 26 日"，发票号为 ZY000466，业务员为"孙悦"，销售部门为"批发部"，税率为 17%。欧丽服装仓欧丽女套装 800 套，报价 600 元，无税单价 550 元。全部信息输入后，单击"保存"按钮。

(3) 单击"现结"按钮，打开"现结"对话框，输入结算方式为"电汇"（DH001899），结算金额为 514 800，输入完毕，单击"确定"按钮。

(4) 发票上自动显示"现结"字样，单击"复核"按钮，如图 3-78 所示。

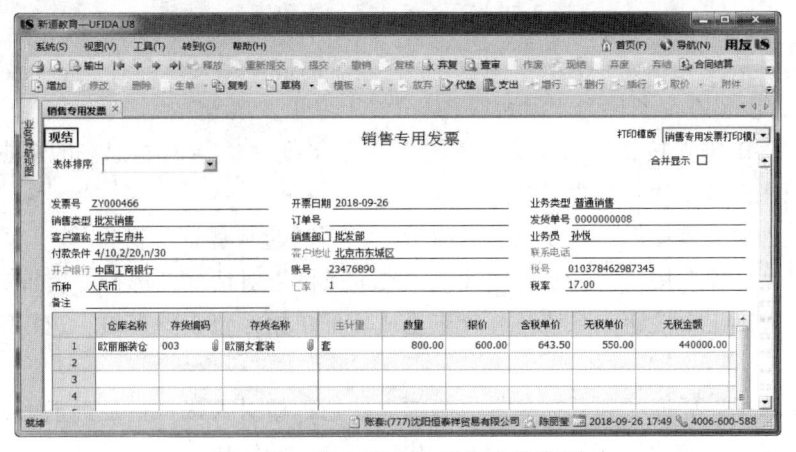

图 3-78　第 4 笔业务销售专用发票

(5)启动应收款管理系统,执行"应收单据处理"|"应收单据审核"命令,打开"应收单查询条件"对话框。

(6)设置单据查询条件,选择"包含已现结发票"复选框,单击"确定"按钮。

(7)选择需要审核的应收单据,在记录的"选择"栏双击,出现 Y。

(8)单击"审核"按钮,系统自动弹出"本次审核成功单据1张"信息对话框。

(9)执行"制单处理"命令,打开"单据查询"对话框,设置单据查询条件,选择"现结制单"。选择单据后单击"制单"按钮,在生成凭证界面修改凭证类别为"收款凭证",然后单击"保存"按钮,确认并保存收款凭证信息。

(10)在销售管理系统中,执行"销售发货"|"发货单"命令,打开"发货单"窗口,单击"浏览"按钮,可以查看系统根据复核后的销售专用发票自动生成了一张已经审核的销售发货单。单击"退出"按钮,退出销售管理系统。

(11)启动库存管理系统,执行"出库业务"|"销售出库单",打开"销售出库单"窗口。

(12)单击"生单"下拉按钮,选择"销售生单",系统自动弹出"查询条件选择"对话框,单击"确定"按钮,打开"销售生单"窗口,系统显示符合条件的单据,双击"选择"栏,选中对应的发货单,单击"OK 确定"按钮,系统根据选择的发货单生成一张未保存的销售出库单,单击"保存"按钮,再单击"审核"按钮,如图3-79所示。

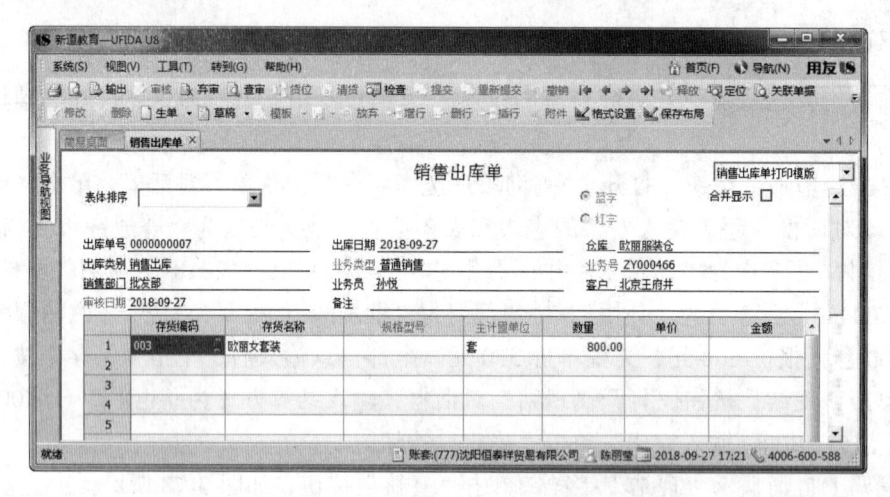

图3-79 第4笔业务销售出库单

(13)启动存货核算系统,执行"业务核算"|"正常单据记账"命令,打开"查询条件选择"对话框,设置查询条件为"欧丽服装仓"、"专用发票"。

(14)单击"确定"按钮,系统显示符合条件的单据。选择需要记账的单据,单击"记账"按钮。记账后单击"退出"按钮。

(15)执行"财务核算"|"生成凭证"命令,打开"生成凭证"窗口。

(16)单击"选择"按钮,打开生成凭证"查询条件"对话框,选择"销售专用发票"。

(17)单击"确定"按钮,系统打开"未生成凭证单据一览表"窗口,选择需要生成的凭证单据。

(18)选择单据、凭证类别后,单击"确定"按钮,核对入账科目是否正确,设置条件输入入账科目,单击"合成"按钮,系统自动生成一张结转销售成本的凭证,修改凭证类别为

"转账凭证",单击"保存"按钮,凭证左上角显示"已生成"标志,如图 3-80 所示,单击"退出"按钮。

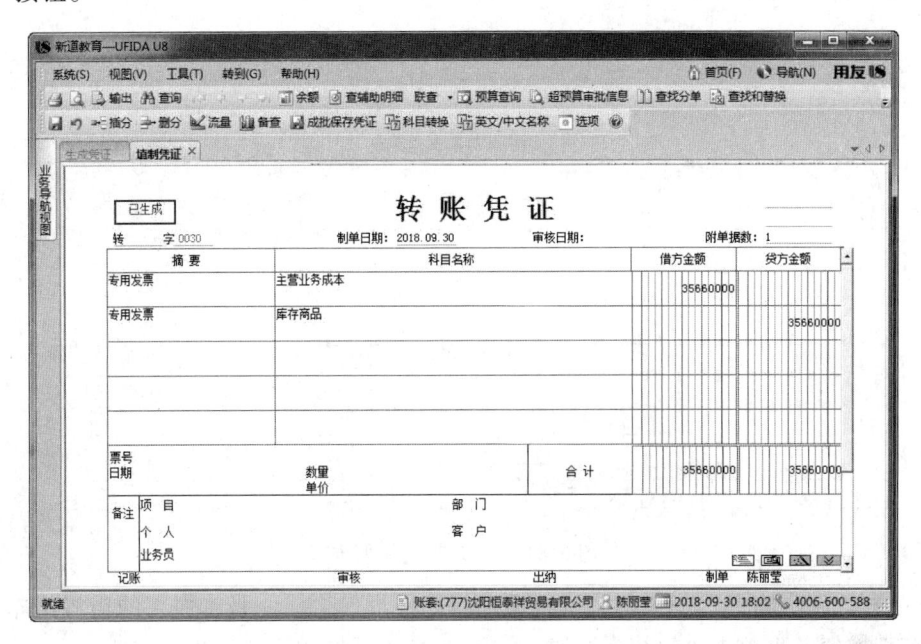

图 3-80　第 4 笔业务结转销售成本凭证

(19)执行"财务核算"|"凭证对表"命令,可以查询生成的结转销售成本的凭证。

5. 第 5 笔普通销售业务的处理

本笔业务属于开票直接销售的普通销售业务,需要开具销售专用发票,生成发货单、销售出库单,确认应收账款并制单。

操作步骤

(1)在销售管理系统中,执行"销售开票"|"销售专用发票"命令,打开"销售专用发票"窗口。

(2)单击"增加"按钮,打开"查询条件选择—参照发货单"对话框,单击"取消"按钮,关闭该对话框。手工输入发票的表头和表体信息,业务类型为"普通销售",销售类型为"批发销售",客户为"北京王府井百货公司",开票日期为"2018 年 9 月 29 日",发票号为 ZY000578,业务员为"孙悦",销售部门为"批发部",税率为 17%,千里马皮具仓千里马男、女包各 500 只,男包报价 1150 元,无税单价 1100 元,女包报价 1050 元,无税单价 1000 元,全部信息输入后,单击"保存"按钮,再单击"复核"按钮。

(3)执行"销售发货"|"发货单"命令,打开"发货单"窗口,单击"浏览"按钮,可以查看系统根据复核后的销售专用发票自动生成一张已经审核的销售发货单。单击"退出"窗口,退出销售管理系统。

(4)启动库存管理系统,执行"出库业务"|"销售出库单"命令,打开"销售出库单"窗口。

(5)单击"生单"下拉按钮,选择"销售生单",系统自动弹出"查询条件选择"对话框,单击"确定"按钮,打开"销售生单"窗口,系统显示符合条件的单据,双击"选择"栏,选中对应的发货单,如图3-81所示。

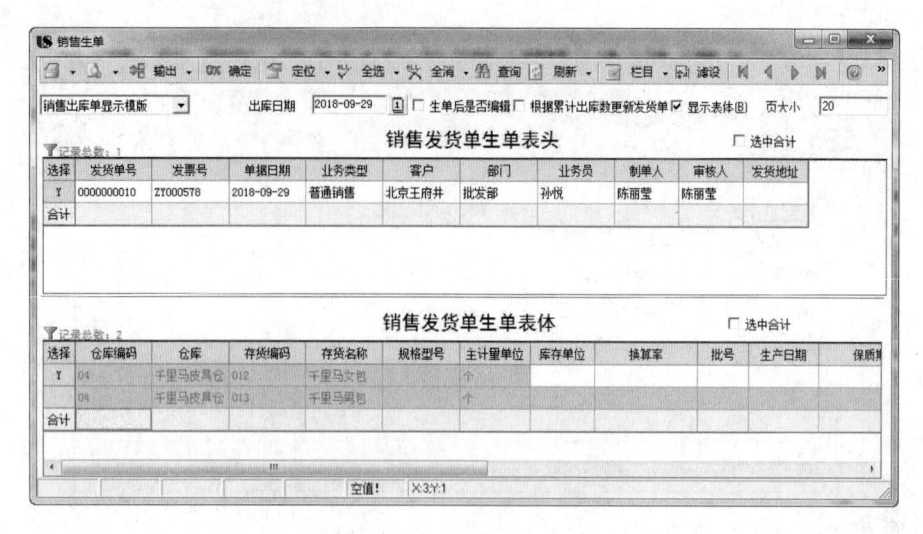

图3-81 发货单生单列表

(6)单击"OK 确定"按钮,系统根据选择的发货单生成一张未保存的销售出库单。单击"保存"按钮,再单击"复核"按钮,如图3-82所示,单击"退出"按钮。

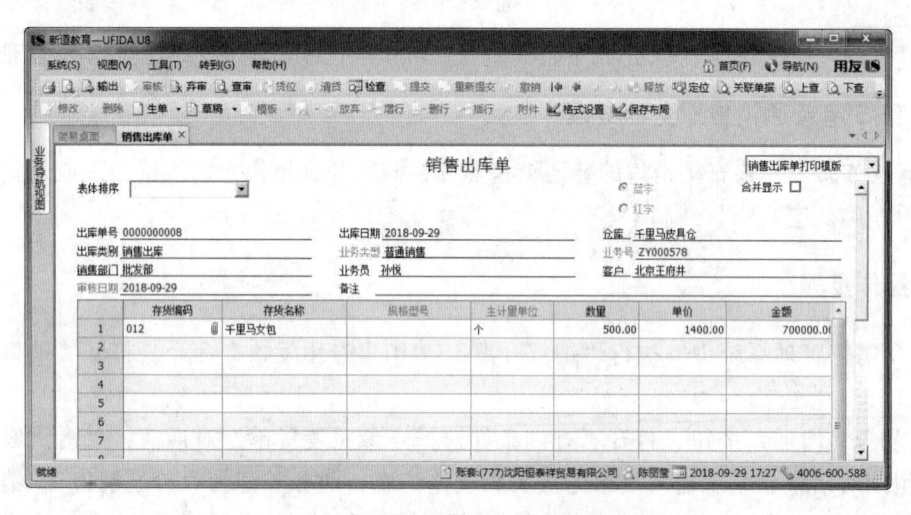

图3-82 第5笔业务的销售出库单

(7)启动应收款管理系统,执行"应收单据处理"|"应收单据审核"命令,打开"应收单查询条件"对话框。

(8)设置单据查询条件,单击"确定"按钮。

(9)选择需要审核的应收单据,在记录的"选择"栏双击,出现 Y。单击"审核"按钮,系统自动弹出"本次审核成功单据1张"信息提示对话框。

(10)单击"制单处理",打开"单据查询"窗口,设置单据查询条件,选择"发票制单",单击"确定"按钮,打开"发票制单"窗口,选择单据后单击"制单"按钮,在生成凭证界面修改凭证类别为"转账凭证",然后单击"保存"按钮,如图3-83所示。

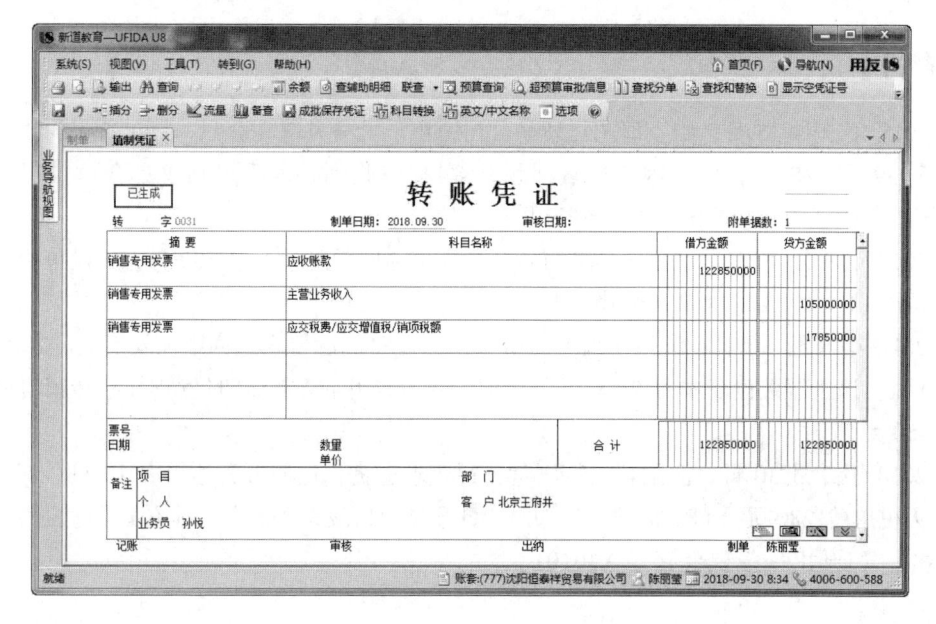

图 3-83　第 5 笔业务应收单凭证

6. 账套备份

在 C:\"供应链账套备份"文件夹中新建"实验 3.3 普通批发现销"文件夹。将账套输出至 E:\"供应链账套备份"\"实验3.3 普通批发现销"文件夹中。

实验 3.4　销售退货业务

【实验目的与要求】

通过本实验，系统学习销售管理系统中销售退货业务处理。能够与应收款管理系统、库存管理系统、存货核算系统、总账系统集成使用，以便及时处理退货商品和退货款项，并对退货业务进行相应的财务处理。掌握退货业务的处理流程和处理方法。

【实验准备】

已经完成第 3 章实验 3.3 的操作，或者引入光盘中的 3.3 账套备份数据。将系统日期修改为 2018 年 9 月 30 日，以 002 操作员(密码为 2)的身份登录 777 账套的"企业应用平台"。

【实验内容】

- 普通销售退货。
- 录入退货单。
- 录入或生成红字发票并复核。
- 审核红字应收单并制单。
- 备份账套。

【实验资料】

(1)2018年9月15日,给上海鸿运贸易公司销售千里马男包360只,订单价格为1120元,已经提货。9月25日,对方因为质量问题全部退货(收到,入千里马皮具仓)。本公司同意退货。该批手表于9月15日发货,尚未开具发票。

(2)2018年9月30日,北京王府井百货公司提出退回千里马男包500只,无税单价1150元(28日已开发票、生成发货单,但尚未出库)。

(3)2018年9月30日,北京王府井百货公司因质量问题要求退回欧丽女套装10套,无税单价550元。该批服装已于本月26日开具销售专用发票并收款,27日发货并结转销售成本(单位成本450元)。

(4)2018年9月30日,沈阳新玛特百货公司要求退货,退回万利达男表10只(入万利达手表仓),无税单价280元,该男表已于本月13日开具销售发票并收款。本公司同意退货,同时办理退款手续(开出一张现金支票XJ010)。

【实验指导】

销售退货业务包括普通销售退货和委托代销退货业务的处理,分为开具发票前退货和开具发票后退货、委托代销结算前退货和委托代销结算后退货。不同阶段发生的退货业务,其业务处理不完全相同。

先发货后开票业务模式下的退货处理流程:
(1)填制退货单,审核该退货单。
(2)根据退货单生成红字销售出库单,传递至库存管理系统。
(3)填制红字销售发票,复核后红字销售发票自动传递至应收款管理系统。
(4)红字销售发票经审核,形成红字应收款。
(5)红字销售出库单在存货核算系统中记账,进行成本处理。

开票即发货的退货业务处理流程:
(1)填制红字销售发票,复核后自动生成退货单。
(2)生成红字销售出库单。
(3)复核后的红字销售发票自动传递至应收款管理系统,审核后,形成红字应收款。
(4)审核后的红字出库单在存货核算系统中记账,进行成本处理。

1. 第1笔退货业务的处理

本笔业务属于已经发货尚未开票的全额退货业务。首先需要输入销售订单,根据销售订单生成发货单,系统自动生成销售出库单;退货后需要输入退货单,系统根据退货单,自动生成红字销售出库单。

操作步骤

(1)启动企业应用平台,打开"业务工作"选项卡,执行"供应链"|"销售管理"|"销售订货"|"销售订单"命令,打开"销售订单"窗口。

(2)单击"增加"按钮,输入销售订单表头和表体内容。

(3)单击"保存"按钮,再单击"审核"按钮。

(4)执行"销售发货"|"发货单"命令,打开"发货单"窗口,单击"增加"按钮,打开"查询条件选择—参照订单"对话框,单击"确定"按钮,打开"参照生单"窗口。选择上海鸿运贸易公司销售订单,单击"OK 确定"按钮,生成发货单。补充输入仓库信息后,单击"保存"按钮,再单击"审核"按钮。

(5)启动库存管理系统,执行"出库业务"|"销售出库单"命令,打开"销售出库"单窗口。

(6)单击"生单"下拉按钮,选择上海鸿运贸易公司的发货单,确认生单后,审核销售出库单。

(7)9月25日,对方退货。启动销售管理系统,执行"销售发货"|"退货单"命令,打开"退货单"窗口。

(8)单击"增加"按钮,系统自动显示退货单参照发货单窗口。单击"确定"按钮,选择上海鸿运贸易公司9月15日的发货单,如图3-84所示。

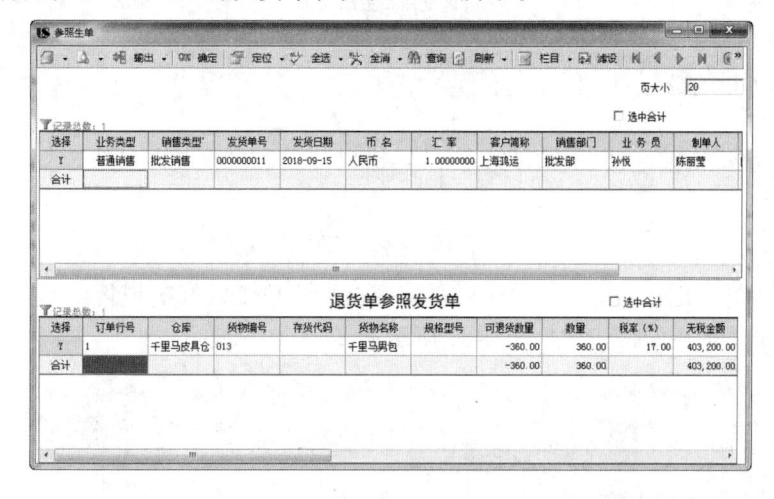

图 3-84 选择发货单

(9)单击"OK 确定"按钮,系统自动生成退货单,修改退货日期为 25 日。单击"保存"按钮,再单击"审核"按钮,如图3-85所示。

图 3-85 退货单

（10）启动库存管理系统，执行"出库业务"|"销售出库单"命令，打开"销售出库单"窗口。

（11）单击"生单"下拉按钮，选择"销售生单"，系统自动弹出"查询条件选择－销售发货单列表"对话框，单击"确定"按钮，打开"销售生单"窗口，选择上海鸿运贸易公司25日的发货单，如图3-86所示。

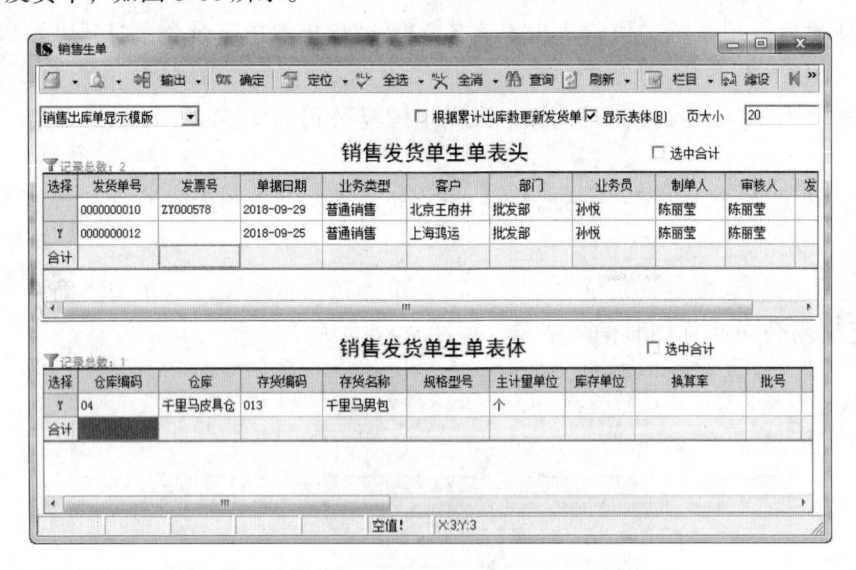

图3-86 选择退货单

（12）单击"OK 确定"按钮，确认后系统根据退货单生成红字销售出库单。修改相关信息，保存后单击"审核"按钮，如图3-87所示。

图3-87 红字销售出库单

（13）单击"退出"按钮，退出库存管理系统。

注意：

● 退货单上的存货数量应该为负数，退货单上的金额可以小于或等于零。

- 退货单可以参照销售订单、发货单生成，也可以直接手工输入。参照生成时，单击退货单窗口上的"订单"或"发货"按钮，即可参照选择的相关单据生成退货单。
- 退货单可以参照一张或多张发货单记录生成，如果销售选项设置为"普通销售必有订单"，则退货单必须参照原发货单记录生成。
- 参照销售订单生成的退货单或手工输入的退货单可以生成红字发票。
- 参照发货单生成的退货单直接冲减原发货单数量，因而该退货单无法生成红字销售发票，但该退货单可以在"发货单列表"中查询。
- 如果销售选项中设置了"销售生成出库单"，则发货单审核时自动生成销售出库单；退货单审核时自动生成红字销售出库单。

2. 第2笔退货业务的处理

本笔业务属于先开发票后发货的普通销售业务，已经给对方开出发货单，但尚未出库，因此，退货时，需要输入退货单，开具红字销售专用发票。由于尚未生成销售出库单，所以，不必生成红字销售出库单。

操作步骤

（1）启动销售管理系统，执行"销售发货"|"退货单"命令，手工填制一张退货单，无税单价为1150元，单击"审核"按钮。

（2）执行"销售开票"|"红字销售专用发票"命令，单击"增加"按钮，系统自动显示"发票参照发货单"窗口。输入相应查询条件并单击"确定"按钮，系统自动显示北京王府井百货公司退货单。

（3）单击"OK 确定"按钮，生成红字销售专用发票。修改相关项目后，单击"保存"按钮，再单击"复核"按钮，如图3-88所示。

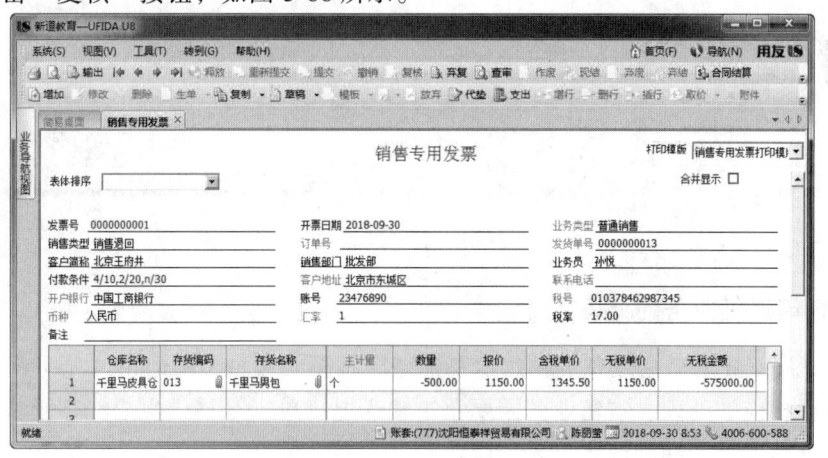

图3-88 红字销售专用发票

（4）启动应收款管理系统，执行"应收单据处理"|"应收单审核"命令，打开"应收查询条件"对话框。设置查询条件后，单击"确定"按钮，打开"应收单审核"窗口。选择北京王府井百货公司销售专用发票，单击"审核"按钮，系统自动弹出"本次成功审核单据 1张"信息提示对话框。单击"退出"按钮。

(5)执行"制单处理"命令,打开"单据查询"窗口,设置查询条件为"发票制单",单击"确定"按钮,打开"销售发票制单"窗口。

(6)在所选择单据的"选择标志"处输入 1,选择凭证类别为"转账凭证";单击"制单"按钮,系统生成一张红字冲销凭证,单击"保存"按钮,如图 3-89 和图 3-90 所示。

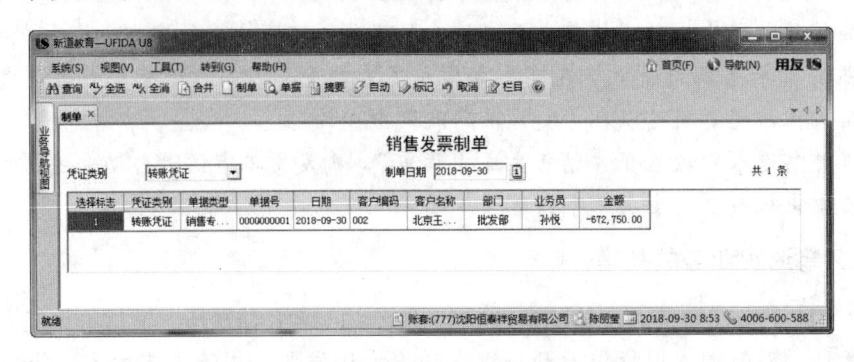

图 3-89 选择红字的应收单

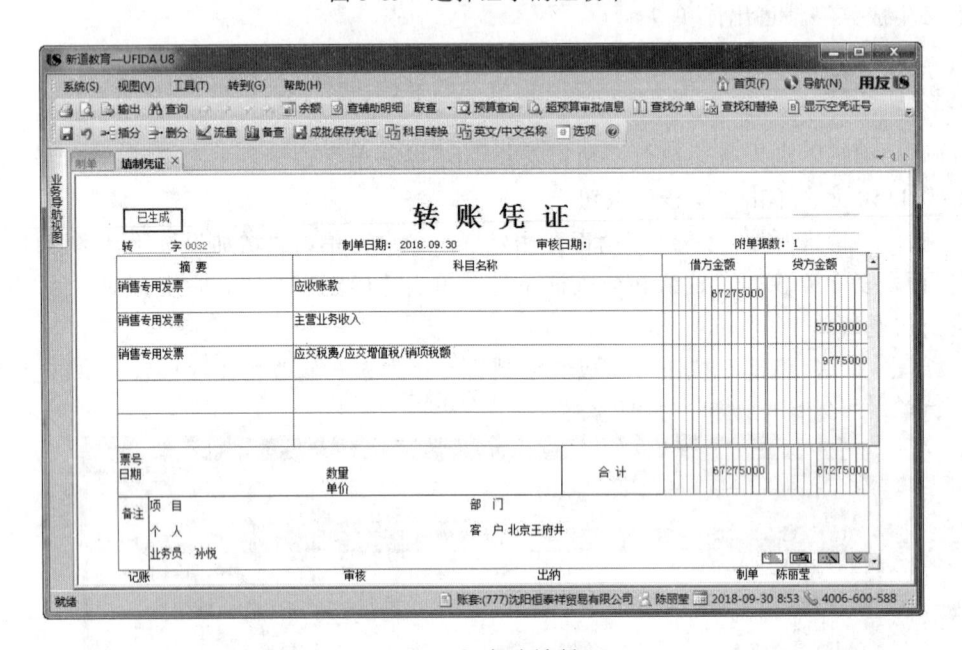

图 3-90 红字冲销凭证

3. 第 3 笔退货业务的处理

本笔业务属于先开票后发货的销售退货业务,根据实验 3.3 中的第 4 笔业务的处理,对退货业务进行相应的处理,本笔业务需要手工输入退货单。开具或生成红字销售专用发票,生成红字销售出库单,冲减销售收入和应收账款,并冲销已经结转的销售成本。

操作步骤

(1)在销售管理系统中,执行"销售发货"|"退货单"命令,手工填制一张退货单,无税单价为 550 元,保存后,单击"审核"按钮。

(2)执行"销售开票"|"红字销售专用发票"命令,单击"增加"按钮,系统自动显示

"查询条件选择—发票参照发货单"窗口。输入相关查询条件，单击"确定"按钮，系统自动显示北京王府井百货公司退货单。

（3）单击"OK 确定"按钮，生成红字销售专用发票。单击"保存"按钮，再单击"复核"按钮，退出销售管理系统。

（4）启动库存管理系统，执行"出库业务"|"销售出库单"命令。单击"生单"下拉按钮，选择"销售生单"，系统自动弹出"查询条件选择－销售发货单列表"对话框，单击"确定"按钮，打开"销售生单"窗口。选择北京王府井百货公司发货单和欧丽女套装，单击"OK 确定"按钮，确认生单后，系统自动生成红字销售出库单。单击"审核"按钮，再单击"退出"按钮。

（5）启动应收款管理系统，执行"应收单据处理"|"应收单审核"命令，打开"应收单查询条件"对话框。设置查询条件后，单击"确定"按钮，打开"应收单审核"窗口。选择北京王府井百货公司销售专用发票，单击"审核"按钮，系统自动弹出"本次成功审核单据1张"信息提示对话框，单击"退出"按钮。

（6）执行"制单处理"命令，打开"制单查询"对话框，设置查询条件为"发票制单"。单击"确定"按钮，打开"发票制单"窗口。

（7）在所选择单据的"选择标志"处输入 1，选择凭证类别为"转账凭证"。单击"制单"按钮，系统生成一张红字销售凭证。单击"保存"按钮，生成红字冲销凭证，如图 3-91 所示。

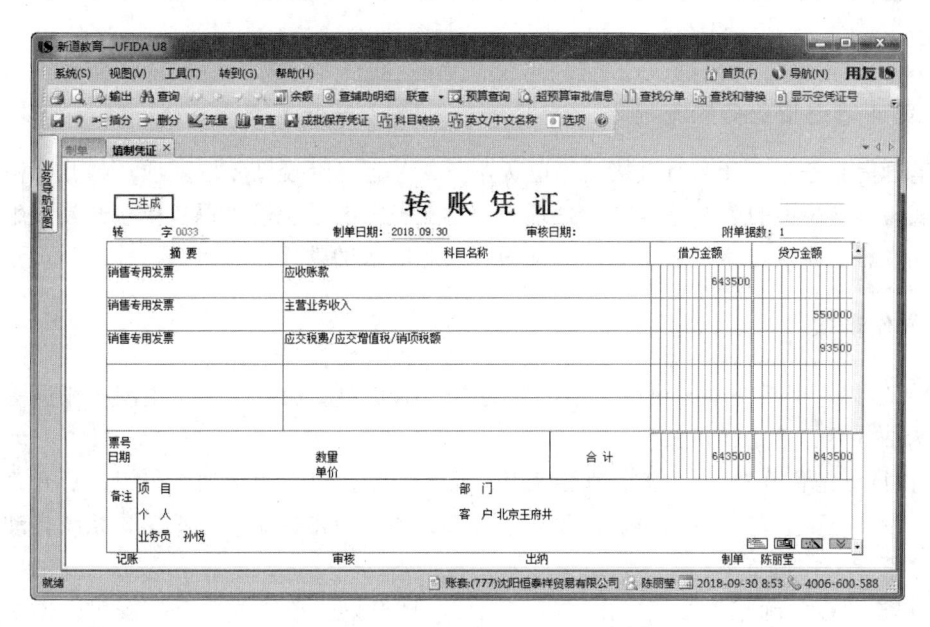

图 3-91　第 3 笔业务红字冲销凭证

（8）启动存货核算系统，执行"业务核算"|"正常单据记账"命令，打开"查询条件选择"对话框，选择欧丽服装仓销售专用发票记账，单击"记账"，手工输入欧丽女套装的单价为 450 元。记账后单击"退出"按钮。

（9）执行"财务核算"|"生成凭证"命令，打开"生成凭证"窗口，单击"选择"按钮，打开生成凭证"查询条件"对话框，在生单单据选择窗口中选择"销售专用发票"，单

击"确定"按钮。在"未生成凭证单据一览表"窗口中,选择"欧丽服装仓",其"选择"栏显示1,单击"确定"按钮。

(10)在"生成凭证"窗口中,选择凭证类别为"转账凭证"。单击"生成"按钮,系统自动生成一张红字凭证,冲销已结转的销售成本,如图3-92所示。

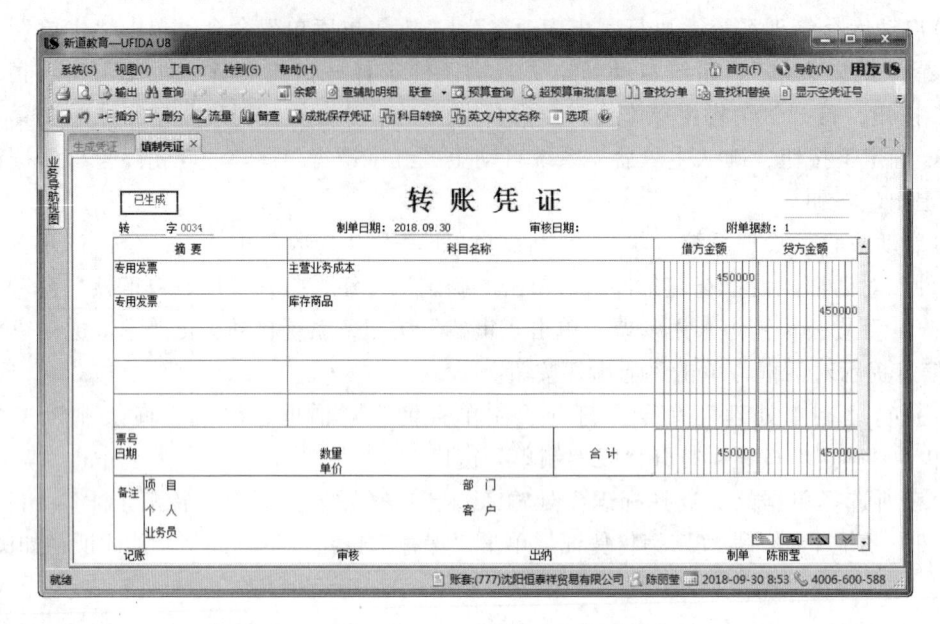

图 3-92 红字结转成本凭证

4. 第4笔退货业务的流程

本笔退货业务属于开票后直接销售退货业务,并且已经现结收取款项。因此,根据原始业务即实验三3.3中的第2笔业务的处理,本笔业务需要手工输入退货单、开具或生成红字销售专用发票、生成红字销售出库单、冲减收入和收取的款项。

操作步骤

(1)在销售管理系统中,执行"销售发货"|"退货单"命令,手工填制一张退货单,无税单价为280元,单击"审核"按钮。

(2)执行"销售开票"|"红字销售专用发票"命令,单击"增加"按钮,打开"查询条件选择-发票参照发货单"窗口。修改相关查询条件,单击"确定"按钮,系统自动显示沈阳新玛特百货公司退货单。

(3)单击"OK确定"按钮,生成红字销售专用发票。单击"保存"按钮,再单击"现结"按钮,在"现结"对话框中,输入结算方式为"现金支票",结算号为XJ010,并输入负数结算金额即为退款金额(-3276.00元),如图3-93所示。

(4)结算信息输入完毕后单击"确定"按钮。在生成的红字发票上单击"复核"按钮,确认红字销售专用发票,并退出销售管理系统。

(5)启动库存管理系统,执行"出库业务"|"销售出库单"命令,单击"生单"下拉按钮,选择"销售生单",系统自动弹出"查询条件选择-销售发货单列表"对话框,单击

"确定"按钮，打开"销售生单"窗口。选择沈阳新玛特百货公司发货单和万利达男表，单击"OK 确定"按钮，确认生单后，系统自动生成红字销售出库单。单击"审核"按钮，再单击"退出"按钮。

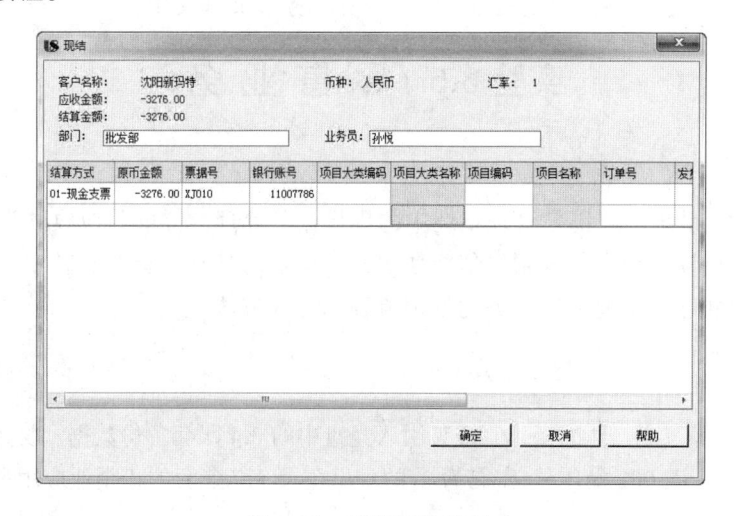

图 3-93 销售退款现结

（6）启动应收款管理系统，执行"应收单据处理"|"应收单审核"命令，打开"应收单据查询条件"对话框。设置查询条件后，选择"包含已现结发票"复选框，单击"确定"按钮。

（7）打开"应收单审核"窗口，选择需要审核的应收单据，即沈阳新玛特百货公司销售专用发票，在该记录的"选择"栏双击，出现 Y。再单击"审核"按钮，系统自动弹出"本次成功审核 1 张单据"信息提示对话框，单击"退出"按钮。

（8）执行"制单处理"命令，打开"制单查询"对话框，设置单据查询条件，选择"现结制单"，单击"确定"按钮，在所选择单据的"选择"栏输入 1，单击"制单"按钮。在生成凭证界面中修改凭证类别为"收款凭证"，然后单击"保存"按钮，系统根据现结红字发票自动生成一张红字收款凭证，如图 3-94 所示。

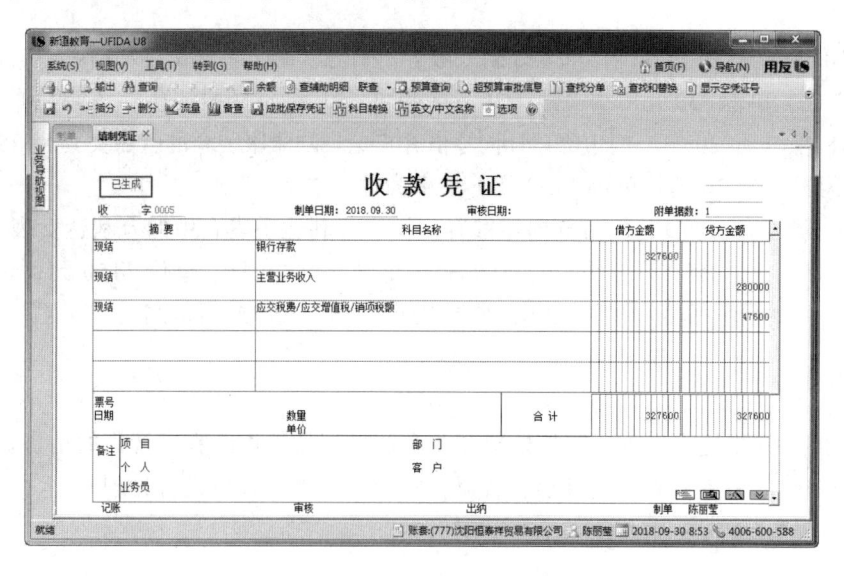

图 3-94 第 4 笔退货业务红字凭证

第 3 章 销售管理 ▶ 175

5. 账套备份

在 E:\"供应链账套备份"文件夹中新建"实验 3.4 销售退货业务"文件夹。将账套输出至 E:\"供应链账套备份"\"实验3.4 销售退货业务"文件夹中。

实验3.5 零售业务

【实验目的与要求】

通过本实验，系统学习销售管理系统中的零售业务处理。能够与应收款管理系统、库存管理系统、存货核算系统、总账系统集成使用，以便及时处理零售业务款项，并对零售业务进行相应的财务处理。掌握零售业务的处理流程和处理方法。

【实验准备】

已经完成第 3 章实验 3.4 的操作，或者引入光盘中的 3.4 账套备份数据。将系统日期修改为 2018 年 9 月 30 日，以 002 操作员(密码为 2)的身份登录 777 账套的"企业应用平台"

【实验内容】

- 在销售管理系统中选中"销售生成出库单"。
- 填制销售日报。
- 查询销售发货单。
- 查询并审核销售出库单。
- 确认、收取销售款项。
- 确认销售成本。
- 备份账套。

【实验资料】

(1)2018 年 9 月 10 日，门市部累计向零散客户销售欧丽服装仓女装 20 件，单价 480 元；欧丽女裤 15 条，单价 330 元；欧丽男衣 30 件，单价 550 元(欧丽服装仓)，全部为赊销。

(2)2018 年 9 月 20 日，门市部累计向零散客户销售欧丽服装仓的欧丽女套装 25 套，单价 550 元；欧丽男套装 30 套，单价 1100 元。全部为赊销。

(3)2018 年 9 与 30 日，门市部向零散客户销售万利达手表仓中的万利达女表 45 只，单价 280 元；万利达男表 35 只，单价 290 元；千里马女包 20 只，单价 1150 元；千里马男包 20 只，单价 1200 元。全部为现销(现金支票 XJ112255)，款项全部收讫。

【实验指导】

零售日报业务即是零售业务，是处理商业企业将商品销售给零售客户的销售业务。零售业务是根据相应的销售业务，按日汇总数据，然后通过零售日报进行处理。

1. 第 1 笔零售业务的处理

本笔业务需要在销售管理系统中填制、复核零售日报，生成销售发货单；在库存管理系统中审核销售出库单；在存货核算系统中对零售日报记账并确认销售成本；在应收款管理系统中审核零售日报并确认收入和应收款项。

操作步骤

(1)启动销售管理系统，执行"零售日报"|"零售日报"命令，打开"零售日报"窗口。

(2)单击"增加"按钮，进入新增零售日报状态。输入表头和表体内容，如零售日期、客户简称、销售类型(门市零售)、销售部门、存货代码、仓库、零售数量、单价等信息，单击"保存"按钮，再单击"复核"按钮，如图3-95所示。

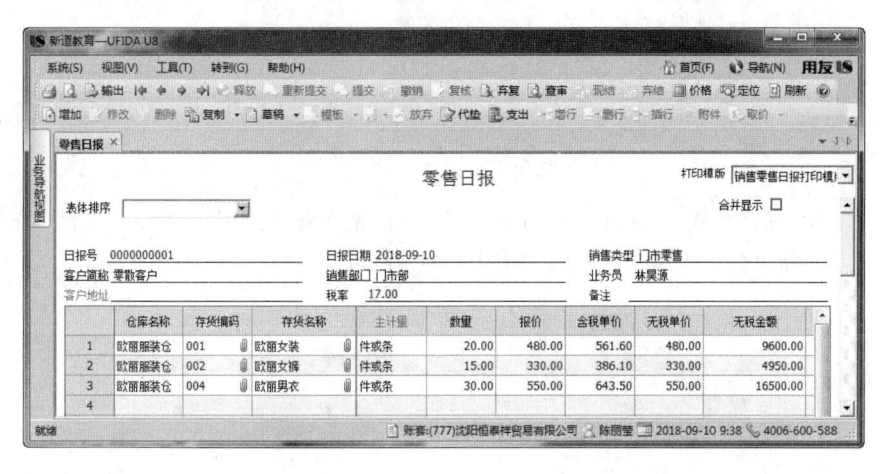

图3-95 "零售日报"窗口

(3)执行"销售发货"|"发货单"命令，打开"发货单"窗口，翻页查到系统已经根据复核后的零售日报自动生成已审核发货单，如图3-96所示。

图3-96 零售日报生成的发货单

(4)启动库存管理系统，执行"出库业务"|"销售出库单"命令，打开"销售出库单"窗口，翻页查到系统根据复核后的零售日报自动生成的销售出库单，单击"审核"按钮，审核销售出库单，如图3-97所示。

第3章 销售管理 ▶ 177

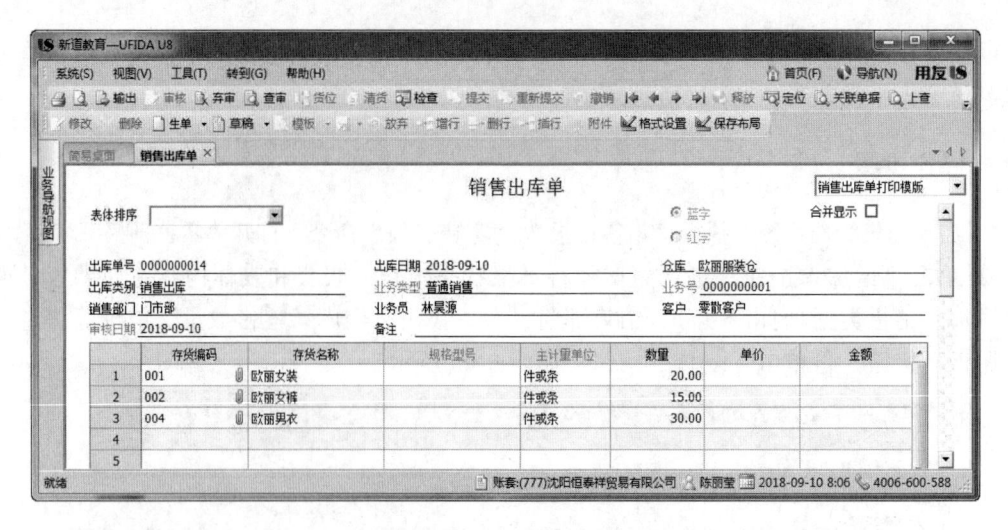

图 3-97 销售出库单

(5)启动存货核算系统，执行"业务核算"|"正常单据记账"命令，打开"查询条件选择"对话框，选择"销售日报"记账，如图 3-98 所示。

图 3-98 选择零售日报记账

(6)单击"确定"按钮，打开"正常单据记账列表"窗口，选择欧丽服装仓的零售日报记账。

(7)执行"财务核算"|"生成凭证"命令，打开"查询条件"窗口，单击"确定"按钮，打开"未生成凭证单据一览表"窗口，选择对应的销售日报单据，单击"确定"按钮，再单击"生成"按钮，生成一张凭证，单击"保存"按钮，如图 3-99 所示。

(8)启动应收款管理系统，执行"应收单据处理"|"应收单据审核"命令，审核零售日报。

(9)执行"制单处理"命令，选择"发票制单"，生成零售日报销售收入的凭证，如图 3-100 所示。

图 3-99 零售结转销售成本凭证

图 3-100 零售确认收入凭证

> **注意：**
> - 新增销售零售日报时默认税率为零，可以修改。
> - 销售零售日报不能参照其他单据生成，只能手工输入。
> - 在销售零售日报界面的表体中，右击，可以查看保存后的销售零售日报的存货现存量、当前单据收款情况、预估毛利、对应发货单、对应出库单等。
> - 一张零售日报生成的发货单可以分仓库生成多张销售出库单。
> - 根据复核后的零售日报生成的发货单不能修改、删除，只能查询。

2. 第 2 笔零售日报的处理

本笔业务需要在销售管理系统中填制、复核零售日报，生成销售发货单；在库存管理系统中生成并审核销售出库单；在存货核算系统中对零售日报记账并确认销售成本；在应收款管理系统中审核零售日报，确认收入并收款。

第 3 章 销售管理 ▶ 179

操作步骤

(1) 启动销售管理系统，执行"零售日报"|"零售日报"命令，打开"零售日报"窗口。

(2) 单击"增加"按钮，进入新增零售日报状态。输入表头和表体内容，如零售日期、客户简称、税率、零售部门、存货代码、仓库、零售数量、单价等信息。单击"保存"按钮，再单击"复核"按钮。

(3) 执行"销售发货"|"发货单"命令，打开"发货单"窗口，翻页查到系统根据复核后的零售日报自动生成了已审核的发货单。

(4) 启动库存管理系统，执行"出库业务"|"销售出库单"命令，打开"销售出库单"窗口，翻页查到系统根据复核后的零售日报自动生成的销售出库单，单击"审核"按钮，审核销售出库单。

(5) 启动存货核算系统，执行"业务核算"|"正常单据记账"命令，打开"查询条件选择"对话框，选择"销售日报"记账。

(6) 单击"确定"按钮，打开"正常单据记账列表"窗口，选择欧丽服装仓的零售日报记账。

(7) 执行"财务核算"|"生成凭证"命令，打开"查询条件"窗口，单击"确定"按钮，打开"未生成凭证单据一览表"窗口，选择对应的销售日报单据，单击"确定"按钮，再单击"生成"按钮，生成结转成本凭证，单击"保存"按钮，保存该凭证。

(8) 启动应收款管理系统，执行"应收单据处理"|"应收单据审核"命令，审核零售日报。

(9) 执行"财务处理"|"制单处理"命令，生成确认零售收入凭证。

3. 第3笔零售业务的处理

本笔业务需要在销售管理系统中填制、复核零售日报，生成销售发货单；在库存管理系统中审核销售出库单；在应收款管理系统中审核零售日报，确认收入并收款。

操作步骤

(1) 启动销售管理系统，执行"零售日报"|"零售日报"命令，打开"零售日报"窗口。

(2) 单击"增加"按钮，进入新增零售日报状态。输入表头和表体内容，如零售日期、客户简称、税率、零售部门、存货代码、仓库、零售数量、单价等信息。单击"保存"按钮，再单击"现结"按钮，最后单击"复核"按钮。

(3) 执行"销售发货"|"发货单"命令，打开"发货单"窗口，翻页查到系统已经根据复核后的零售日报自动生成已审核的发货单。

(4) 启动库存管理系统，执行"出库业务"|"销售出库单"命令，打开"销售出库单"窗口，翻页查到系统根据复核后的零售日报自动生成的销售出库单，单击"审核"按钮，审核销售出库单。

(5) 启动存货核算系统，执行"业务核算"|"正常单据记账"命令，打开"查询条件选择"对话框，选择"销售日报"记账。

(6) 启动应收款管理系统，执行"应收单据处理"|"应收单据审核"命令，选择"包含已现结发票"单据审核，审核零售日报。

(7)执行"制单处理"命令,选择"现结制单",生成确认零售收入、收取款项的凭证。

4. 账套备份

E:\"供应链账套备份"文件夹中新建"实验 3.5 零售业务"文件夹。将账套输出至 E:\"供应链账套备份"\"实验3.5 零售业务"文件夹中。

实验3.6 直运销售业务

【实验目的与要求】

通过本实验,系统学习销售管理直运销售业务处理。能够与应收款管理系统、采购管理系统、应付款管理系统、库存管理系统、存货核算系统、总账系统集成使用,以便及时处理直运销售与采购业务款项,并对直运销售与采购业务进行相应的财务处理。掌握直运销售业务的处理流程和处理方法。

【实验准备】

已经完成第 3 章实验 3.5 的操作,或者引入光盘中的实验 3.5 账套备份数据。将系统日期修改为 2018 年 9 月 30 日,以 222 操作员(密码为 2)的身份登录 777 账套的"企业应用平台"。

【实验内容】

- 在销售管理系统中取消"销售生成出库单"。
- 在销售管理系统中选择"直运销售业务"。
- 在销售管理系统中设置"直运销售必有订单"。
- 录入销售订单。
- 参照生成采购专用发票。
- 参照生成销售专用发票。
- 直运采购发票审核并制单。
- 直运销售发票审核并制单。
- 备份账套。

【实验资料】

(1)2018 年 9 月 15 日,北京王府井百货公司向本公司订购欧丽男、女套装各 500 套,报价分别为1200元和 680 元,本公司接受北京王府井百货公司的订购。

(2)2018 年 9 月 15 日,本公司向广东欧丽服装厂订购欧丽男、女套装各 500 套,单价分别为 900 元和 470 元。要求本月 20 日将货物直接发给北京王府井百货公司。

(3)2018 年 9 月 20 日,本公司收到广东欧丽服装厂的专用发票,发票号为 ZY00178,发票载明男、女套装各 500 套,单价分别为 900 元和 470 元,增值税税率为 17%,货物已经发给北京王府井百货公司。本公司尚未支付货款。

(4)2018 年 9 月 21 日,本公司给北京王府井百货公司开具销售专用发票(发票号为

ZY006688），发票载明男、女套装各 500 套，单价分别为 1200 元和 680 元，增值税税率为 17%，款项尚未收到。

【**实验指导**】

直运业务是指商品无须入库即可完成的购销业务。客户向本公司订购商品，双方签订购销合同；本公司向供应商采购所需商品，与供应商签订采购合同；供应商直接将商品发给客户，结算时，由购销双方分别与企业结算。直运业务包括直运销售业务与直运采购业务，没有实物的出入库，货物流向是直接从供应商到客户，财务结算是通过直运销售发票、直运采购发票进行。

1）直运采购和直运销售

直运销售业务的处理流程：

(1)销售管理系统——销售选项设置。

(2)销售管理系统——输入销售订单。

(3)采购管理系统——采购订单和采购专用发票。

(4)销售管理系统——直运销售发票。

操作步骤

(1)在销售管理系统中，执行"设置"|"销售选项"命令，选中"有直运销售业务"和"直运销售必有订单"复选框，取消"销售生成出库单"复选框选中，如图 3-101 所示，单击"确定"按钮。

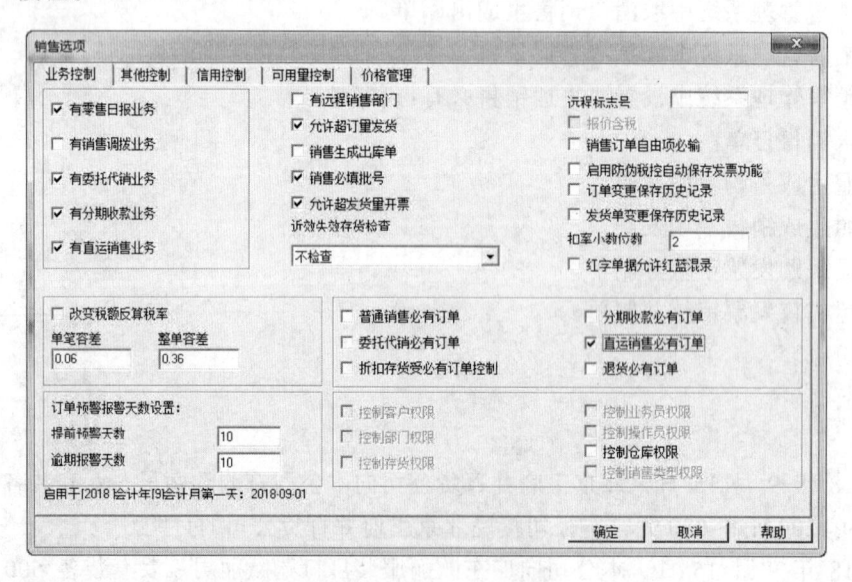

图 3-101 销售选项设置

(2)在销售管理系统中，执行"销售订货"|"销售订单"命令，打开"销售订单"窗口。单击"增加"按钮，输入直运销售订单，注意将销售类型修改为"直运销售"，输入完整内容，保存并审核该销售订单，如图 3-102 所示。

(3)在采购管理系统中，执行"采购订货"|"采购订单"命令，打开"采购订单"窗

口,单击"增加"按钮,增加一张采购订单。在表头选择业务类型为"直运采购",单击"生单"下拉按钮,选择"销售订单",系统自动弹出"查询条件选择—销售订单列表"对话框,单击"确定"按钮,打开"拷贝并执行"窗口,选择相应的销售订单,单击"确定"按钮,系统自动生成一张采购订单,输入原币单价900元和470元,将表体中的税率分别修改为17%,保存并审核这张采购订单,如图3-103所示。

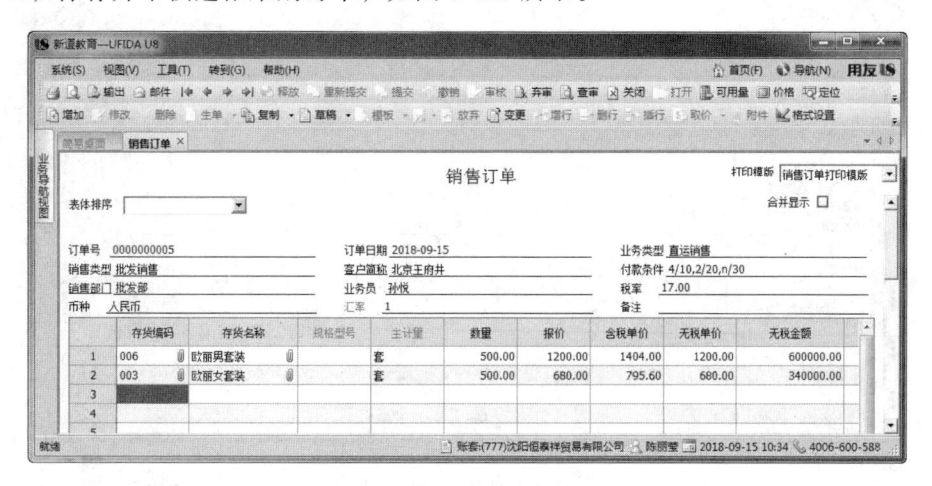

图 3-102 直运销售订单

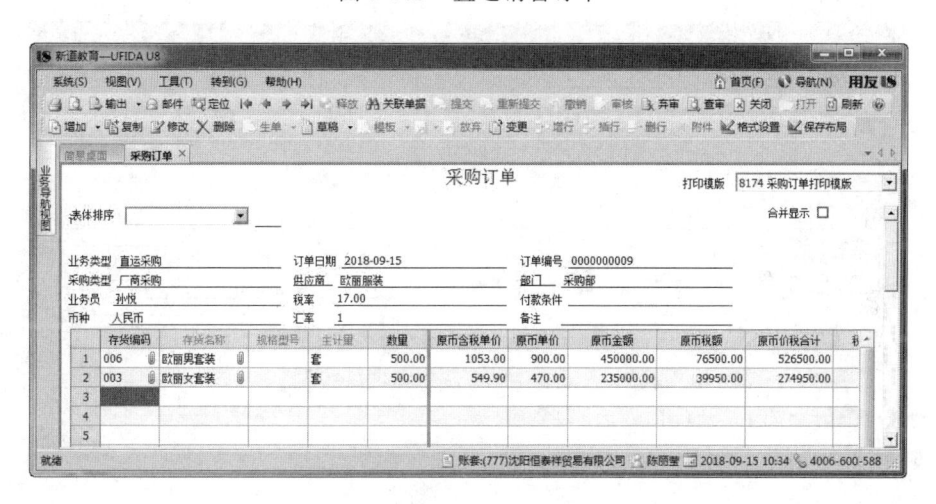

图 3-103 直运采购订单

(4)在采购管理系统中,执行"采购发票"|"专用采购发票"命令,打开"采购专用发票"窗口,单击"增加"按钮,在表头选择业务类型为"直运采购",修改发票号和其他表头信息,单击"生单"下拉按钮,选择"采购订单",系统自动弹出"查询条件选择—采购订单列表"对话框,单击"确定"按钮,打开"拷贝并执行"窗口,选择相应的采购订单,单击"确定"按钮,系统自动生成一张采购专用发票,单击"保存"按钮,如图3-104所示。

(5)在销售管理系统中,执行"销售开票"|"销售专用发票"命令,打开"销售专用发票"窗口。单击"增加"按钮,打开"查询条件选择—参照发货单"对话框,单击"取消"按钮,关闭该对话框。在表头选择业务类型为"直运销售",单击"生单"下拉按钮,选择"参照订单",系统自动弹出"参照生单"窗口,选择客户为"北京王府井百货公司",单击

第 3 章 销售管理 ▶ 183

确定"按钮",再选择直运销售订单和明细行,单击"OK 确定"按钮,系统自动生成销售专用发票,修改发票号为 ZY006688。单击"保存"按钮,再单击"复核"按钮,确认该直运销售专用发票信息,如图 3-105 所示。

图 3-104 直运采购专用发票

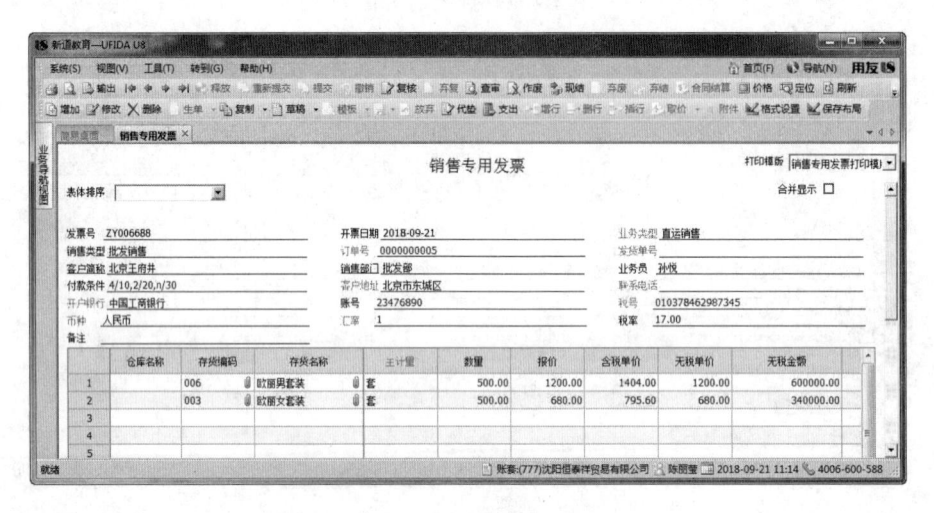

图 3-105 直运销售专用发票

注意:

- 对于直运业务的销售订单、采购订单、采购发票、销售发票,其采购类型为直运采购,销售类型为直运销售。
- 需要开具销售专用发票的客户,必须在客户档案中输入税号,否则只能开具普通销售发票。
- 如果选择了"直运销售必有订单",则直运销售发票和直运采购发票都只能参照销售订单生成发票;如果需要手工开具发票,则应先取消"直运销售必有订单",同时还必须删除销售订单。

- 如果在销售选项中没有设置"直运销售必有订单",在销售管理系统中没有输入销售订单,这种直运模式下直运采购发票和直运销售发票可以互相参照。
- 如果在销售选项中没有设置"直运销售必有订单",但是已经输入销售订单,则仍然需要按照"直运销售必有订单"模式的数据流程进行操作。
- 直运销售与直运采购发票上都不能输入仓库。
- 直运销售发票不可以录入受托销属性的存货。
- 一张直运销售发票可以对应多张直运采购发票,可以拆单、拆记录。
- 一张直运采购发票也可以对应多张运销售发票,可以拆单、拆记录。

2) 直运销售业务应收付款的确认

直运销售业务需要根据审核后的直运采购发票确认应付账款,根据审核后的直运销售发票确认应收账款。

直运销售业务应收账款的确认流程:

(1) 应付款管理系统——审核直运采购发票并制单。
(2) 应收款管理系统——审核直运销售发票并制单。

操作步骤

(1) 启动应付款管理系统,执行"应付单据处理"|"应付单据审核"命令,打开"应付单查询条件"对话框,选中"未完全报销"复选框,如图3-106所示。

图3-106 选择"未完全报销"复选框

(2) 单击"确定"按钮,在"应付单据列表"中选择发票号为 ZY00178 的采购专用发票,在"选择"栏单击出现 Y,如图3-107所示。

(3) 单击"审核"按钮,系统显示"本次审核成功单据1张"。确认直运采购的应付款项后,单击"确定"按钮,再单击"退出"按钮。

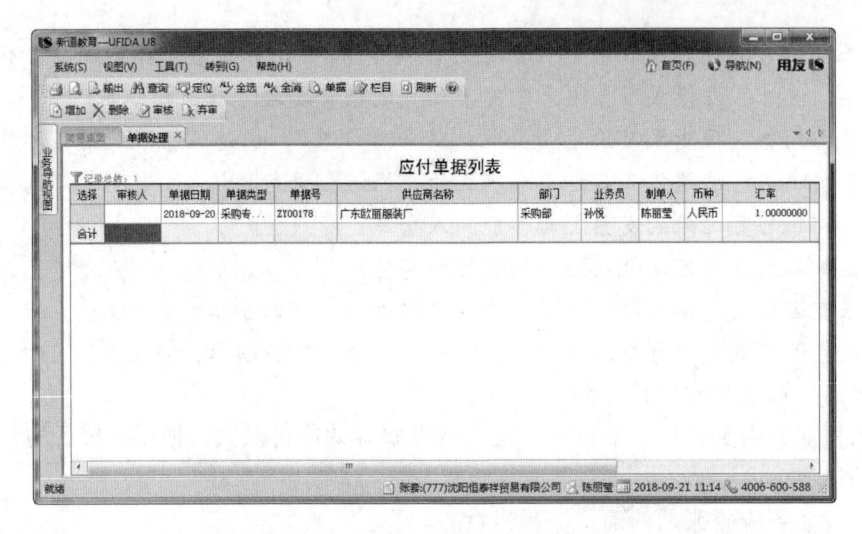

图 3-107　选择直运采购专用发票

(4) 启动应收款管理系统，执行"应收单据处理"|"应收单据审核"命令，单击"选择"栏，再单击"审核"按钮，系统显示"本次审核成功单据1张"，单击"确定"按钮。

(5) 单击"制单处理"，在制单查询对话框中选择"发票制单"，单击"确定"按钮，在"销售发票制单"窗口中，单击"全选"按钮，再单击"制单"按钮，生成直运销售凭证；修改凭证类别为"转账凭证"，单击"保存"按钮，如图3-108所示。

注意：

- 直运采购业务生成的直运采购发票在应付款管理系统中审核，但不能在此制单，其制单操作在存货核算系统中进行。
- 直运销售业务生成的直运销售发票在应收款管理系统中审核并制单，其销售成本的结转需要在存货核算系统中进行。

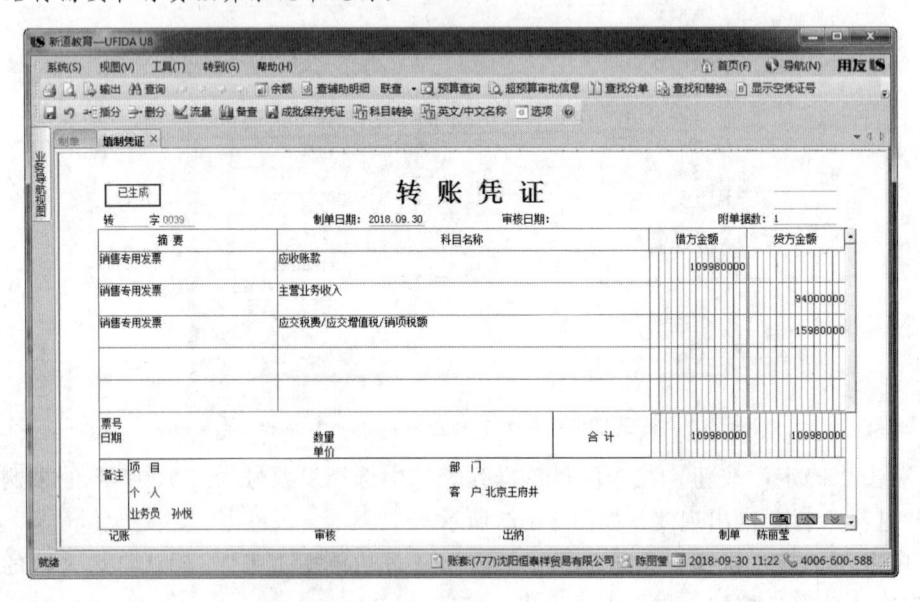

图 3-108　直运销售凭证

3)直运单据记账并结转成本

已经审核的直运采购发票和直运销售发票需要在存货核算系统中记账后，才能结转直运采购成本和直运销售成本。

业务处理流程：

(1)存货核算系统——直运采购发票、直运销售发票记账。

(2)存货核算系统——结转采购直运成本和直运销售成本。

操作步骤

(1)启动存货核算系统，执行"业务核算"|"直运销售记账"命令，打开"直运采购发票核算查询条件"对话框，如图3-109所示。

图3-109 "直运采购发票核算查询条件"对话框

(2)选择要记账的单据类型，单击"确定"按钮，打开"直运销售记账"窗口，选择要记账的单据记录，如图3-110所示。

图3-110 "直运销售记账"窗口

(3)单击"记账"按钮，已记账单据不在界面中显示。

(4)执行"财务核算"|"生成凭证"窗口。

第 3 章 销售管理 ▶ 187

(5)单击"选择"按钮,打开"查询条件"对话框,选择"(25)直运采购发票"和"(26)直运销售发票",如图 3-111 所示,单击"确定"按钮。

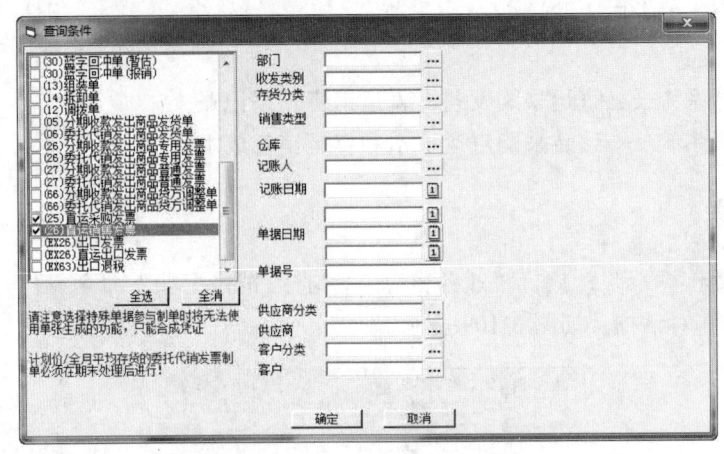

图 3-111 "查询条件"对话框

(6)在"直运销售记账"窗口中选择要生成凭证的记录,如图 3-112 所示。

图 3-112 选择单据

(7)单击"确定"按钮后,打开"生成凭证"窗口。将全部科目补充完整,如存货科目、对方科目、税金科目、应付科目等,修改凭证类别为"转账凭证",如图 3-113 所示。

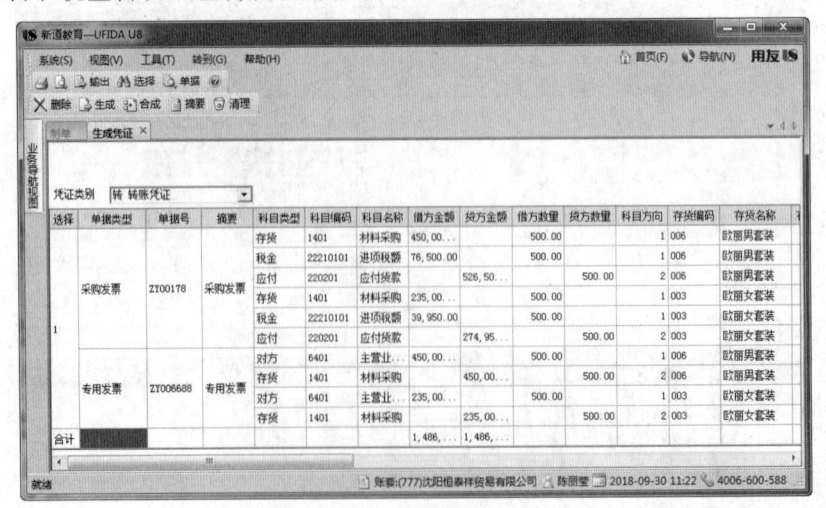

图 3-113 "生成凭证"窗口

188 ◀ ERP 供应链管理系统实验教程(用友 U8V10.1)

(8)单击"生成"按钮,生成直运销售结转成本凭证,如图3-114和图3-115所示。

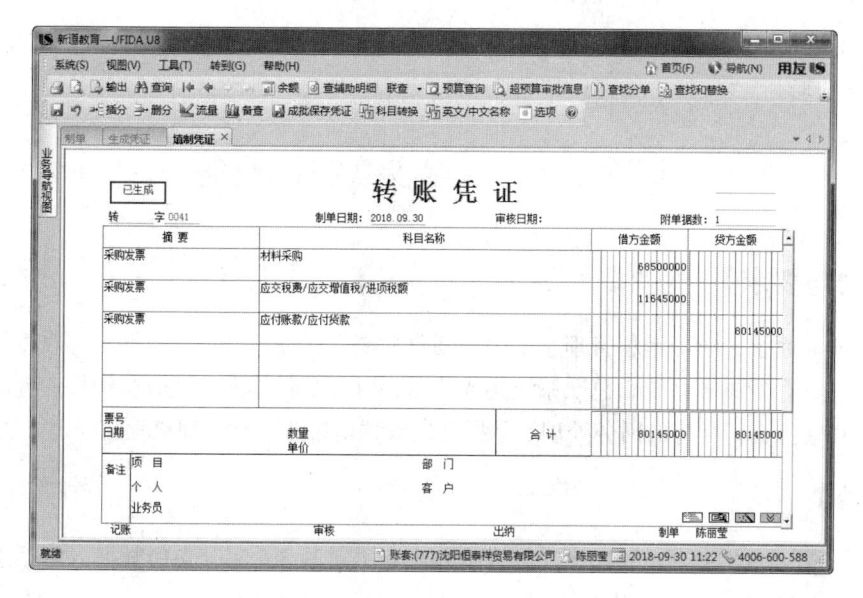

图3-114　根据直运销售发票生成的凭证

> **注意:**
> - 根据直运采购发票生成的直运销售发票,必须在直运采购发票记账后再对直运销售发票记账。
> - 根据直运采购发票或直运销售发票记入明细账时,仓库和所属部门均为空。
> - 与普通采购业务不同,直运采购发票制单时,借方科目取存货对应的科目,贷方科目取结算方式对应的科目,如应付账款或银行存款(现结)科目等。
> - 直运销售发票制单时,借方取收发类别对应科目,贷方取存货对应的科目。

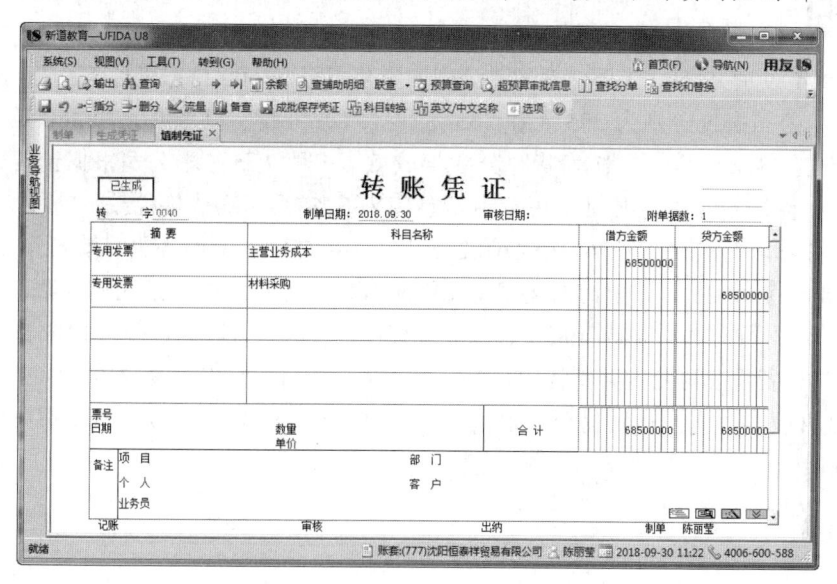

图3-115　根据直运采购发票生成的凭证

4. 账套备份

在 E:\"供应链账套备份"文件夹中新建"实验 3.6 直运销售"文件夹。将账套输出至 E:\"供应链账套"\"实验3.6直运销售"文件夹中。

实验 3.7　分期收款销售业务

【实验目的与要求】

通过本实验系统，学习销售管理系统中分期收款销售业务的处理。能够与应收款管理系统、库存管理系统、存货核算系统、总账系统集成使用，以便及时处理分期收款销售业务款项，并对分期收款销售业务进行相应的财务处理。掌握分期收款销售业务的处理流程和处理方法。

【实验准备】

已经完成第 3 章实验 3.6 的操作，或者引入光盘中实验 3.6 账套备份数据。将系统日期修改为 2018 年 9 月 30 日，以 002 操作员(密码为 2)的身份登录 777 账套的"企业应用平台"。

【实验内容】

- 分期收款必要订单。
- 填制分期收款销售订单。
- 生成分期收款发货单。
- 开具分期收款发票。
- 确认收入和应收账款。
- 备份账套。

【实验资料】

(1)2018 年 9 月 5 日，上海鸿运贸易公司向本公司订购 600 件嘉豪商务女装、600 件嘉豪商务男装，本公司报价分别为 285 元和 365 元。经双方协商，以 280 元和 360 元成交，双方签订销售合同。双方约定，一次发货，分 3 期收款。9 月 7 日，本公司根据销售合同发出嘉豪商务男、女装各 600 件，开具销售专用发票(ZY002689)，确认价税款。9 月 27 日，收到上海鸿运贸易公司电汇款 149 760 元(DH0215555)，系支付嘉豪商务男、女装第 1 期款项。

(2)2018 年 9 月 25 日，上海鸿运贸易公司向本公司订购 200 套欧丽男套装，本公司报价 1150 元。经双方协商，以 1100 元成交，双方签订销售合同，合同约定分 2 次收款。28 日，本公司给上海鸿运贸易公司发出男套装 200 套，本公司开具销售专用发票(ZY010999)，并结转销售成本。28 日收到上海鸿运贸易公司电汇款 128 700 元(DH0216666)，系支付第 1 期分期收款业务的款项。

【实验指导】

分期收款销售业务是指将货物提前一次发给客户，分期收回货款。其特点是一次发货，分次收款。分期收款销售业务的订货、发货、出货、开票等处理与普通销售业务相同，只是业务类型应选择"分期收款"。分期收款时，开具销售发票，结转销售成本。

1. 第1笔业务的处理

本笔业务属于分期收款销售订单的形成和发货业务，因此需要输入分期收款销售订单，生成分期收款发货单；开具分期收款发票，确认第1次收入并制单，生成分期收款销售出库单。在应收款管理系统中，录入收款单，确认收到全部款项并制单。

操作步骤

（1）登录销售管理系统，执行"设置"|"销售选项"命令，选择"有分期收款业务"、"分期收款必有订单"和"销售生成出库单"复选框，如图3-116所示。

（2）执行"销售订货"|"销售订单"命令，打开"销售订单"窗口。

（3）单击"增加"按钮，选择业务类型为"分期收款"，销售类型为"批发销售"，日期为"2018年9月5日"，并输入表头和表体的其他信息。输入完毕单击"保存"按钮，再单击"审核"按钮，如图3-117所示。

（4）执行"销售发货"|"发货单"命令，打开"发货单"窗口，单击"增加"按钮，打开"查询条件选择—参照订单"对话框，单击"取消"按钮，关闭该对话框。

（5）选择业务类型为"分期收款"，单击"生单"按钮，打开"查询条件选择—参照订单"对话框，再单击"确定"按钮，打开"参照生单"窗口，选择"上海鸿运贸易公司"的订单，单击"OK确定"按钮，生成销售发货单；修改发货日期为"2018年9月7日"，输入仓库为"嘉豪服装仓"。单击"保存"按钮，再单击"审核"按钮，如图3-118所示。

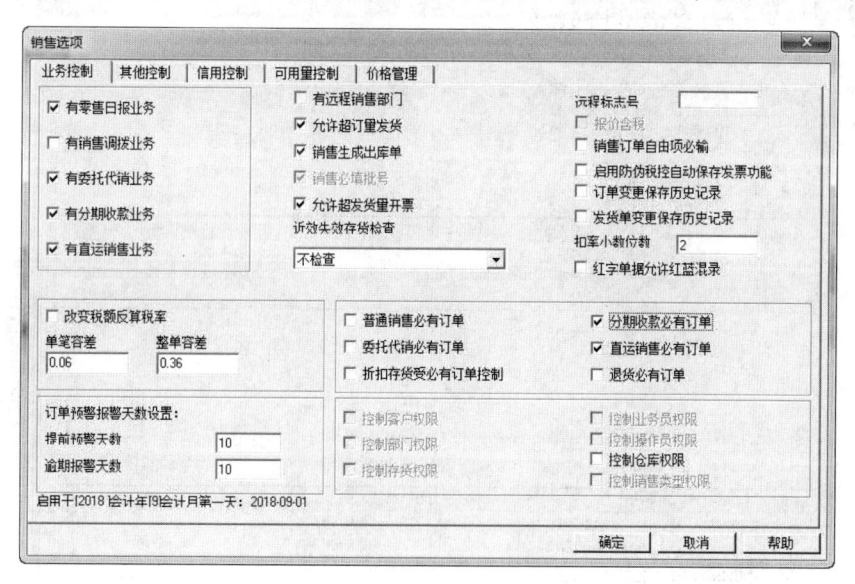

图3-116　选择销售选项

（6）执行"销售开票"|"销售专用发票"命令，打开"销售专用发票"窗口，单击"增加"按钮，打开"查询条件选择—参照发货单"窗口，选择业务类型为"分期收款"，单击"确定"按钮，选择客户为"上海鸿运贸易公司"的发货单，并选中存货，如图3-119所示。

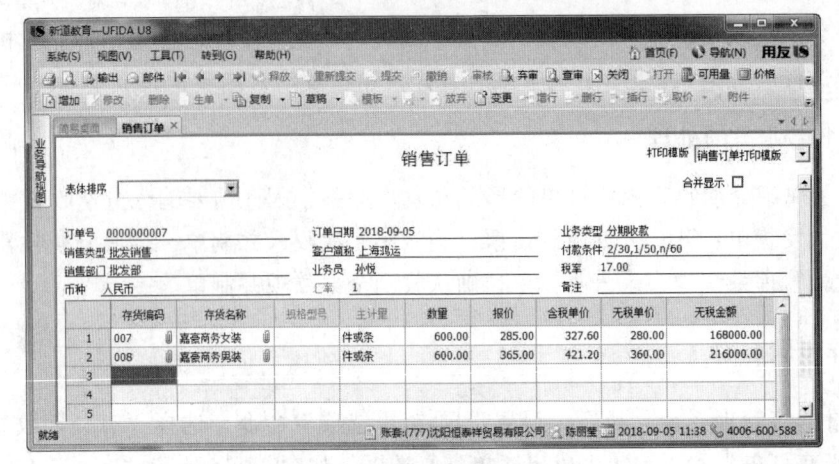

图 3-117　分期收款销售订单

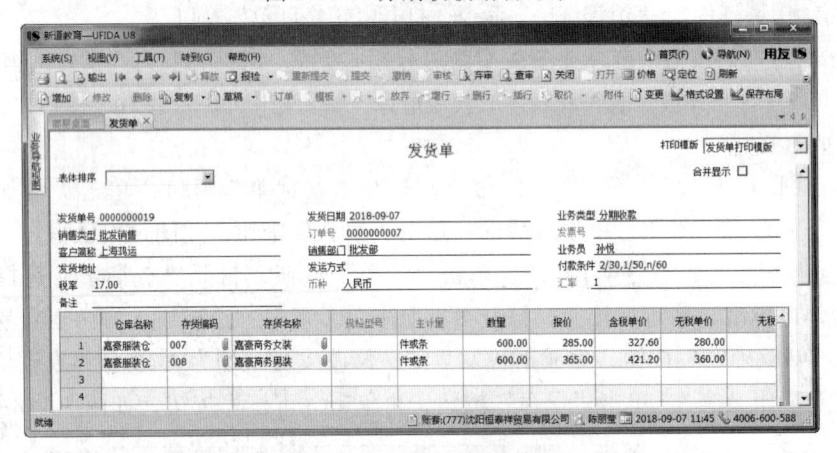

图 3-118　分期收款发货单

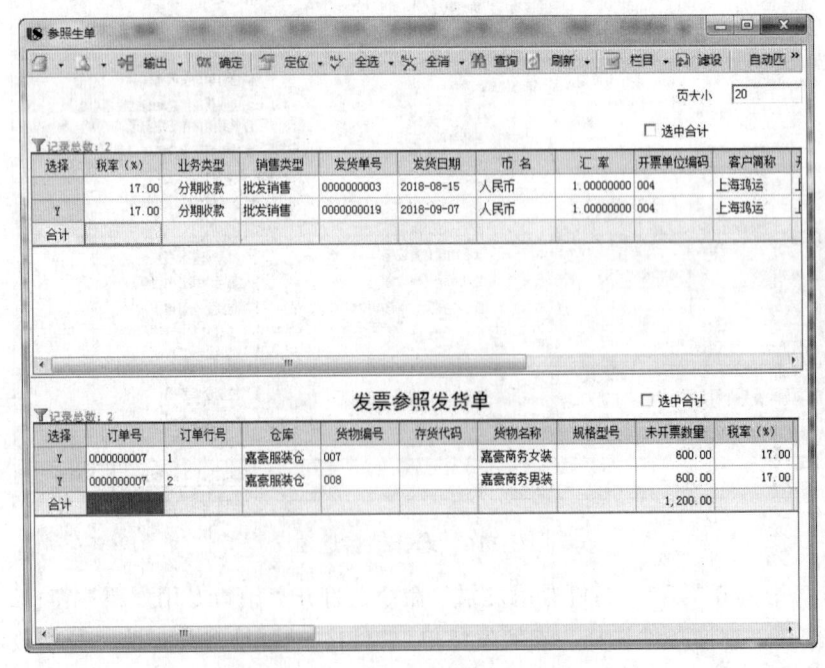

图 3-119　选择分期收款发货单

(7)单击"OK 确定"按钮,生成销售专用发票,修改日期为"2018 年 9 月 7 日",发票号为 ZY002689,修改完毕单击"保存"按钮,再单击"复核"按钮,如图 3-120 所示。

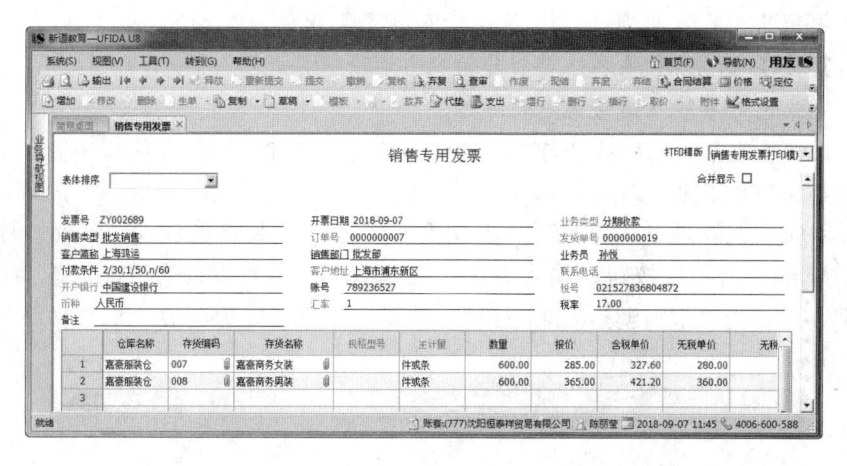

图 3-120 分期收款发票

(8)启动应收款管理系统,执行"应收单据处理"|"应收单据审核"命令,审核分期收款生成的销售专用发票。

(9)执行"制单处理"命令,选择"发票制单",生成分期收款收入的凭证,如图 3-121 所示。

(10)启动库存管理系统,执行"出库业务"|"销售出库单"命令,打开"销售出库单"窗口。

(11)按翻页键找到系统自动生成的"销售出库单",单击"审核"按钮,系统显示审核成功。

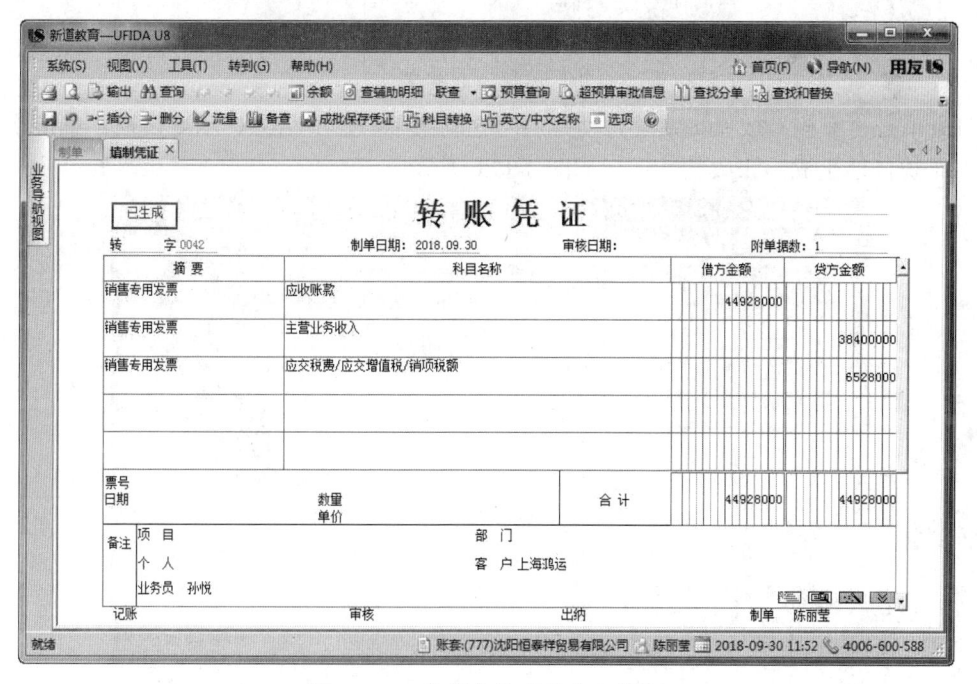

图 3-121 分期收款确认收入凭证

注意：

分期收款销售方式发出商品，开具销售专用发票并确认收入后，应该立即结算销售成本。由于本实验涉及的嘉豪服装采用全月加权平均法核算成本，因此，只能在月末才能结算销售成本。故此例中不涉及销售成本的结转。

分期收款销售业务成本的结转与普通销售业务类似，有关单据需要在存货核算系统中记账后，才能结转销售成本。

(12) 启动应收款管理系统，执行"收款单据处理"|"收款单录入"命令，打开"收款单"窗口，单击"增加"按钮，输入表头、表体信息，结算方式为"电汇"，结算科目为"银行存款"，客户为"上海鸿运贸易公司"，结算金额为 149 760 元。单击"保存"按钮，如图 3-122 所示。

图 3-122 收款单

(13) 单击"审核"按钮，系统自动弹出"立刻制单吗？"信息提示对话框。单击"是"按钮，系统自动生成一张收款凭证，如图 3-123 所示。

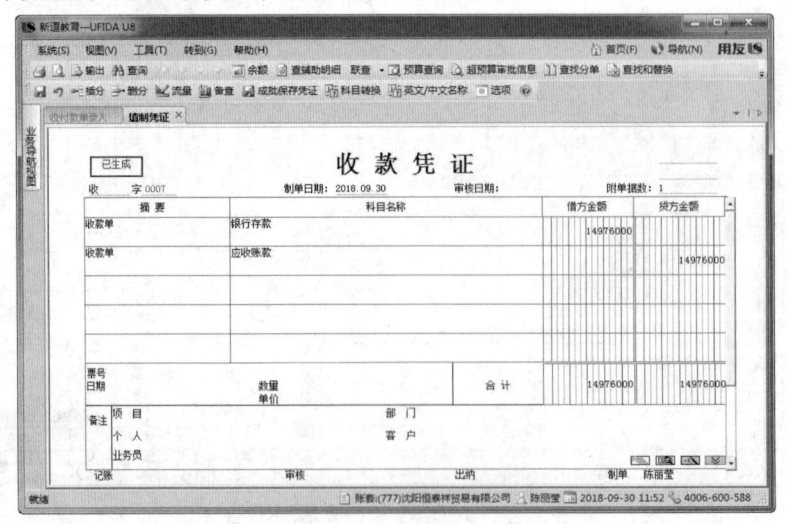

图 3-123 收款凭证

> **注意：**
> - 分期收款销售如果采用多次发货、一次收取货款，则在应收款管理系统中输入收款单后，还需要进行核销处理，即对同一客户的应收单和收款单进行核销，以冲销应收账款。
> - 核销应收单与收款单时可以采用手工核销的方法，也可以采用自动核销的方法。
> - 如果存货采用先进先出法等可以随时结转销售成本核算方法，则每次出库后，应该结转销售成本。

2. 第2笔业务处理

本笔业务属于分期收款业务，本期签订分期收款销售合同，因此需要输入分期收款销售订单，生成分期收款发货单；同时开具分期收款发票并现结，确认第1次收入并制单，生成分期收款销售出库单，并结转销售成本。

操作步骤

(1) 执行"销售订货"|"销售订单"命令，打开"销售订单"窗口。

(2) 单击"增加"按钮，选择业务类型为"分期收款"，销售类型为"批发销售"，日期为"2018年9月25日"，并输入表头和表体的其他信息，输入完毕单击"保存"按钮，再单击"审核"按钮，保存并确认分期收款销售订单。

(3) 执行"销售发货"|"发货单"命令，打开"发货单"窗口，单击"增加"按钮，打开"查询条件"对话框，单击"取消"按钮，关闭该对话框，在表头选择业务类型为"分期收款"，单击"生单"按钮，打开"查询条件选择—参照订单"对话框，再单击"确定"按钮，选择上海鸿运贸易公司的订单，同时选择存货，单击"OK确定"按钮，生成销售发货单，修改发后日期为"2018年9月28日"；输入仓库为"欧丽服装仓"，单击"保存"按钮，再单击"审核"按钮。

(4) 启动库存管理系统，执行"出库业务"|"销售出库单"命令，翻页可以查看到由销售发货审核后自动生产的销售出库单，单击"审核"按钮，系统显示审核成功。

(5) 启动存货管理核算系统，执行"业务核算"|"发出商品记账"命令，打开"查询条件选择"对话框，选择业务类型为"分期收款"，单据类型为"发货单"，如图3-124所示。

(6) 单击"确定"按钮，打开"发出商品记账"窗口，选择欧丽服装仓2018年9月28日的发货单，如图3-125所示，单击"记账"按钮。

(7) 执行"财务核算"|"生成凭证"命令，单击"选择"按钮，打开"查询条件"对话框，选择"分期收款发出商品发货单"，单击"确定"按钮，打开"未生成凭证单据一览表"窗口，选择欧丽服装仓2018年9月28日的发货单，如图3-126所示。

(8) 单击"确定"按钮，修改凭证类别为"转账凭证"，如图3-127所示。

(9) 单击"生成"按钮，生成结转销售成本凭证，单击"保存"按钮，保存该凭证，如图3-128所示。

图 3-124 发出商品核算查询条件的对话框

图 3-125 "发出商品记账"窗口

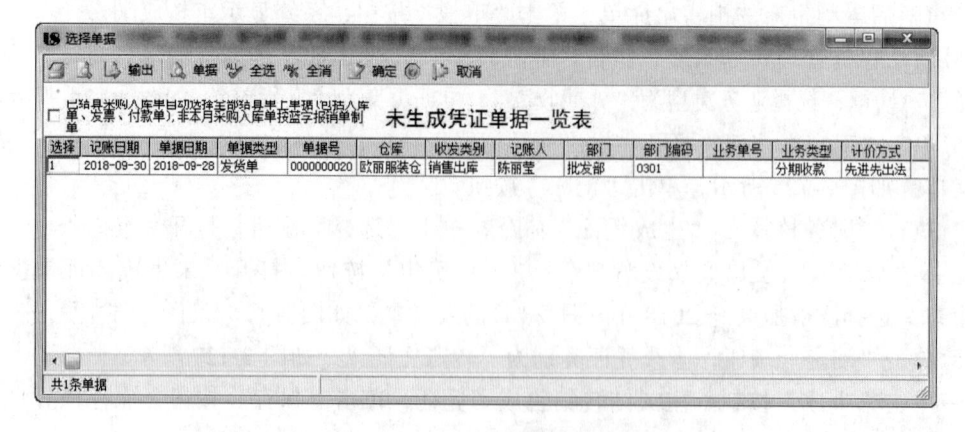

图 3-126 "未生成凭证单据一览表"窗口

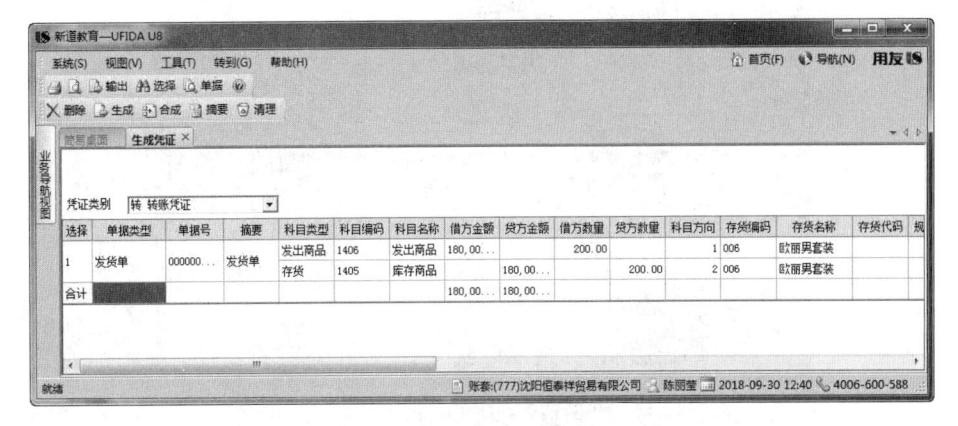

图 3-127 选择凭证类别

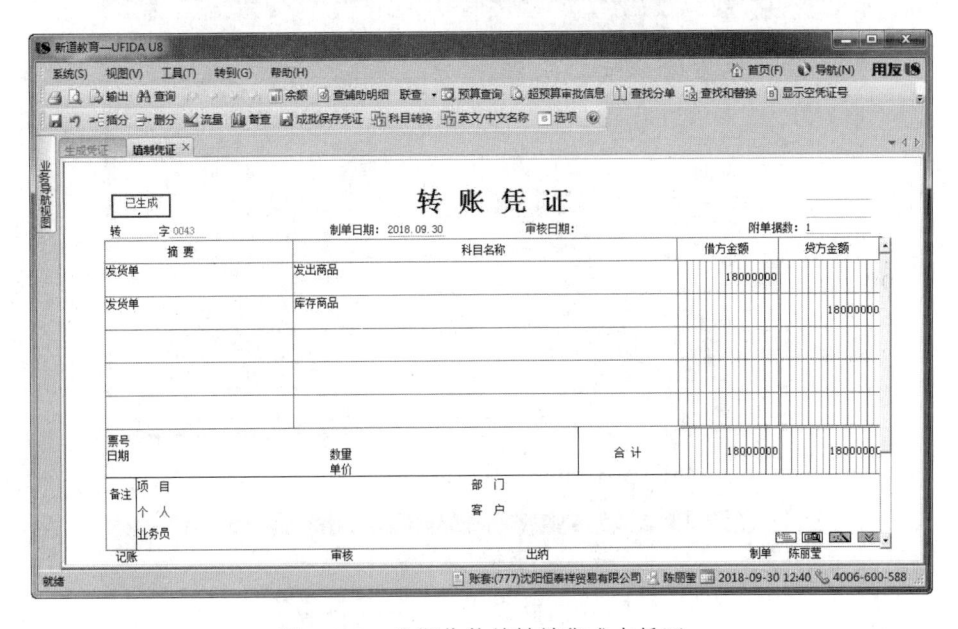

图 3-128 分期收款结转销售成本凭证

(10) 在销售管理系统中,执行"销售开票"|"销售专用发票"命令,打开"销售专用发票"窗口,单击"增加"按钮,打开"查询条件选择—参照发货单"对话框,选择业务类型为"分期收款",单击"确定"按钮,选择客户"上海鸿运贸易公司"2018 年 9 月 28 日的发货单,并选中存货,单击"OK 确定"按钮,生成销售发票,修改日期为"2018 年 9 月 28 日",发票号为 ZY010999。单击"保存"按钮,再单击"现结"按钮,系统显示"现结"窗口,输入结算信息,如图 3-129 所示。

(11) 单击"确定"按钮,再单击"复核"按钮,结果如图 3-130 所示。

(12) 启动收款管理系统,执行"应收单据处理"|"应收单据审核"命令,打开"应收单查询条件"对话框,选中"包含已现结发票"复选框,单击"审核"按钮,审核分期收款生成的专用发票。

(13) 执行"制单处理"命令,选择"现结制单",生成分期收款确认收入,收取款项的凭证,如图 3-131 所示。

第 3 章 销售管理 ▶ 197

图 3-129 分期收款现结

图 3-130 分期收款专用发票

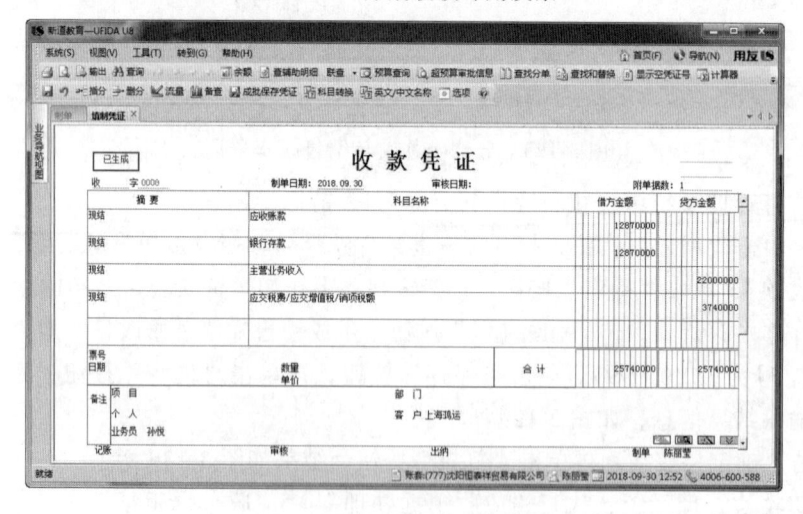

图 3-131 分期收款现结凭证

3. 账套备份

在 E:\"供应链账套备份"文件夹中新建"实验 3.7 分期收款销售业务"文件夹。将账套输出至 E:\"供应链账套备份"\"实验 3.7 分期收款销售业务"文件夹中。

第4章

库 存 管 理

库存管理子系统是 ERP 供应链管理系统的重要组成部分,主要从实物方面对存货的入库、出库和结存情况加以反映和监督,且与其他部门应用系统无缝衔接,如采购、销售、生产、财务等,随时掌握最新库存讯息,有效地避免了库存物品积压或短缺现象,保证生产和销售工作顺利进行。

1. 基本功能

库存管理的主要功能是管好材料存货、半成品和产成品存货,可以避免材料积压或材料短缺,有利于生产计划的制订安排和组织销售。库存管理系统处理各种类型的出入库业务,能够支持辅助计量单位、批次、保质期等业务的管理,并进行库存安全性控制;通过对存货的收、发、存业务的处理,及时动态地掌握库存存货的各种信息;提供各种库存汇总统计、输出账表,进行储备分析,进行保质期和安全库存预警提示,便于企业进行存货控制。

2. 业务概述

存货管理是采购管理和生产管理、销售管理的一个中间环节。采购的完成使存货增加,销售的完成使存货减少,同时供、产、销都要考虑存货的库存,因而存货管理与供、产、销紧密相连,存货管理系统与采购管理系统、销售管理系统集成使用、信息共享,构成"供应链"信息系统。

库存管理是对存货进行物流管理,满足采购入库、销售出库、产成品入库、材料出库、其他出入库、盘点管理等业务需要,提供仓库货位管理、批次管理、保质期管理、出库跟踪入库管理、可用量管理等全面的业务应用。

(1)库存管理与采购管理接口,如图 4-1 所示。

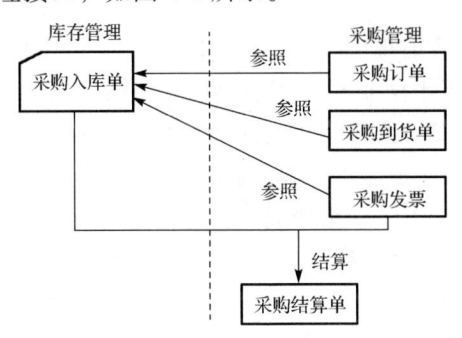

图 4-1 库存管理与采购管理

(2)库存管理与销售管理接口,如图 4-2 所示。

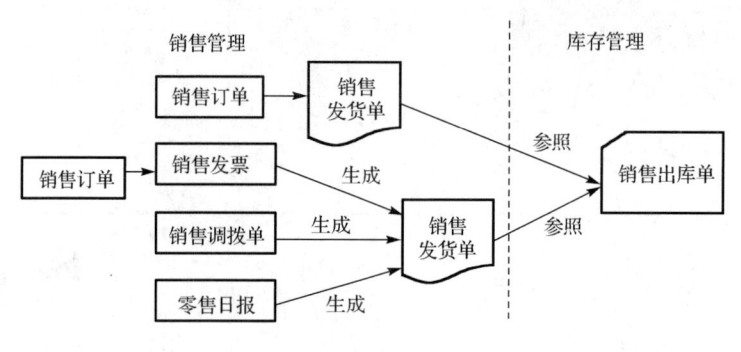

图 4-2　库存管理与销售管理

3. 日常业务处理及流程

1) 入库业务

仓库收到采购或生产的货物，仓库保管员验收货物的数量、质量、规格型号等，确认验收无误后入库，并登记库存账。

(1) 采购入库业务。采购入库是要根据采购到货签收的实收数量填制入库单。对于工业企业，采购入库单一般指采购原材料验收入库时所填制的入库单据；对于商业企业，采购入库单一般指商品进货入库时所填制的入库单据。

采购入库单按进出仓方向分为蓝字采购入库单和红字采购入库单；按业务类型分为普通采购入库单和受托代销入库单(商业)。

采购入库单生成的方式有四种，分别是参照采购订单、采购到货单、检验入库单(与GSP集成使用时)和直接填制。

(2) 产成品入库业务。对于工业企业，产成品入库一般指产成品验收入库时根据实际入库数量所填制的入库单据。产成品一般在入库时无法确定产品的总成本和单位成本，所以在填制产成品入库单时，一般只有数量，没有单价和金额。

产成品入库单是工业企业入库单据的主要部分。只有工业企业才有产成品入库单，商业企业没有此单据。

(3) 其他入库业务。其他入库单是指除采购入库、产成品入库之外的其他入库业务，如调拨、盘点、组装拆卸、形态转换的业务形成的入库单。其他入库单一般由系统根据其他业务单据自动生成，也可手工填制。

2) 出库业务

出库业务是指仓库进行的销售出库、材料出库。出库单据包括以下几种。

(1) 销售出库业务。销售出库是根据销售出库签发的实发数量要填制出库单。销售出库单是销售出库业务的主要凭证，在库存管理用于存货出库数量核算，在存货核算用于存货出库成本核算(如果存货核算销售成本的核算选择依据销售出库单)。

对于工业企业，销售出库单一般指产成品销售出库时所填制的出库单据。

对于商业企业，销售出库单一般指商品销售出库时所填制的出库单。

销售出库单按进出仓方向分为蓝字销售出库单和红字销售出库单；按业务类型分为普通销售出库单、委托代销出库单和分期收款出库单。

(2) 材料出库业务。对于工业企业，材料出库是领用材料时所填制的出库单据，当从仓库中领用材料用于生产时，就需要填制材料出库单。只有工业企业才有材料出库单，商业企业没有此单据。

(3) 其他出库业务。其他出库业务是指除销售出库、材料出库之外的其他出库业务，如调拨出库、盘亏出库、组装拆卸出库、形态转换出库、不合格品记录等业务形成的出库单。其他出库单一般由系统根据其他业务单据自动生成，也可手工填制。

3) 其他业务

(1) 调拨业务。调拨是指用于仓库之间存货的转库业务或部门之间的存货调拨业务的单据。同一张调拨单上，如果转出部门和转入部门不同，则表示部门之间的调拨业务；如果转出部门和转入部门相同，但转出仓库和转入仓库不同，则表示仓库之间的转库业务。调拨单单据处理流程，如图4-3所示。

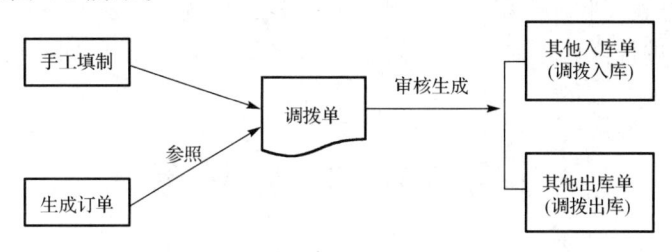

图 4-3　调拨单单据流程

(2) 盘点业务。为了保证企业库存资产的安全和完整，做到账实相符，企业必须对存货进行定期或不定期的清查，查明存货盘盈、盘亏、损毁的数量以及造成的原因，并据以编制存货盘点报告表，按规定程序，报有关部门审批。经有关部门批准后，应进行相应的账务处理，调整存货账的实存数，使存货的账面记录与库存实物核对相符。

盘点时系统提供多种盘点方式，如按仓库盘点、按批次盘点、按类别盘点、对保质期临近多少天的存货进行盘点等，还可以对各仓库或批次中的全部或部分存货进行盘点，盘盈、盘亏的结果自动生成其他出入库单。

盘点时要填写盘点单，它是用来进行仓库存货的实物数量和账面数量核对工作的单据，用户可使用空盘点单进行实盘，然后将实盘数量录入系统，与账面数量进行比较。盘点业务处理流程，如图4-4所示。

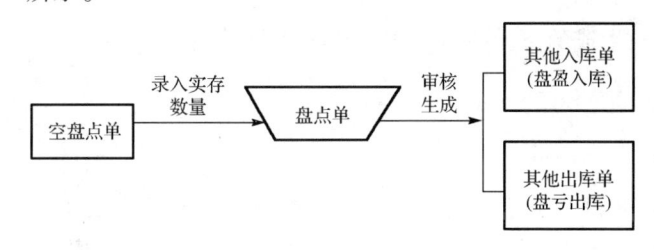

图 4-4　盘点业务流程

(3) 组装拆卸业务。组装是指将多个散件组装成一个配套件的过程，拆卸是指将一个配套件拆卸成多个散件的过程。

配套件是由多个存货组成，但又可以拆开或销售的存货。配套件和散件之间是一对多的关系，在产品结构中设置它们之间的关系。用户在组装、拆卸之前应先进行产品结构定义，否则无法进行组装。

配套件与成套件不同，配套件可以组装、拆卸，而成套件不能进行组装、拆卸。

4．账表查询

1）库存账查询

(1)现存量查询。现存量可查询存货的现存量情况。

(2)流水账查询。出入库流水账可查询任意时间段或任意情况下的存货出入库情况。

(3)库存台账。用于查询各仓库各存货各月份的收发存明细情况。库存台账按存货（或存货+自由项）设置账页，即一个存货一个自由项为一个账页。

2）统计表查询

(1)库存展望。库存展望可查询展望期内存货的预计库存、可用量情况。

(2)收发存汇总表。收发存汇总表反映各仓库各存货各种收发类别的收入、发出及结存情况，它按照仓库进行分页查询，一页显示一个仓库的收发存汇总表，所有仓库的收发存汇总表通过汇总功能查询。

实验 4.1　调 拨 业 务

【实验目的与要求】

通过本实验可以系统学习库存管理调拨业务的主要内容和操作方法，理解调拨业务的内涵，掌握调拨业务的处理流程和处理方法。

【实验准备】

已经完成第 3 章实验 3.7 的操作，或从光盘中引入实验 3.7 的账套备份数据，将系统日期修改为 2018 年 9 月 30 日，以 002 操作员（密码为 2）的身份登录 777 账套的"企业应用平台"。

【实验内容】

- 对库存模块中的调拨单的显示和打印默认模板进行修改，在表体中增加件数。
- 了解调拨业务流程。
- 了解调拨业务生成的下游单据，以及生成单据的时点。
- 账套备份。

【实验资料】

(1)2018 年 9 月 8 日，由于万利达手表仓进行养护维修，将该仓库中的所有万利达女表 455 只和万利达男表 450 只转移到嘉豪服装仓，由仓储部张红林负责。

(2)2018 年 9 月 13 日，由于嘉豪服装仓漏水，将 150 件嘉豪商务女装转移到欧丽服装仓，以方便维修，由仓储部张红林负责。

(3)2018 年 9 月 21 日，万利达手表仓维护完毕，将暂时转入嘉豪服装仓的万利达男表和万利达女表移回万利达手表仓，由仓储部张红林负责。

(4)2018 年 9 月 22 日，将由于嘉豪服装仓维修转入欧丽服装仓的 150 件嘉豪商务女装，转回到嘉豪服装仓，由仓储部张红林负责。

【实验指导】

调拨是指存货在仓库之间或部门之间的变迁的业务。在同一个业务日期，相同的转入仓库并且相同的转出仓库的所有存货可以填列在一张调拨单上来完成调拨业务的账面调动。

1. 第 1 笔调拨业务的处理

以 2018 年 9 月 8 日的业务日期，在库存管理系统中增加一张调拨单，填列转入仓库、转出仓库、调拨存货、存货数量等信息，并保存和审核该调拨单。

操作步骤

(1)在库存管理系统中，执行"调拨业务"|"调拨单"命令，打开"调拨单"窗口。

(2)单击"增加"按钮，进入新添调拨业务操作窗口。输入业务日期、转出仓库、转入仓库、出入库类别、经手人、存货等信息，如图 4-5 所示。

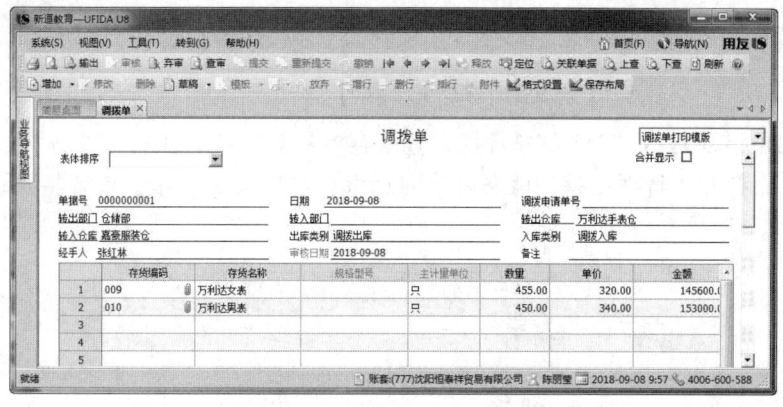

图 4-5 "调拨单"窗口

(3)单击"保存"按钮，并审核该调拨单，最后提示审核成功。

(4)在库存管理系统中，执行"入库业务"|"其他入库单"命令，打开"其他入库单"窗口，按翻页键，查找系统自动生成的入库单，单击"审核"按钮，审核该其他入库单，如图 4-6 所示。

图 4-6 调拨单生成的其他入库单

(5)在库存管理系统中,执行"出库业务"|"其他出库单"命令,打开"其他出库单"窗口,按翻页键,查找系统自动生成的出库单,单击"审核"按钮,审核该其他出库单,如图 4-7 所示。

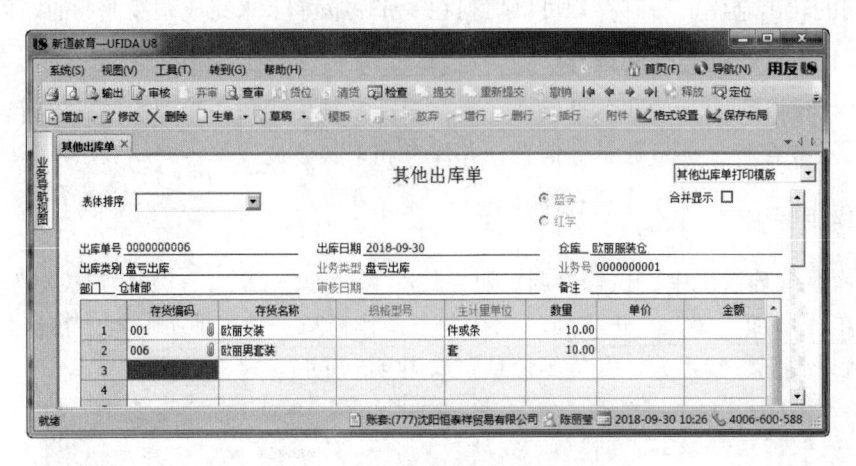

图 4-7 调拨单生成的其他出库单

(6)以 2018 年 9 月 30 日的业务日期,登录存货核算系统,执行"业务核算"|"特殊单据记账"命令,打开"特殊单据记账条件"对话框,如图 4-8 所示,设置特殊单据记账查询条件。

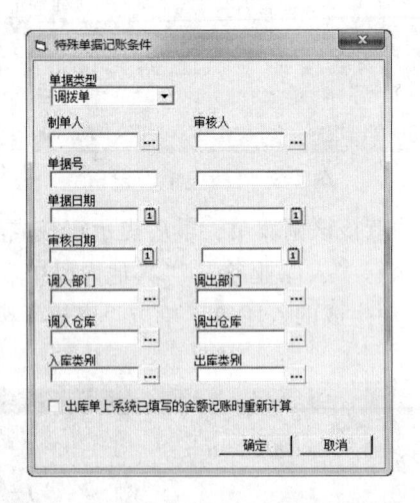

图 4-8 "特殊单据记账条件"对话框

(7)选择单据类型为"调拨单",单击"确定"按钮,系统显示如图 4-9 所示。

图 4-9 特殊单据记账

(8)系统显示有一张调拨单位未记账。如果要对该张调拨单记账,可在表体中单击"选择"列,在其内显示有 Y 的表示选中该单据,再单击"记账"按钮。

> **注意:**
> - 在期初存货核算模块中设置存货按照仓库核算,那么此处转出仓库和转入仓库必须输入。
> - 为了方便账表统计,选择出库类别和入库类别。
> - 审核之后系统自动根据调出或调入,生成其他出库单和对应的其他入库单;并且对应的其他出入库单据处于审核后的状态,不允许弃审和修改。如果调拨单被弃审,那么相应的其他出入库单自动被删除。

2. 第 2 笔调拨业务的处理

以 2018 年 9 月 13 日的业务日期,在库存管理系统中增加一张调拨业务单,填列转入仓库、转出仓库、调拨存货、存货数量等信息,并保存和审核该调拨单。

> **操作步骤**
>
> (1)在库存管理系统中,执行"调拨业务"命令,打开"调拨单"窗口。
> (2)单击"增加"按钮,进入新添调拨业务操作界面。输入业务日期、转出仓库、转入仓库、出入库类别、经手人、存货等信息,如图 4-10 所示。

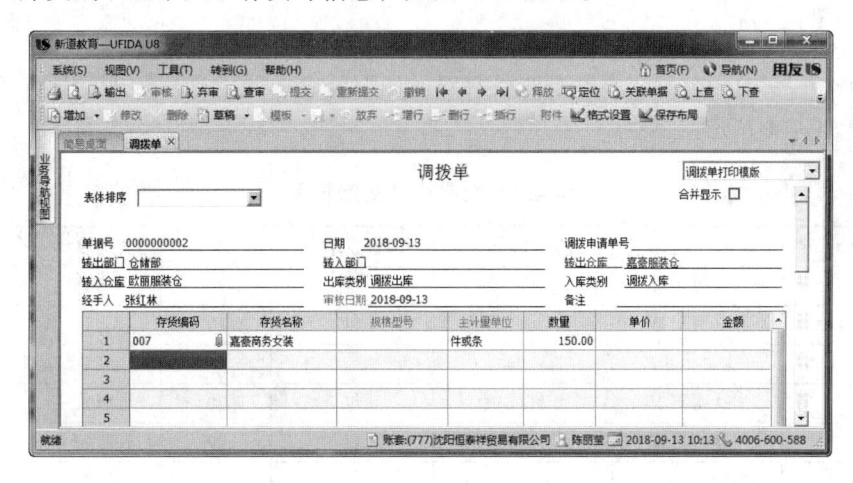

图 4-10 "调拨单"窗口

(3)单击"保存"按钮,再单击"审核"按钮,保存并审核该调拨单。
(4)在库存管理系统中,对调拨单生成的其他出入库单进行审核并记账。

3. 第 3 笔和第 4 笔调拨业务的处理

参照第 1 笔调拨业务的处理。

4. 账套备份

在 E:\"供应链账套备份"文件夹中新建"实验 4.1 调拨业务"文件夹,将账套输出至 E:\"供应链账套备份"\"实验 4.1 调拨业务"文件夹中。

实验 4.2 库存盘点

【实验目的与要求】

通过本实验，可以系统学习库存管理盘点业务的主要内容和操作方法。理解盘点业务的内涵，掌握盘点业务的处理流程和处理方法。

【实验准备】

已经完成第 4 章实验 4.1 的操作，或从光盘中引入实验 4.1 的账套备份数据，将系统日期修改为 2018 年 9 月 30 日，以 002 操作员（密码为 2）的身份登录 777 账套的"企业应用平台"。

【实验内容】

- 在初始设置的单据设计中，对库存模块中的盘点单的显示和打印默认模板进行修改，在表体中增加账面件数、盘点件数和盘亏件数。
- 了解盘点业务流程、盘点单生成的单据和生成单据的时间。
- 账套备份。

【实验资料】

（1）2018 年 9 月 30 日。仓储部张红林对欧丽服装仓中的所有存货进行盘点。仓库中的实际数量，如表 4-1 所示。

表 4-1 仓库中的实际数量

仓库名称	存货名称	主计量单位	辅计量单位	换算率	分类名称	现存数量
欧丽服装仓	欧丽女装	件或条	包	20	服装	70
欧丽服装仓	欧丽女裤	件或条	包	20	服装	85
欧丽服装仓	欧丽女套装	套			服装	25
欧丽服装仓	欧丽男衣	件或条	包	20	服装	978
欧丽服装仓	欧丽男裤	件或条	包	20	服装	1000
欧丽服装仓	欧丽男套装	套			服装	290
欧丽服装仓	嘉豪商务女装	件或条	包	20	服装	0

（2）2018 年 9 月 30 日，仓储部张红林对嘉豪服装仓中的存货嘉豪商务男装进行盘点。该嘉豪商务男装的实际数量为 1280 件。

【实验指导】

盘点是指将仓库中存货的实物数量和账面数量进行核对。根据记录的所有业务得到账面数量，在手工录入仓库中，实际库存数量即盘点数量，系统根据它们之间的差异，通过填制盘点单，判断盘亏或盘盈，再自动生成其他出入库单。

1. 第 1 笔盘点业务的处理

以 2018 年 9 月 30 日为业务日期，登录库存管理系统，添加盘点单，设置盘点的仓库和存货、盘点数量等。

实验流程

(1) 在库存管理系统中填制盘点单。
(2) 在库存管理系统中审核盘点单。
(3) 在库存管理系统中根据盘盈或盘亏，系统自动生成其他出入库单，审核其他出入库单。
(4) 在存货核算系统中对系统生成的其他出入库单进行记账。

操作步骤

(1) 在库存管理系统中，单击"盘点业务"，打开"盘点单"窗口。
(2) 单击"增加"按钮，进入新添盘点业务操作界面。输入业务日期为"2018 年 9 月 30 日"，选择盘点仓库为"欧丽服装仓"，出入库类别为"盘亏出口"和"盘盈入库"，并填写经手人等信息，如图 4-11 所示。

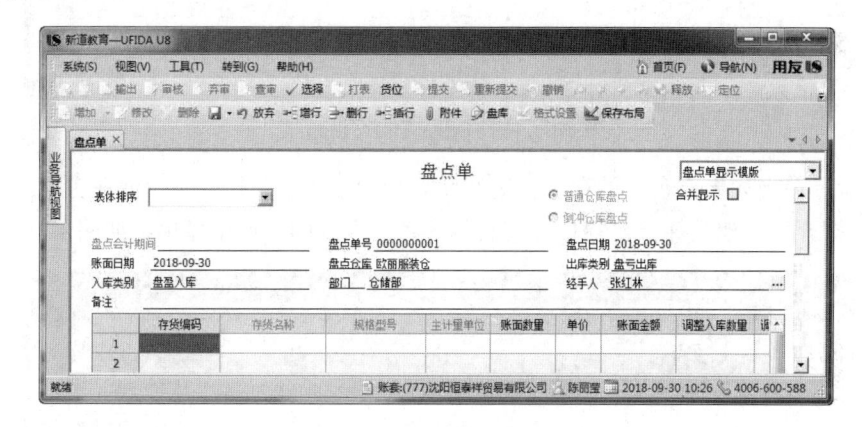

图 4-11　新添盘点业务

(3) 单击"盘库"按钮，系统提示如图 4-12 所示，选择"是"，表示将表体中的内容清空。
(4) 单击"是"按钮，系统自动弹出"盘点处理"对话框，如图 4-13 所示。

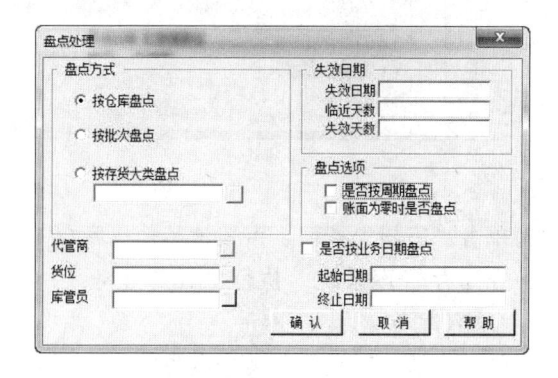

图 4-12　系统提示　　　　图 4-13　"盘点处理"对话框

第 4 章　库存管理　▶　207

(5)在图 4-13 中选择"按仓库盘点"和"账面为零时是否盘点"选项,单击"确定"按钮,系统自动将仓库中的存货和存货在该仓库中的账面数量逐一列出,并按照盘点库存中的实际存货存储数量对应盘点单上相应的存货,逐一填列在"盘点数量"或"盘点件数"栏,盘点数量如表 4-1 所示。单击"保存"按钮,保存该盘点单,并单击"审核"按钮审核该盘点单,如图 4-14 所示。

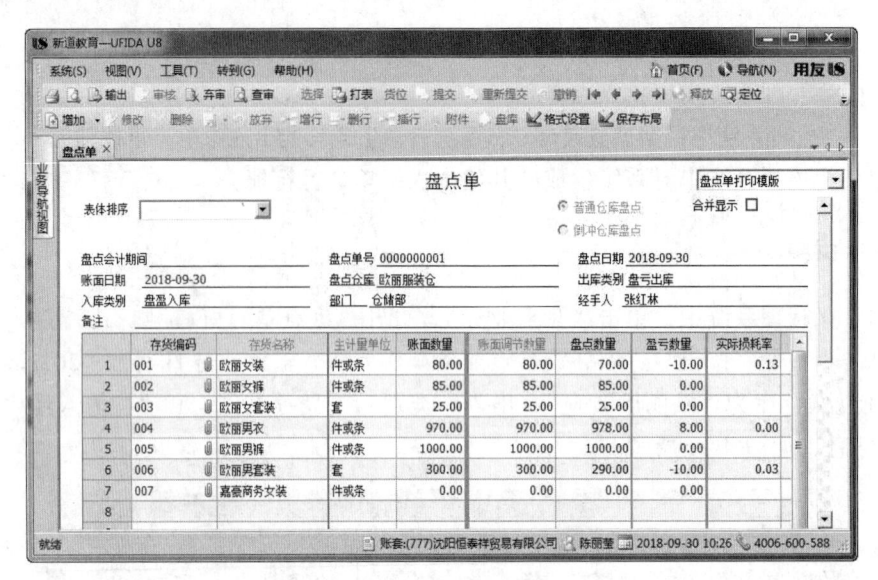

图 4-14 调整后的盘点单

(6)在盘点单上如果有盘亏的存货,则在库存管理系统中,执行"出库业务"|"其他出库单"命令,打开"其他出库单"窗口,翻页打开系统生成的其他出库单,如图 4-15 所示。

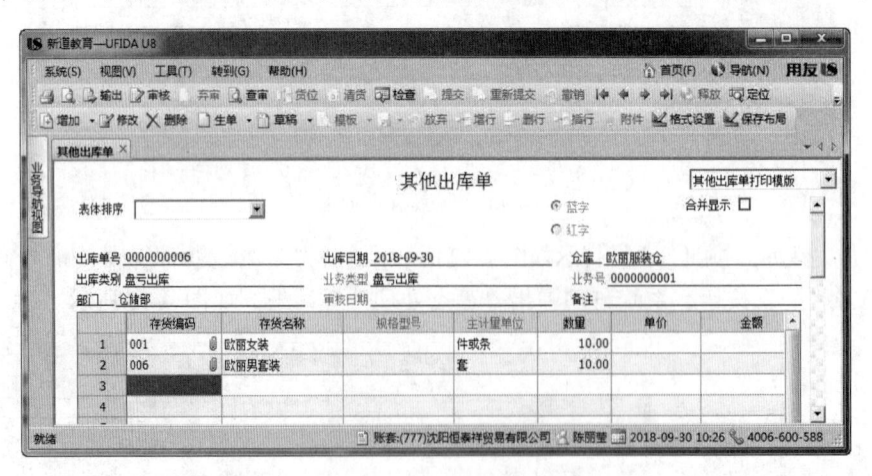

图 4-15 其他出库单

(7)单击"审核"按钮,审核该其他出库单。

(8)在库存管理系统,执行"日常业务"|"其他入库单"命令,单击"审核"按钮,审核该其他入库单。

(9)经过确认,对欧丽服装仓盘盈的 8 包欧丽男衣以单价 400 元入账,以 2018 年 9 月 30 日的业务日期登陆存货核算系统,执行"日常业务"|"其他入库单"命令,翻页打开

系统自动生成的其他入库单之后,单击"修改"按钮,在"单价"栏中输入 400 元,再单击"保存"按钮,如图 4-16 所示。

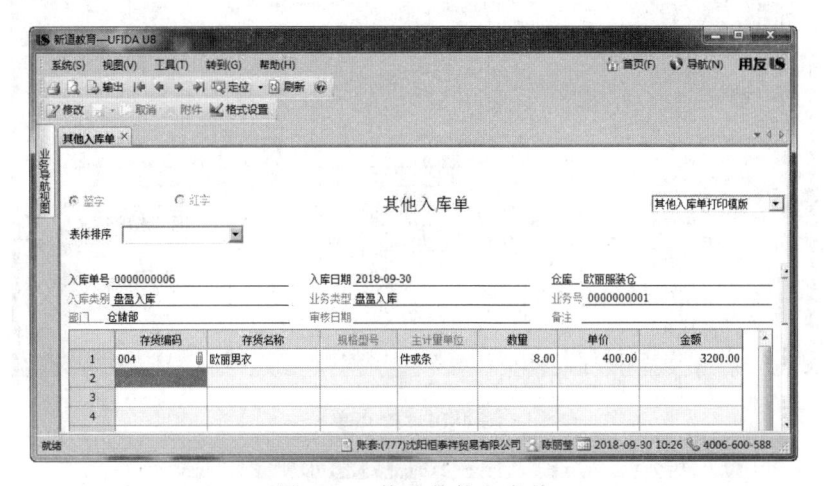

图 4-16 修改其他入库单

> **注意:**
> - 必须先选择仓库才能选择存货。
> - 盘点时在日常业务中允许零出库(即允许账面负结存),只需在盘存时选择"账面为零时是否盘点"项;或者在表体内容中找出是结存的存货记录,先将其删掉,待后期账面为正数时再对其进行盘点。
> - 存货可以设置盘点周期和盘点时间,盘点时可以按照周期进行盘点。

2. 第 2 笔盘点业务的处理

以 2018 年 9 月 30 日为业务日期,登录库存管理系统,填列盘点单,设置盘点的仓库和存货、盘点数量。

操作步骤

(1)在库存管理系统中,执行"盘点业务"命令,打开"盘点单"窗口。

(2)单击"增加"按钮,进入新添加盘点业务操作界面。输入业务日期为"2018 年 9 月 30 日",选择盘点仓库为"嘉豪服装仓",出入库类别分别为"盘亏出库","盘盈入库",并填写经手人信息。在表体中选择存货"嘉豪商务男装",系统自动显示出该存货的账面数量,在"盘点数量"中输入嘉豪服装仓中的实际存储数量1280,如图 4-17 所示。

(3)单击"保存"按钮,再单击"审核"按钮,保存并审核该盘点单。

(4)在库存管理系统,执行"日常业务"|"其他入库单"命令,单击"审核"按钮,审核该其他入库单。

(5)对嘉豪服装仓盘盈的 400 套嘉豪商务男装以单价 250 元入账,以 2018 年 9 月 30 日的业务日期登陆存货核算系统,执行"日常业务"|"其他入库单"命令,翻页打开系统自动生成的其他入库单之后,单击"修改"按钮,在"单价"栏中输入 250 元,再单击"保存"按钮,如图 4-18 所示。

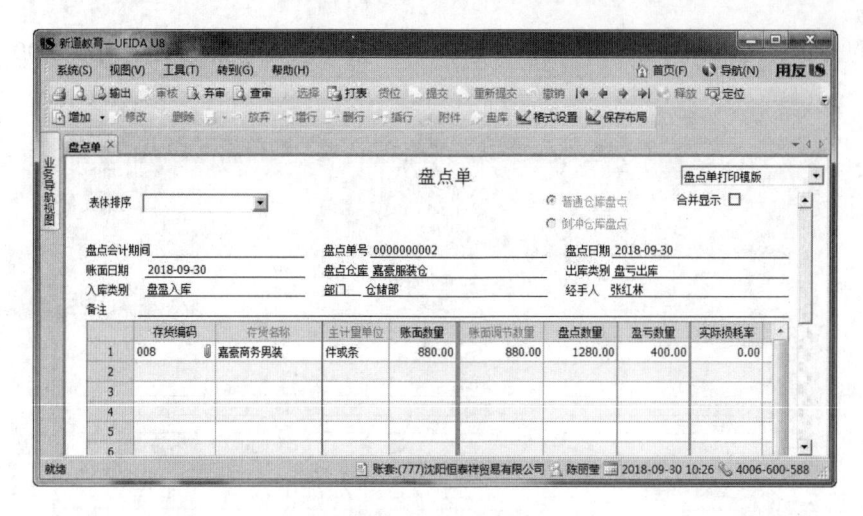

图 4-17 盘点单

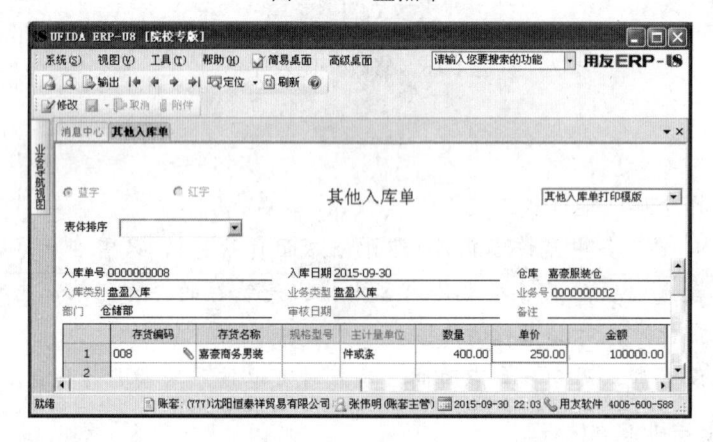

图 4-18 修改其他入库单

3. 账套备份

在 E:\"供应链账套备份"文件夹中新建"实验 4.2 库存盘点"文件夹,将账套输出至 E:\"供应链账套备份"\"实验 4.2 库存盘点"文件夹中。

实验 4.3 其他出入库

【实验目的与要求】

通过本实验,可以系统学习库存管理其他出入库业务的主要内容和操作方法。理解其他出入库业务的内涵,掌握其他出入库业务的处理流程和处理方法。

【实验准备】

已经完成第 4 章实验 4.2 的操作,或者从光盘中引入实验 4.2 的账套备份数据,将系统日期修改为 2018 年 9 月 30 日,以 002 操作员(密码为 2)的身份登录 777 账套的"企业应用平台"。

【实验内容】

- 填制并审核其他出入库单。
- 对其他出入库单进行记账。
- 账套备份。

【实验资料】

(1) 2018 年 9 月 30 日，经查由于仓库养护，造成欧丽服装仓中 50 条欧丽女裤破损，无法使用。

(2) 2018 年 9 月 30 日，经查由于仓储部张红林对仓库中货物的保管不当，造成万利达手表仓中 1 块万利达男表严重损坏，无法使用。

【实验指导】

其他业务是指出入库、盘点、调拨业务之外的业务，主要包括一些特殊情况的处理。

1. 第 1 笔其他业务的处理

以 2018 年 9 月 30 日为业务日期，登陆库存管理系统，添加其他出库单。

操作步骤

(1) 在库存管理系统中，执行"出库业务"|"其他出库单"命令，打开"其他出库单"窗口。

(2) 单击"增加"按钮，进入新添其他出库单操作界面。添加出库日期为"2018 年 9 月 30 日"，仓库为"欧丽服装仓"，出库类别为"其他出库"，存货为"欧丽女裤"，"50 条"等信息。

(3) 单击"保存"按钮，再单击"审核"按钮，保存并审核该其他出库单。

(4) 在存货核算系统中，执行"业务核算"|"正常单据记账"命令，打开"查询条件"窗口，选择"欧丽服装仓"，单据类型为"其他出库单"，收发类别"其他出库"，如图 4-19 所示。

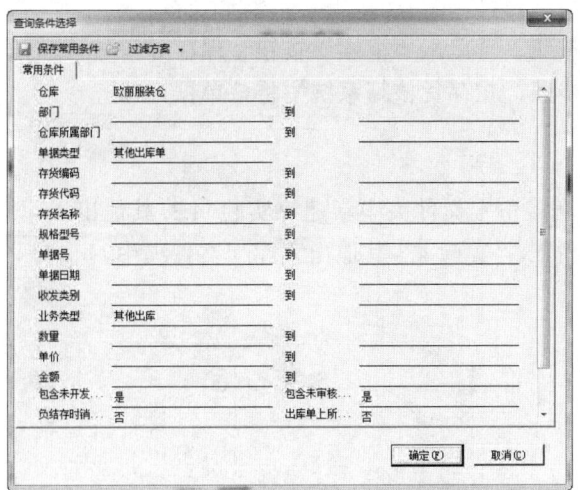

图 4-19 正常单据记账查询

(5) 单击"确定"按钮,打开"正常单据记账列表"窗口,选择该单据,单击"记账"按钮,对该出库单进行记账。

注意:

在处理该类型业务时,为了方便在存货核算系统中生成凭证,建议单独设置收发类别,或者使用"其他出库"以示区别。

2. 第2笔其他业务的处理

以2018年9月30日为业务日期,登录库存管理系统,添加其他出库单。

操作步骤

(1) 在库存管理系统中,执行"出库业务"|"其他出库单"命令,打开"其他出库单"窗口。

(2) 单击"增加"按钮,进入新添其他出库单操作界面。添加出库日期为"2018年9月30日",仓库为"万利达手表仓",出库类别为"其他出库",存货为"万利达男表","1只"等信息,如图4-20所示。

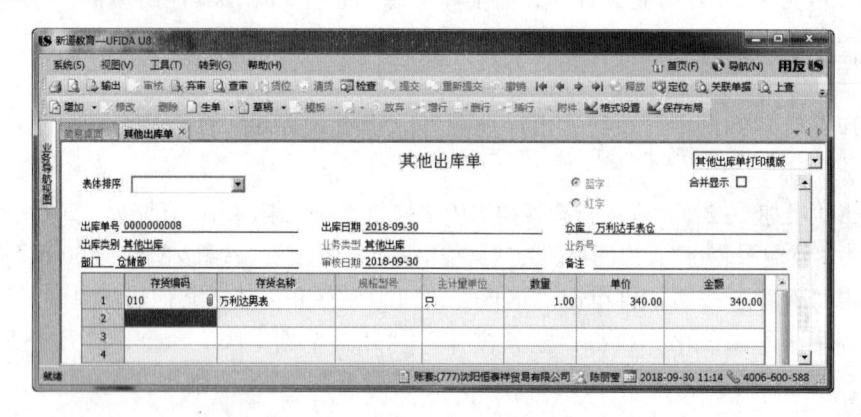

图4-20 其他出库单

(3) 单击"保存"按钮,再单击"审核"按钮,保存并审核该其他出库单。

(4) 同第1笔业务步骤,在存货核算系统中将该单据记账。

3. 账套备份

在E:\"供应链账套备份"文件夹中新建"实验4.3其他出入库"文件夹,将账套输出至E:\"供应链账套备份"\"实验4.3其他出入库"文件夹中。

第 5 章

存 货 核 算

存货核算子系统是 ERP 供应链管理系统的重要组成部分，主要是针对工商企业存货的出入库业务进行核算，掌握存货的耗用情况，及时将各类存货按不同计价方法计算出来的成本归集到各种成本项目和成本对象。

1. 基本功能

存货核算是从资金的角度管理存货的出入库业务，掌握存货耗用情况，及时准确地把各类存货成本归集到各成本项目和成本对象上。存货核算主要用于核算企业的入库成本、出库成本、结余成本，反映和监督存货的收发、领退和保管情况；反映和监督存货资金的占用情况，动态反映存货资金的增减变动、提供存货资金周转和占用分析，以降低库存，减少资金积压。

2. 业务概述

存货核算系统可处理各种类型的出入库业务，提供六种计价方式，满足不同存货管理的需要，可以进行出入库成本调整、提取存货跌价准备、处理各种异常业务；可自动按照所选的存货计价方式计算出库成本并记账；提供按部门、按仓库、按存货等多种口径统计和查询，提供存货资金的占用分析及周转分析，可灵活输出各类报表。

3. 日常业务处理及流程

存货核算系统的业务核算主要是对单据进行出入库成本的计算、结算成本的处理、产成品成本的分配、期末处理。

1) 采购业务成本核算

(1) 普通采购业务。对于工业企业，采购入库单一般指采购原材料验收入库时所填制的入库单据；对于商业企业，一般指商品进货入库时所填制的入库单。无论是工业企业还是商业企业，采购入库单是企业入库单据的主要单据，因此在本系统中，采购入库单是日常业务的主要原始单据之一。采购入库单也是采购成本核算的载体。

系统对采购业务的核算以采购入库单为依据，通过在采购管理系统对采购入库单与采购发票进行结算，确定外购采购存货的成本。

采购业务成本核算包括以下三种情况。

● 货票同行

货票同行，即外购存货与采购发票在同一会计期间内到，用户可以根据采购发票得到采购入库成本。主要有以下几种处理方式。

① 存货核算系统接收从采购管理系统传递过来的已结算的采购入库单，进行单据记账。单据记账完成后，用户可以对其进行制单，凭证传递到总账。

② 系统提供用户恢复记账功能，已制单的情况下，可删除凭证，恢复记账。

③ 核算原则：按实际成本核算，以已结算的采购入库单上存货的入库单价及金额记账；按计划成本核算，存货入库按计划成本入账，如果存货入库单价与计划单价不同，则将两者差异记入差异明细账；按售价法核算，存货入库按售价入账，如果存货入库单价与售价不同，则将两者差价记入差价明细账。

● 暂估业务

所谓存货暂估，是外购入库的货物发票未到，在不知道具体单价时，财务人员期末暂时按估计价格入账，下月用红字予以冲回的业务。

如果采购管理系统采用采购入库单分次结算报销的方式，存货核算系统对采购入库单记账时，未全部结算完的单据，可分解记账，未结算部分按暂估记账。期初采购入库单若已和发票进行结算，则不能再进行暂估记账。主要有以下几种处理方式。

① 系统接收从外系统传来的未结算的采购入库单，进行暂估业务处理。

② 当以实际价核算的入库单没有成本时，系统将根据用户在选项中入库单成本的设置方式进行处理，如果用户选择参照手工输入，系统将不允许记账，用户需要手工输入，则用户可在记账时点右键录入，或通过单据录入处对单据进行修改单价、金额，或在暂估成本录入中进行批量录入；如果用户选择其他方式，如上次入库成本，系统将参照上次入库成本进行记账。

③ 收到采购发票时，进行结算成本处理，系统提供月初回冲、单到回冲、单到补差三种方式进行暂估业务处理。

月初回冲：对于以前月份暂估，本月报销的非受托代销采购业务，当选择月初回冲方式时，处理方法如下。

月初对上月未报销的暂估单自动在明细账中生成红字回冲单，当报销处理时，在明细账中生成蓝字报销单，蓝字报销单的入库金额为已报销金额。

月末时，对本月未报销的暂估入库单，进行期末处理后，自动生成蓝字暂估单，暂估单的金额与未结算金额相同，用户不能修改。自动生成的蓝字暂估单，系统直接记入明细账，用户不能修改，具体处理见表 5-1。

表 5-1 暂估业务处理(月初回冲)

业务类型	业务描述	处理
本月发生货到票未到	采购入库单到，发票未到，存货暂估记账	暂估入库单记账，生成凭证 借：存货科目 　　贷：应付账款—暂估应付款
下月月初回冲	月初按暂估入库金额生成红字回冲单	按暂估入库金额生成红字回冲单制单 借：存货科目　　　(红字) 　　贷：应付账款—暂估应付款　　(红字)
	发票到，与采购入库单全部结算	进行结算成本处理，按结算金额生成蓝字回冲单(报销)制单 借：存货科目 　　贷：材料采购

续表

业务类型	业务描述	处理
下月月初回冲	发票到，与采购入库单部分结算	进行结算成本处理，按已结算金额生成蓝字回冲单（报销）制单 借：存货科目 　　贷：材料采购 按未结算金额生成蓝字回冲单（暂估） 借：存货科目 　　贷：应付账款—暂估应付款 月末结账，下月初，按未结算金额生成红字回冲单

单到回冲：对于以前月份暂估、本月报销的非受托代销采购业务，当选择单到回冲方式时，处理方法如下。

查找明细账中对应的单据记录，依据其生成红字回冲单、蓝字报销单，蓝字报销单的入库金额为已报销金额。

自动生成的红字回冲单和蓝字报销单，系统直接记入明细账，用户不能修改。红字回冲单的金额为原入库单据的暂估金额，方向与原暂估金额相反。蓝字报销单的金额为原入库单据的报销金额，具体处理见表5-2。

表5-2　暂估业务处理（单到回冲）

业务类型	业务描述	处理
本月发生货到票未到	采购入库单到，发票未到，存货暂估记账	暂估入库单记账，生成凭证 借：存货科目 　　贷：应付账款—暂估应付款
下月单到回冲	发票仍未到	无需处理
	发票到，与采购入库单全部结算	进行结算成本处理，按暂估入库金额生成红字回冲单制单 借：存货科目　　（红字） 　　贷：应付账款—暂估应付款　　（红字） 按结算金额蓝字回冲单（报销）制单 借：存货科目 　　贷：材料采购
	发票到，与采购入库单部分结算	结算成本处理时，如果结算单对应的暂估入库单本月未生成红字回冲单，则按结算单对应的暂估入库单生成红字回冲单，按已结算数量、结算单价、结算金额生成已结算的蓝字回冲单（报销），制单同上 期末处理时，按暂估入库数与结算数的差额生成未结算的蓝字回冲单（暂估），制单同上 结算成本处理时，如果结算单对应的暂估入库单本月生成红字回冲单，则按已结算数量、结算单价、结算金额生成已结算的蓝字回冲单（报销），制单同上

单到补差：对于以前月份暂估、本月报销的非受托代销采购业务，当选择单到补差方式时，处理方法如下。

查找对应的单据记录，自动生成调整单，由用户确认记账；如果用户选择取消记账，则生成的调整单不记账，返回未报销处理状态。

生成的调整单中的金额，用户不能修改，只能确认或取消。

如果报销金额与暂估金额的差额为零，则不生成调整单；如果差额不为零，产生调整单，一张采购入库单生成一张调整单，用户确认后，记入明细账，具体处理见表5-3。

表 5-3　暂估业务处理(单到补差)

业务类型	业务描述	处理
本月发生货到票未到	采购入库单到，发票未到，存货暂估记账	暂估入库单记账，生成凭证 借：存货科目 　贷：应付账款—暂估应付款
下月单到补差	采购业务先到货，发票仍未到	无需处理
	发票到，与采购入库单全部结算	结算成本处理，按结算金额与暂估金额差额生成调整单

● 采购在途处理

对于已收到采购发票、外购存货还未到的业务，存货核算系统无需处理。等货到后，与票货同行一样进行业务处理。

以上情况都是基于存货核算系统与采购管理系统同时启用情况下的处理方法。

(2)受托代销业务。受托代销业务是指商业企业接受其他企业的委托为其代销商品的行为。这种业务的程序为：签订合同→委托方发货→售出后反映收入开具清单交委托方→委托方开发票→与委托方结算。

● 受托代销业务

系统提供对受托代销业务的处理，仅限于对商业版存货提供。用户需要在采购管理系统选项中指明有受托代销业务，对于受托代销商品，必须设置商品的"受托代销商品"和"外购"属性，再进行受托代销业务的日常操作。

① 存货核算系统接收受托代销入库单，进行单据记账，进行入库成本核算，记入受托代销商品明细账。

② 存货会计对已记账的受托代销入库单进行入库制单，传递至总账。

③ 当受托代销商品售出后，在应收款管理系统制作反映收入凭证；在存货核算系统制作结转成本的凭证。(在应付款管理系统注销代销商品款)

④ 核算原则：按单据上存货的入库单价及金额记账。当以实际价核算的入库单没有成本时，系统将根据用户在选项中入库单成本的设置方式进行处理，如果用户选择参照手工输入，系统将不允许记账，需要用户手工输入；如果用户选择其他方式，如上次入库成本，系统将参照上次入库成本进行记账。按售价法核算，若存货入库单价与售价不同，则将两者差价，记入差价明细账。

● 受托暂估处理

对于受托代销采购业务，不论是本月暂估还是以前月份暂估的入库单，系统均采用单到补差的方式，处理方法如下：查找对应的单据记录，自动生成调整单，由用户确认记账；如果用户选择取消记账，则生成的调整单不记账，返回未报销处理状态。

2)销售业务成本核算

企业销售业务纷繁复杂，不同的企业有着不同的销售模式，存货核算系统提供对普通销售业务、直运销售业务、分期收款发出商品销售业务、委托代销发出商品销售业务进行成本核算。除普通销售业务外，其余三种业务只能在销售管理系统启用的情况下才允许进行。

(1)普通销售业务核算。销售业务成本核算方式由用户在存货核算系统选项中确定，可以选择销售出库单或选择销售发票进行成本核算。销售管理系统的启用下才可以选择销售发票成本核算，在存货核算系统进行记账。

(2)分期收款发出商品核算。企业若有分期收款业务，则可通过存货核算系统提供的分期收款发出商品业务的成本核算。在使用本系统前应首先录入分期收款发出商品期初余额，系统提供从销售管理系统取期初分期收款发出商品核算的功能，然后在日常业务操作中，存货核算系统接收从销售管理系统传递的分期收款发货单及发票进行记账，核算分期收款发出商品成本。若其计价方式为先进先出、后进先出、移动平均、个别计价法，依据其计价方式在单据记账处进行出库成本计算，记入存货明细账。采用全月平均及计划价/售价法的存货则在期末处理处进行出库成本的计算。

(3)委托代销发出商品核算。本系统提供委托代销业务的两种处理方式：一种是视同普通销售，另一种是按发出商品核算。用户可以在存货核算的系统选项中选择委托代销业务的成本核算方式。如果选择按普通销售核算，则操作流程、核算方法与普通销售相同。如果按发出商品核算，则按发货单+发票记账。以下介绍按发出商品核算的业务处理。

(4)直运销售业务核算。只有销售管理系统启用时，存货核算系统才能对直运销售进行核算。

直运销售业务分为两种模式，一种是只开发票，不开订单，另一种是先有订单再开发票。

只开发票的模式：采购发票和销售发票之间是一对多的关系；销售发票和采购发票之间也是一对多的关系。即一张销售发票对应多张采购发票或一张采购发票对应多张销售发票。

只开订单再开发票的模式：销售订单和销售发票之间是一对多的关系；采购订单和采购发票之间是一对多的关系；销售订单和采购订单之间是一对多的关系(只允许拆单不允许拆记录)。即一张销售订单对应多张销售发票；一张采购订单对应多张采购发票(采购发票参照采购订单生成不允许修改单价)；一张销售订单对应多张采购订单。

3)材料出库及假退料业务

(1)材料出库业务。材料出库单是指工业企业领用材料时所填制的出库单据，是工业企业出库单据的主要部分；在存货核算系统中，提供对材料出库业务的核算。如果与库存管理系统集成使用，材料出库单在库存管理系统中录入，在存货核算系统只能修改其单价、金额。

(2)假退料业务。假退料业务可用于车间已领用的材料，在月末尚未消耗完，下月需要继续耗用，则可不办理退料业务，制作假退料单进行成本核算。

4)产成品入库业务成本核算

产成品入库单是指工业企业生产的产成品、半成品入库时，所填制的入库单据，是本系统工业版中常用的原始单据之一。存货核算系统提供对产成品入库业务进行成本核算的功能。如果与库存管理系统集成使用，产成品入库单不可在本系统中录入。

5)其他业务成本核算

(1)调拨业务。调拨单用于仓库之间存货的转库业务或部门之间的存货调拨业务。同一张调拨单上，如果转出部门和转入部门不同，表示部门之间的调拨业务；如果转出部门和转入部门相同，但转出仓库和转入仓库不同，则表示仓库之间的转库业务。只有在库存管理启用的情况下才有此功能。

(2)组装、拆卸、形态转换业务。存货核算系统对组装、拆卸、形态转换业务提供成本核算。只有在库存管理启用的情况下才有此功能。

组装是指将多个散件组装成一个配套件的过程。组装单相当于两种单据，一种是散件出库单，另一种是配套件入库单。配套件和散件之间是一对多的关系。配套件和散件之间的关系，在产品结构中设置。用户在组装之前应先进行产品结构定义，否则无法进行组装。

拆卸是指将一个配套件拆卸成多个散件的过程。拆卸单相当于两种单据，一种是配套件出库单，另一种是散件入库单。配套件和散件之间是一对多的关系。配套件和散件之间的关系，在产品结构中设置。用户在拆卸之前应先进行产品结构定义，否则无法进行拆卸。

由于自然条件或其他因素的影响，某些存货会由一种形态转换成另一种形态，如煤块由于风吹、雨淋，天长日久变成了煤渣；活鱼由于缺氧变成了死鱼等，从而引起存货规格和成本的变化，因此库管员需根据存货的实际状况填制形态转换单，或叫规格调整单，报请主管部门批准后进行调账处理。

(3) 盘点业务。存货盘盈、盘亏和毁损，在查明原因、分清责任、按规定程序报经有关部门批准后，应进行相应的账务处理，调整存货账的实存数，使存货的账面记录与库存实物核对相符。

存货盘点报告表，是证明企业存货盘盈、盘亏和毁损，据以调整存货实存数的书面凭证，经企业领导批准后，即可作为原始凭证入账。但是，存货的盘盈、盘亏和毁损必须在按规定程序报经有关部门批准后才能进行处理。未批准前，只能先到账，即根据存货盘点报告表所列盈亏数，先结转"待处理财产损溢"；批准后，再根据盈亏的不同原因和不同处理结果，作进一步的账务处理。

(4) 调整业务。

① 入库调整单。入库调整单是对存货的入库成本进行调整的单据，它只调整存货的金额，不调整存货的数量；它用来调整当月的入库金额，并相应调整存货的结存金额；可针对单据进行调整，也可针对存货进行调整。

② 出库调整单。出库调整单是对存货的出库成本进行调整的单据，它只调整存货的金额，不调整存货的数量；它用来调整当月的出库金额，并相应调整存货的结存金额；只能针对存货进行调整，不能针对单据进行调整。

(5) 其他入库业务。在本系统中，此功能用于输入其他形式的正常入库及红字退出的单据。与库存管理系统集成使用，其他入库单由库存管理系统输入，本系统不能增加单据，只能修改单价和金额。其他入库单的单据来源有：手工录入，由调拨单、盘点单、组装单、拆卸单、形态转换单生成，对于生成的单据，本系统提供查看、记账、制单功能。

(6) 其他出库业务。其他出库单是指除销售出库、材料出库等形式以外的存货的其他出库形式所填制的出库单据。如盘盈出库、调拨出库等。在本系统中，此功能用于输入其他形式的正常出库及红字退库的单据。其他出库单的单据来源有：手工录入，由调拨单、盘点单、组装单、拆卸单、形态转换单生成，对于生成的单据，本系统提供查看、记账、制单功能。在库存启用的情况下，其他出库单只能由库存录入。

4. 业务核算

1) 单据记账

单据记账用于将用户所输入的单据登记存货明细账、差异明细账/差价明细账、受托代销商品明细账、受托代销商品差价账。

先进先出、移动平均、个别计价这三种计价方式的存货在单据记账时进行出库成本核算；全月平均、计划价/售价法计价的存货在期末处理处进行出库成本核算。

2）发出商品记账

（1）分期收款发出商品记账。

只有销售管理系统启用时，存货核算系统才能对分期收款发出商品业务进行核算。

（2）委托代销商品记账。

本系统提供委托代销业务的两种处理方式，一种是视同普通销售，另一种按发出商品核算。用户若在存货核算的系统选项中选择按普通销售核算，则在正常单据记账中进行成本核算；若选择按发出商品核算，在此进行单据记账，进行成本核算。

3）直运销售记账

本功能对直运销售业务进行核算。只有销售管理系统启用时，存货才能对直运销售进行核算。

直运业务采购发票记账，增加直运商品；直运业务销售发票记账，则减少直运商品，并结转销售成本。

4）特殊单据记账

特殊单据记账时会将记录写入到存货明细账和存货总账，并回写其他出入库单据上。调拨单可按特殊单据记账也可按正常单据记账，全月平均、计划价/售价核算的存货，按特殊单据记账时，调拨单生成的其他出入库单按存货上月的平均单价或差异率计算成本；按正常单据记账时，调拨单生成的其他出入库单按存货当月的平均单价或差异率计算成本（需要先对调拨出库单记账，并对调拨出库的仓库进行期末处理，然后再对调拨入库单记账）。

按特殊单据记账与按正常单据记账的区别在于前者对调拨单记账，后者对调拨单生成其他出入库单记账。

如果调拨单在【特殊单据记账】功能处已记账，则由其生成的其他出入库单在【正常单据记账】不允许再记账了。

5）恢复记账

记账后，用户也可利用恢复记账功能将用户已登记明细账的单据恢复到未记账状态。

5. 财务核算

生成凭证用于对本会计月已记账单据生成凭证，并可对已生成的所有凭证进行查询显示；所生成的凭证可在账务系统中显示及生成科目总账。

6. 存货跌价准备

企业的存货应当在会计期末时，按照账面成本与可变现净值孰低法的原则进行计量，对于可变现净值低于存货账面成本的差额，计提存货跌价准备。对于存货跌价准备，企业应设置存货跌价准备账户核算企业提取的存货跌价准备。存货可变现净值低于成本的差额，借记资产减值损失账户，贷记存货跌价准备账户。如果计提跌价准备后的存货的价值又得以恢复，应按恢复增加的数额（其增加数应以补足以前入账的减少数为限），借记存货跌价准备账户，贷记资产减值损失账户。

7. 账表查询

在存货核算系统中查询单据、查询单据列表及查询各种账表时，系统要按仓库、存货、部门、操作员进行权限检查。在查询的结果中只能显示该操作员有权限的仓库、存货、部门、操作员数据，操作员没有权限的数据不能显示出来。

1) 单据列表查询

在存货核算系统中查询单据列表时，系统要按仓库、存货、部门、操作员进行权限检查。在查询的结果中只能显示该操作员有权限的仓库、存货、部门、操作员数据，操作员没有权限的数据系统将不予显示。

(1) 采购入库单列表。用来列示用户输入的所有采购入库单据；可在此进行增加单据、修改单据、删除单据等操作。

(2) 产成品入库单列表。用来列示用户输入的本会计月所有产成品入库单据；可在此进行增加单据、修改单据、删除单据等操作。

(3) 其他入库单列表。用来列示用户输入的本会计月所有其他入库单据；可在此进行增加单据、修改单据、删除单据等操作。

(4) 销售出库单列表。用来列示用户输入的本会计月所有销售出库单据；可在此进行增加单据、修改单据、删除单据等操作。

(5) 材料出库单列表。用来列示用户输入的本会计月所有材料出库单据；可在此进行增加单据、修改单据、删除单据等操作。

2) 账簿查询

(1) 明细账。

本功能用于查询本会计年度各月份已记账的各存货的明细账。只能查询末级存货的某段时间的收发存信息。明细账是按末级存货设置的，用来反映存货的某段时间的收发存的数量和金额的变化，并可用于查询按计划价/售价核算的已记账存货本会计年度各月份的差异/差价账，且可以查询差异/差价的汇总数据。

由于系统提供三种存货核算方式，即按仓库、按部门、按存货核算。它们分别对明细账有着不同的影响。

① 按仓库核算：查询条件中的仓库必须输入，系统显示每一仓库每一存货的明细账，系统将该仓库每一存货期初余额作为该存货的期初余额，该仓库每一存货的出入库单据进行排序显示明细账。

按仓库核算时，可分别查询直运业务的存货明细账和非直运业务的存货明细账。

② 按部门核算：查询条件中的部门必须输入，系统显示每一部门下每一存货的明细账，系统将该部门每一存货期初余额作为该存货的期初余额，该部门每一存货的出入库单据进行排序显示明细账。

按部门核算时，可分别查询直运业务的存货明细账和非直运业务的存货明细账。

③ 按存货核算：系统显示每一存货的明细账时，系统将该存货所有仓库的期初余额加起来作为该存货的期初余额，该存货所有仓库的出入库单据进行排序显示明细账。

按存货核算时，可分别查询直运业务的存货明细账和非直运业务的存货明细账，也可查询全部的存货明细账。

(2)总账。

本功能用于输出存货的总分类账,本账簿以借贷余的形式反映各存货的各月份的收发余金额。既可按存货分类进行查询,也可按存货进行查询。

由于系统提供三种存货核算方式,即按仓库、按部门、按存货核算。它们分别对总账有着不同的影响。

① 按仓库核算:查询条件中的仓库必须输入,显示每一仓库每一存货的总账时,系统将该仓库每一存货的期初余额加起来作为该存货的期初余额,该仓库每一存货的出入库单据进行汇总作为总账的发生额。

按仓库核算时,可分别查询直运业务的存货总账和非直运业务的存货总账。

② 按部门核算:查询条件中的部门必须输入,显示每一部门每一存货的总账时,系统将该部门每一存货的期初余额加起来作为该存货的期初余额,该部门每一存货的出入库单据进行汇总作为总账的发生额。

按部门核算时,可分别查询直运业务的存货总账和非直运业务的存货总账。

③ 按存货核算:显示每一存货的总账时,系统将该存货所有仓库的期初余额加起来作为该存货的期初余额,该存货所有仓库的出入库单据进行汇总作为总账的发生额。如果输入仓库则只显示某一仓库的数据。

按存货核算时,可分别查询直运业务的存货总账和非直运业务的存货总账,也可查询全部的存货总账。

3)汇总表查询

(1)入库汇总表。入库汇总表用于对某期间的入库存货进行统计汇总,提供已记账、未记账、全部单据的汇总数据。提供按不同口径统计汇总。

(2)出库汇总表。出库汇总表用来对某期间的出库存货进行统计,可以根据各种条件进行组合查询分析。

提供已记账、未记账、全部单据的汇总数据。

(3)收发存汇总表。收发存汇总表用于对某期间已记账存货的收发存数量金额进行统计汇总,该表的横向反映是存货的收发类别。

4)分析表查询

(1)存货周转率分析。存货周转率是衡量和评价企业管理状况的综合性指标,本系统为用户提供某一种存货、某一类存货或全部存货的存货周转率分析。

(2)库存资金占用规划。本系统按用户的初始设置提供库存资金的不同占用规划,包括按仓库、按存货分类、按存货、按仓库和存货分类、按仓库和存货、按存货分类和存货。

(3)库存资金占用分析。分析实际库存资金的占用额与计划额之间的差额。

(4)入库成本分析。统计分析不同期间或不同入库类别的存货的平均入库成本。

实验 5.1 存货价格及结算成本处理

【实验目的与要求】

通过本实验,系统学习存货核算中存货价格及结算成本处理的主要内容和操作方法。理解存货价格及结算成本处理的内涵，掌握存货价格及结算成本处理的处理流程和处理方法。

【实验准备】

已经完成第4章实验4.3的操作，或者从光盘中引入实验4.3账套备份数据，将系统日期修改为2018年9月30日，以002操作员（密码为2）的身份登录777账套的"企业应用平台"。

【实验内容】

- 了解暂估入库单价格的检查方法和暂估价的几种录入方法。
- 了解仓库中存货价格调解方法或者单据中存货价格调整方法。
- 了解暂估处理流程和方法。
- 账套备份。

【实验资料】

(1) 2018年9月30日，检查是否有入库单上存货无价格，并给这些单据录入价格。

(2) 2018年9月30日，经检查欧丽服装仓中欧丽女装存货价格偏低，经过调研和批准，将其由300元调整为310元。由于该存货在该仓库中存储数量为80条，即将总金额从现在的24 000元调整为24 800元。

(3) 2018年9月30日，检查本期进行采购结算，需要结算成本暂估处理的单据，并对其进行暂估处理。

【实验指导】

检查所有采购入库单或部分其他入库单上存货是否有价格；对于录入的暂估价格是否更真实，可以在存货核算模块的暂估成本录入窗口中完成，并且系统还提供上次出入库成本、售价成本、参考成本、结算成本作为暂估成本的录入参照。

对于账面上存货的成本，如果价格、价值错误或远远偏离市值，系统使用出入库调整单进行调整。

对于前期暂估采购入库单本期进行采购结算，即已经记账的暂估采购入库单进行采购结算，需要对结算的单据或结算的存货进行结算成本处理，以至于对暂估部分按照系统设置的暂估方式进行处理。

1. 第1笔业务的处理

以2018年9月30日为业务日期，在存货核算系统打开采购入库单列表和其他入库单列表，检查有没有单价的记录。建议采用打开暂估成本录入，在查询条件下显示单据即为暂估单据，并可对其成本进行修改。

操作步骤

(1) 在存货核算系统中，执行"业务核算"|"暂估成本录入"命令，打开"查询条件选择"窗口，设置暂估成本录入查询条件，如图5-1所示。

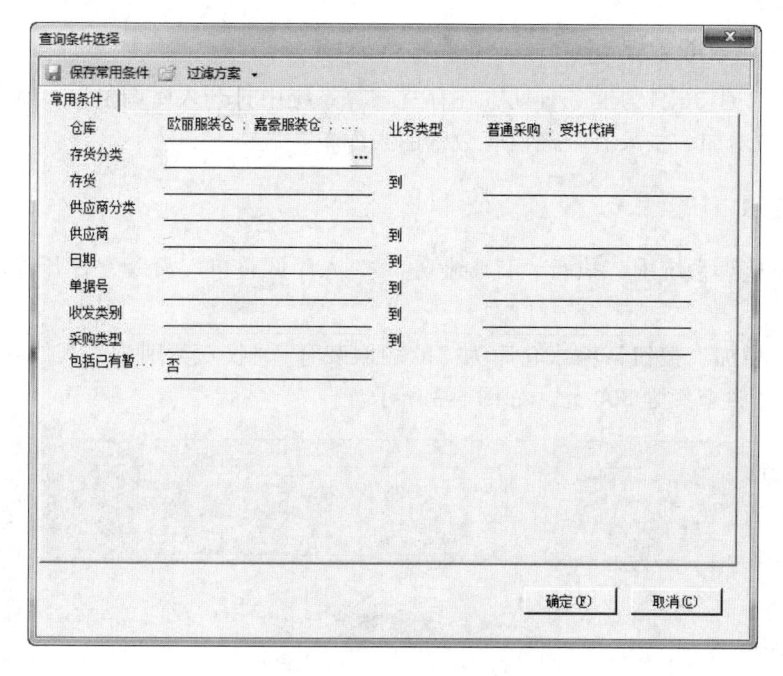

图 5-1 采购入库单录入查询

(2)选择仓库，其他查询条件如果不输入，默认为所选仓库的所有单据。单击"确定"按钮，系统显示如图 5-2 所示。

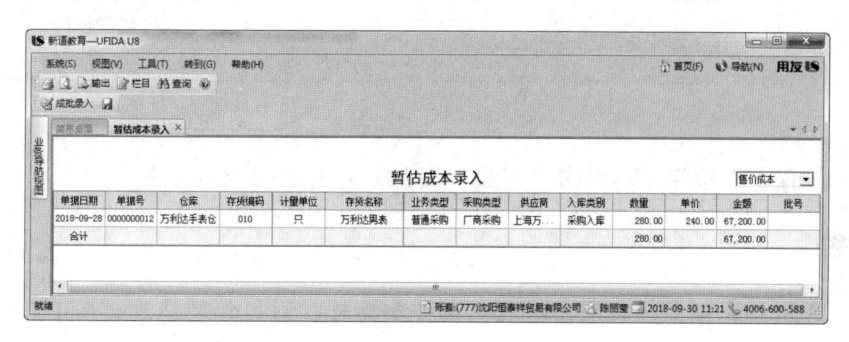

图 5-2 暂估成本成批录入

(3)如果需要修改单价和金额可以直接在表体中进行修改，也可以通过图 5-2 右上角进行选择：售价成本、参考成本、上次入库成本、上次出库成本或结存成本，再单击"成批录入"按钮，系统进行自动录入。

(4)单击"保存"按钮，即保存设置的单价。

注意：

- 在进行暂估成本录入单据查询时，如果企业这类单据数量特别大，建议设置查询条件，分批进行录入，以免造成错误，便于提高效率。
- 对于有暂估价的单据也可以在此修改。
- 也可以通过执行"日常业务"|"采购入库单"命令修改金额。
- 将所有没有价格的采购入库单录入价格。

第 5 章 存货核算 ▶ 223

2. 第 2 笔业务的处理

以 2018 年 9 月 30 日为业务日期，在存货核算系统中打开入库调整单，调整存货的总价值，即在系统中增加一张只有金额没有数量的入库单。

操作步骤

(1) 在存货核算系统中，执行"日常业务"|"入库调整单"命令，打开"入库调整单"窗口。

(2) 单击"增加"按钮，输入仓库为"欧丽服装仓"，收发类别为"其他入库"，存货为"欧丽女装"，调整金额为 800 元，如图 5-3 所示。

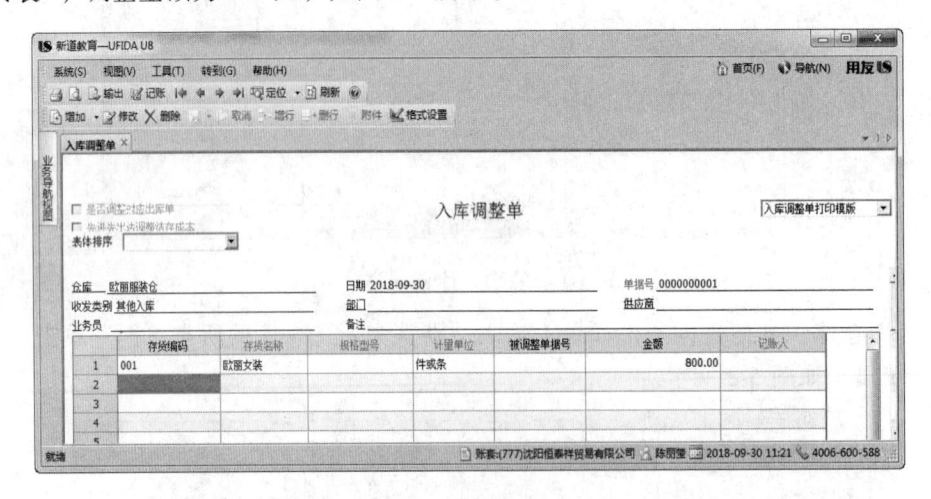

图 5-3　入库调整单

(3) 单击"保存"按钮，再单击"记账"按钮，使增加的金额入账。

注意：

- 在入库调整金额中，如果不输入被调整单据号，则视作调整该仓库下的所有存货，金额记入仓库下存货的总金额。
- 如果是要调整某一张采购入库单，先记入该采购入库单的单据号，并填列到入库调整单的"被调整单据号"中，此时"金额"栏的金额对应入库单上该存货的金额。
- 要调整采购入库单，该采购入库单必须是在采购管理系统中做了采购结算的采购入库单。

3. 第 3 笔业务的处理

以 2018 年 9 月 30 日的业务时间登陆存货核算系统，按照系统设置的暂估处理方法处理所有的暂估单据。

实验流程

(1) 在存货核算系统中，打开业务核算中的结算成本处理。

(2) 在存货核算系统中，对所有暂估单据进行暂估处理。

> **操作步骤**

(1) 以 2018 年 9 月 30 日为业务日期，登录存货核算系统，执行"业务核算"|"结算成本处理"命令，系统自动弹出"暂估处理查询"对话框，可以选择所有的仓库，其他条件为空，即默认所有，如图 5-4 所示。

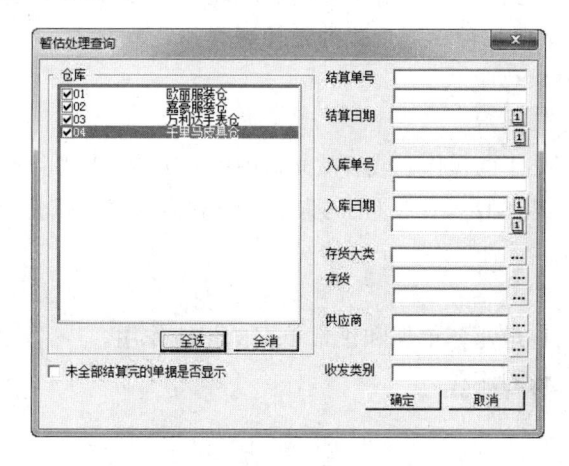

图 5-4 "暂估处理查询"对话框

(2) 单击"确定"按钮，系统显示如图 5-5 所示。

图 5-5 暂估结算表

(3) 单击单据体中需要进行暂估处理的单据，再单击"暂估"按钮。

> **注意：**
> - 暂估结算表中显示的单据是前期或本期已经记账，且记账之后在进行采购结算的单据。
> - 此处暂估结算是为了系统按照存货期初设置的暂估处理方式进行暂估处理。

4. 账套备份

在 E:\"供应链账套备份"文件夹中新建"实验 5.1 存货价格及结算成本处理"文件夹，将账套输出至 E:\"供应链账套备份"\"实验 5.1 存货价格及结算成本处理"文件夹中。

实验 5.2　单 据 记 账

【实验目的与要求】

通过本实验，系统学习存货核算中单据记账处理的主要内容和操作方法。理解不同业务存货单据记账的内涵，掌握各种单据记账的处理流程和处理方法。

【实验准备】

已经完成第 5 章实验 5.1 的操作，或者从光盘中引入实验 5.1 账套备份数据，将系统日期修改为 2018 年 9 月 30 日，以 002 操作员(密码为 2)的身份登录 777 账套的"企业应用平台"。

【实验内容】

- 了解特殊单据、直运业务单据和正常单据的记账作用。
- 了解各种单据记账的流程。
- 账套备份。

【实验资料】

2018 年 9 月 30 日，进行正常单据记账，将所有的正常业务单据进行记账。

【实验指导】

单据记账是登记存货明细账、差异明细账/差价明细账、受托代销明细账和受托代销商品差价账，同时是对全月平均法的其他几种存货计价方法，对存货进行出库成本的计算。

特殊单据记账是针对调拨单、形态转换、组装单据，它的特殊性在于这类单据都是出入库单据对应的，并且其入库的成本数据来源于该存货原仓库按照存货计价方法计算出出库成本。

(1)以 2018 年 9 月 30 日的业务日期，登录存货核算系统，执行"业务核算"|"正常单据记账"命令，打开"查询条件选择"窗口，选择所有的仓库和所有的单据类型，"包含未审核单据"选择"是"，则系统显示如图 5-6 所示。

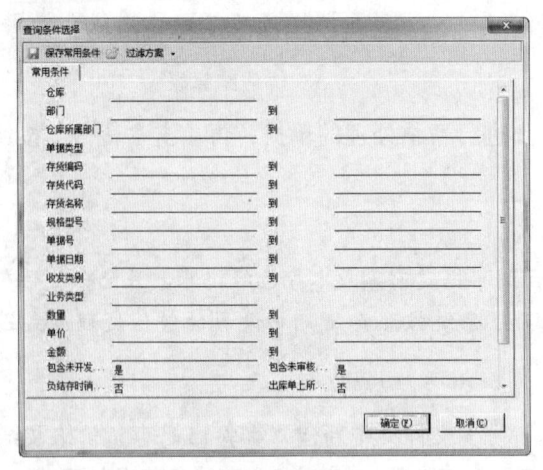

图 5-6　"查询条件选择"对话框

(2)单击"确定"按钮,系统显示如图 5-7 所示。

图 5-7 正常单据记账窗口

(3)单击"全选"按钮,再单击"记账"按钮。

注意:

- 记账时如果需要单据量特别大,可以分仓库、分收发类别分开记账。
- 记账前先检查所有入库单,即采购入库单和其他入库单是否有单价。
- 在进行单据记账时,注意各单据颜色,以分辨该单据是否能进行记账操作。

3. 账套备份

在 E:\"供应链账套备份"文件夹中新建"实验 5.2 单据记账"文件夹,将账套输出至 E:\"供应链账套备份"\"实验 5.2 单据记账"文件夹中。

第6章
期末处理

供应链管理业务月末结账一般在每个会计期间终了时进行。结账表示将当前会计核算期的数据封存，将当月的数据记入有关账户。结账后，不能再进行增加、修改、删除，只能查看。

供应链管理各个系统之间存在着数据的衔接关系，结账时应该严格按照以下顺序进行：采购管理系统和销售管理系统→库存管理系统→存货核算系统。供应链管理系统结账后，财务系统才能进行结账处理。

1. 采购管理期末处理

当采购日常业务全部完成后，用户可进行采购管理系统月末结账。采购管理月末结账是逐月将每月的采购单据数据封存，并将当月的采购数据记入有关账表中。

2. 销售管理期末处理

当销售日常业务全部完成后，用户可进行销售管理系统月末结账。销售管理月末结账是逐月将每月的销售单据数据封存，并将当月的销售数据记入有关账表中。

3. 库存管理期末处理

(1) 库存与存货对账

库存管理与存货核算对账的内容为某月份各仓库各存货的收发存数量。

(2) 整理现存量

如果用户认为目前的现存量与单据不一致，可通过此功能将现存量调整正确。

(3) 库存结账

库存管理月末结账是将每月的出入库单据逐月封存，并将当月的出入库数据记入有关账表中。

4. 存货核算期末处理

(1) 期末处理

当日常业务全部完成后，用户可进行期末处理，其主要内容是：

①计算按全月平均方式核算的存货的全月平均单价及其本会计月出库成本。

②计算按计划价/售价方式核算的存货的差异率/差价率及其本会计月的分摊差异/差价。

③对已完成日常业务的仓库/部门/存货做处理标志。

(2) 取消期末处理

进行期末处理后，发现业务有问题，可取消期末处理。即：选择已期末处理的仓库、部门或存货，单击【确认】按钮，即可对所选对象进行恢复期末处理。系统提供恢复期末处理功能，但是在总账结账后将不可恢复。

(3) 月末结账

当存货核算日常业务全部完成并进行期末处理后，用户可进行存货核算系统月末结账。存货核算系统与采购管理系统、销售管理系统、库存管理系统集成使用时，必须在采购管理系统、销售管理系统、库存管理系统结账后，才能进行结账处理。

执行月末结账时，应注意几点。

①结账前用户应检查本会计月工作是否已全部完成，只有在当前会计月所有工作全部完成的前提下，才能进行月末结账，否则会遗漏某些业务。

②月末结账之前一定要进行数据备份，否则数据一旦发生错误，将造成无法挽回的后果。

③结账必须按月连续进行，上月未结账，本月可以进行日常业务处理，但是本月无法结账。

④月末结账后将不能再做当前会计月的业务，只能做下个会计月的日常业务。

⑤结账只能每月进行一次。

(4) 恢复存货核算月末结账

当某月结账后发现错误时，可用【取消结账】按钮取消结账状态，然后再进行该月业务处理，再结账。

实验6.1 期末处理

【实验目的与要求】

通过本实验，系统学习期末处理的主要内容和操作方法。理解期末业务处理的内涵，掌握各模块期末处理的流程和处理方法。

【实验准备】

已经完成第5章实验5.2的操作，或从光盘中引入实验5.2账套备份数据，将系统日期修改为2018年9月30日，以002操作员(密码为2)的身份登录777账套的"企业应用平台"。

【实验内容】

- 了解期末处理的作用。
- 了解各种存货计价方法下期末处理的计算原理。
- 了解期末处理其他各模块的状态。
- 账套备份。

【实验资料】

(1) 2018年9月30日，对欧丽服装仓进行期末处理。

(2) 2018年9月30日，对嘉豪服装仓进行期末处理。

(3) 2018年9月30日，对万利达手表仓进行期末处理。

(4) 2018年9月30日，对千里马皮具仓进行期末处理。

【实验指导】

期末处理应当在日常业务全部完成，采购和销售管理系统作结账处理后进行。它用于计算按全月平均方式核算的存货的全月平均单价及其本会计月出库成本，计算计划价/售价方式核算的存货差异率/差价率及其本会计月的分摊差异/差价，并对已完成日常业务的仓库、部门、存货做处理标志。

1. 第1笔业务的处理

操作步骤

（1）以2018年9月30日的业务日期，登录采购管理系统后，执行"月末结账"命令，并选择会计月份为9月份；单击"结账"按钮，系统自动弹出"月末结账完毕"信息提示对话框，且9月份"是否结账"处显示"是"，如图6-1所示。单击"退出"按钮退出结账界面。

图6-1 采购月末结账

（2）以2018年9月30日的业务日期，登录销售管理系统后，执行"月末结账"命令，进入销售结账窗口。单击"月末结账"按钮，9月份"是否结账"处显示"是"，如图6-2所示。单击"退出"按钮退出结账界面。

图6-2 销售月末结账

(3)以 2018 年 9 月 30 日的业务日期，登录库存管理系统后，执行"月末结账"命令，进入库存结账窗口。单击"结账"按钮，最后 9 月份"是否结账"显示"是"，如图 6-3 所示。单击"退出"按钮退出结账界面。

图 6-3　库存月末结账

(4)以 2018 年 9 月 30 日的业务日期，登录存货核算系统后，执行"业务核算"|"期末处理"命令，打开"期末处理"对话框，如图 6-4 所示。

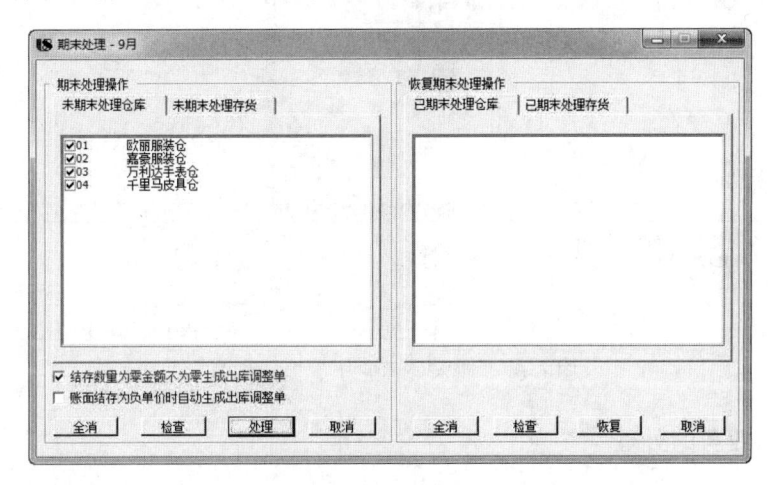

图 6-4　"期末处理"对话框

(5)选择"欧丽服装仓"，并选中"结存数量为零金额不为零生成出库调整单"复选框，单击"处理"按钮，系统提示仓库期末处理完毕。

注意：

- 如果在系统中有未记账单据，则必须先将未记账单据记账，再进行期末处理。

2．第 2 笔业务的处理

操作步骤

(1)选择"嘉豪服装仓"，并选中"结存数量为零金额不为零生成出库调整单"复选框，

第 6 章　期末处理　▶ 231

单击"处理"按钮，系统根据成本核算方法计算并生成"仓库平均单价计算表"，单击"显示"按钮，如图6-5所示。

图 6-5　生成成本计算表

（2）单击"确定"按钮，系统提示"期末处理完毕！"，如图6-6所示。单击"确定"按钮系统提示"期末处理完毕"。

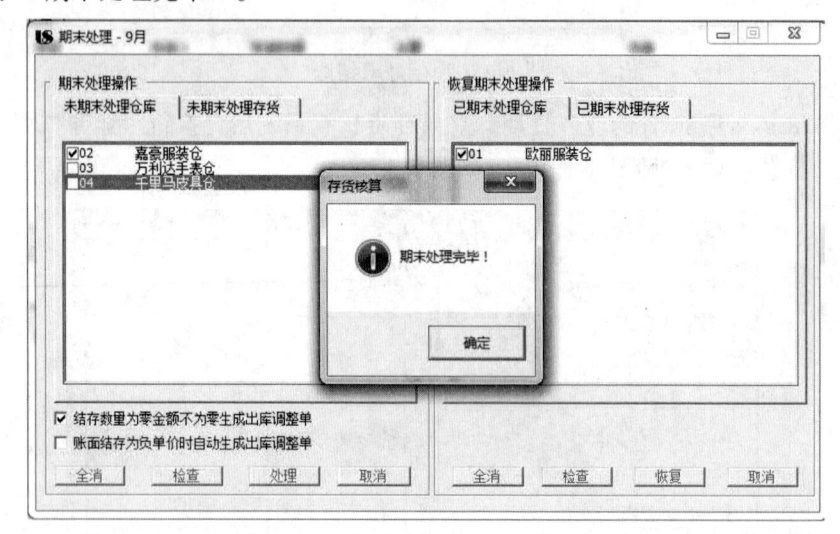

图 6-6　"期末处理完毕"提示信息

3. 第3笔业务的处理

操作步骤

操作步骤基本同第1笔业务，但采用售价方式时需要进行差异率的计算。

（1）如图6-7所示，计算差异率，单击"确定"按钮。

图 6-7　差异率计算

(2)系统自动弹出"差价结转列表"窗口,如图 6-8 所示。将差价进行结转,单击"确定"按钮,系统提示仓库期末处理完毕。

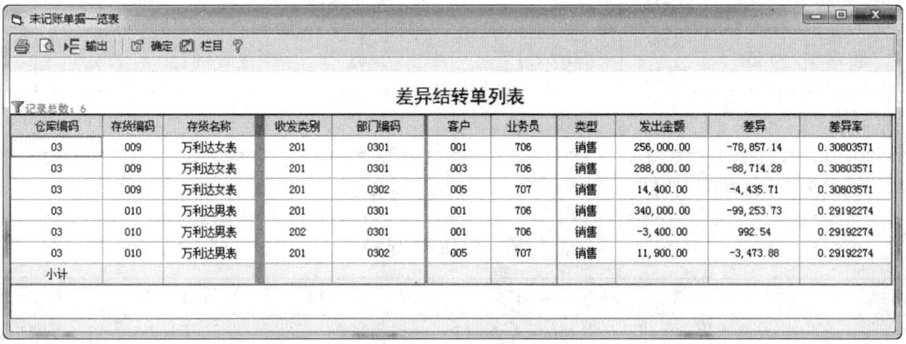

仓库编码	存货编码	存货名称	收发类别	部门编码	客户	业务员	类型	发出金额	差价	差异率
03	009	万利达女表	201	0301	001	706	销售	256,000.00	-78,857.14	0.30803571
03	009	万利达女表	201	0301	003	706	销售	288,000.00	-88,714.28	0.30803571
03	009	万利达女表	201	0302	005	707	销售	14,400.00	-4,435.71	0.30803571
03	010	万利达男表	201	0301	001	706	销售	340,000.00	-99,253.73	0.29192274
03	010	万利达男表	202	0301	001	706	销售	-3,400.00	992.54	0.29192274
03	010	万利达男表	201	0302	005	707	销售	11,900.00	-3,473.88	0.29192274
小计										

图 6-8　差异结转单

4. 账套备份

在 E:\"供应链账套备份"文件夹中新建"实验 6.1 期末处理"文件夹。将账套输出至 E:\"供应链账套备份"\"实验 6.1 期末处理"文件夹中。

实验 6.2　账表查询及生成凭证

【实验目的与要求】

通过本实验,系统学习各种账表查询的主要内容和操作方法。理解各账表数据的内涵,掌握凭证生成的流程和处理方法。

【实验准备】

已经完成第 6 章实验 6.1 的操作,或从光盘中引入实验 6.1 账套备份数据,将系统日期修改为 2018 年 9 月 30 日,以 002 操作员(密码为 2)的身份登录 777 账套的"企业应用平台"。

【实验内容】

- 在存货核算系统中设置存货科目。
- 在存货核算系统中设置存货对方科目。
- 2018 年 9 月 30 日,查询收发存汇总表。
- 2018 年 9 月 30 日,将所有采购入库业务和销售出库业务生成凭证。
- 2018 年 9 月 30 日,将所有其他出入库业务生成凭证。
- 账套备份。

【实验资料】

(1)在存货核算系统中设置存货科目,见表 6-1。

表 6-1 存货科目

存货分类编码	存货分类名称	存货科目编码	存货科目名称	差异科目编码	差异科目名称	分期收款发出商品科目编码	分期收款发出商品科目名称	委托代销发出商品科目编码	委托代销发出商品科目名称
01001	服装	1405	库存商品	1407	商品进销差价	1405	库存商品	1321	委托代销商品
01002	手表	1405	库存商品	1407	商品进销差价	1405	库存商品	1321	委托代销商品

(2) 在存货核算系统中设置存货对方科目，见表 6-2。

表 6-2 存货对方科目

收发类别编码	收发类别名称	对方科目编码	对方科目名称	暂估科目编码	暂估科目名称
101	采购入库	1401	材料采购	220202	暂估应付款
201	销售出库	6401	主营业务成本		
103	盘盈入库	1901	待处理财产损溢		
203	盘亏出库	1901	待处理财产损溢		

【实验指导】

账簿查询是检验本期经营状况，了解本期成本和经营业绩等；同时可以了解存货在库存中的储存状况以及该存货的资金占用情况，以便分析公司的库存状况和资金的利用情况，并为后期库存提出规划和生产建议等。

生成凭证是将所有经济业务最终以会计凭证的形式体现，以保障所有的业务都在会计账簿上体现，便于财务做报表，分析本期盈亏和经营状况等。

1. 设置存货核算系统的会计科目

在存货核算系统中分别设置存货科目和存货对方科目。

2. 查询收发存汇总表

操作步骤

(1) 以 2018 年 9 月 30 日的业务日期，登录存货核算系统，执行"账表"|"汇总表"|"收发存汇总表"命令，如图 6-9 所示，设置报表查询条件。

图 6-9 "收发存汇总表查询"对话框

(2)如果是查询具体存货可以在"存货分类"或"项目编码"中选择;如果选择查询具体仓库的信息,在"汇总方式选择"选项卡中,设置好查询条件单击"确定"按钮,系统显示如图6-10所示。

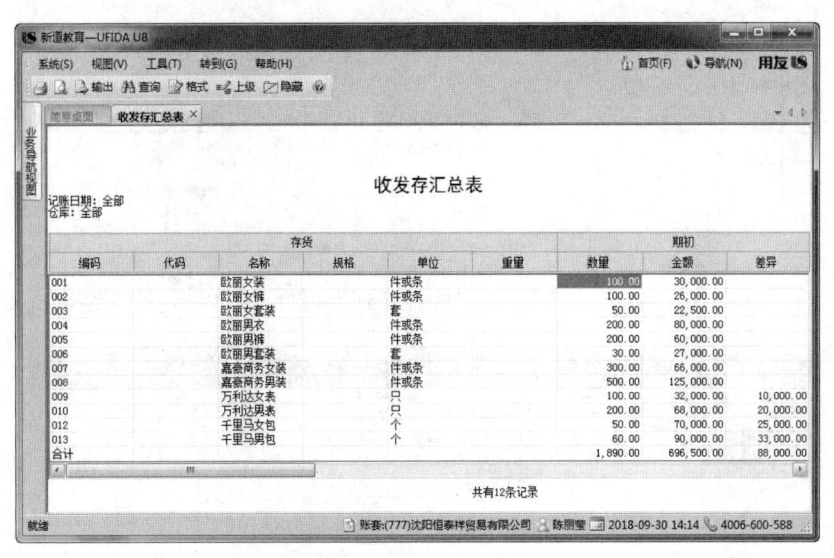

图6-10 查询收发存汇总表

注意:

在查询时要注意"结存数量"和"结存金额"查询条件,并注意检查对话框中两个选项卡的查询条件,以免查询出的数字有偏差。

3. 生成记账凭证

以2018年9月30日的业务日期登录存货核算系统。

实验流程

(1)在存货核算系统中,设置生成凭证查询条件。
(2)在存货核算系统中,设置业务单据合并生成凭证条件。
(3)在存货核算系统中,设置凭证科目,生成凭证。

操作步骤

(1)以2018年9月30日作为业务日期登录存货核算系统,执行"财务核算"|"生成凭证"命令,如图6-11所示,设置生成凭证查询条件。
(2)将凭证类别改为"转账凭证"后,单击"选择"按钮,系统自动弹出生成凭证的"查询条件"对话框,如图6-12所示。
(3)单击"确定"按钮,系统自动弹出如图6-13所示窗口。
(4)选择除调拨业务生成的其他出入库所有单据,再单击"确定"按钮,系统自动弹出如图6-14所示窗口。

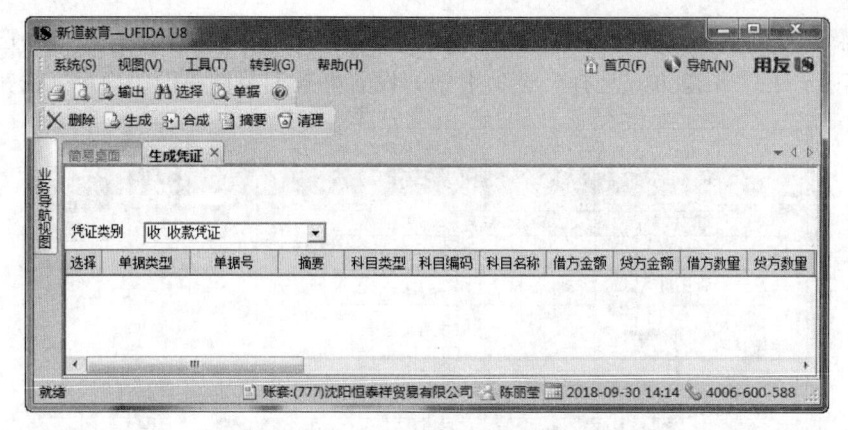

图 6-11 "生成凭证"窗口

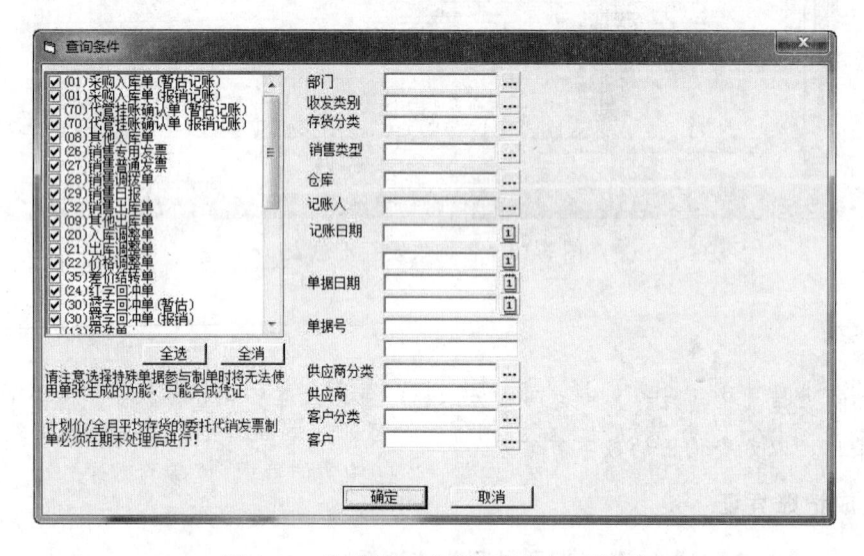

图 6-12 生成凭证"查询条件"对话框

图 6-13 "未生成凭证单据一览表"窗口

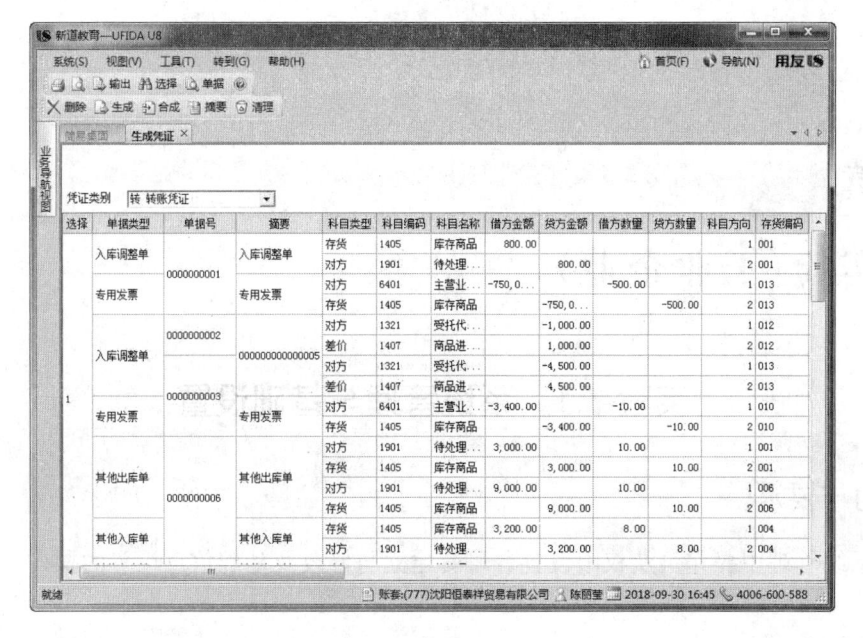

图 6-14 "生成凭证"窗口

(5)设置凭证会计科目,对于系统调整单或出入库调整单,先记入待处理流动资产损溢,待确认处理后转出。科目设置完毕后可单击"生成"或"合成"按钮生成凭证:"生成"是指在生成凭证时,一笔业务对应一张凭证;"合成"是将所有选择号一样的单据生成一张凭证。单击"合成"按钮,生成一张转账凭证。

注意:

- 在选择单据从而生成凭证时,对于不同的选择号可以生成在不同的凭证上。
- 生成凭证可以按照不同的收发类别分开合并生成,以方便查阅。
- 如果有业务单据没有设置收发类别,此处可能部分单据不能自动带出预设的会计科目。

4. 存货核算系统月末处理

对于其他出入库单,可能涉及很多特殊单据,一般建议设置收发类别时尽量详细,以便包含所有经济业务,使得在预设会计科目时能包含这些科目。对于有些非常特殊的业务,建议设置时通过待处理流动资产损溢科目,待经济业务确定后,在总账中进行统一调整。

将存货核算系统进行月末结转。

操作步骤

选择存货核算系统中的"业务核算"|"月末结转"命令,即可完成存货核算系统的结账工作。

5. 账套备份

在 E:\"供应链账套备份"文件夹中新建"实验 6.2 账表查询及生成凭证"文件夹。将账套输出至 E:\"供应链账套备份"\"实验 6.2 账表查询及生成凭证"文件夹中。

第 6 章 期末处理 ▶ 237

第7章

综合实验(工业企业)

实验 7.1 系统管理与基础设置

实验目的与要求：

掌握系统管理中操作员及权限设置、账套建立与修改及基础信息设置的操作方法。

实验内容：

1. 建立核算体系

(1) 启动系统管理，以系统管理员"Admin"的身份进行注册。

(2) 增设 3 位操作员：([权限]—>[用户])

01 张琳(口令：01)，02 李英杰(口令：02)，03 陈文婷(口令：03)。

(3) 建立账套信息：([账套]—>[建立])

① 账套信息：账套号 888，账套名称："深圳新光制造有限公司"，启用日期为 2018 年 1 月。

② 单位信息：单位名称为"深圳新光制造有限公司"，单位简称是"新光公司"，单位地址：深圳福田区福星路 16 号，法人代表：王超越；邮政编码：518000，联系电话：0755-33236666，税号为 110108022219318。

③ 核算类型：企业类型为"工业"，2007 年新会计准则(按行业性质预置科目)，账套主管选"张琳"。

④ 基础信息：存货、客户及供应商均分类，有外币核算。

⑤ 编码方案：

科目编码级次：4222

客户分类和供应商分类的编码级次：2

部门编码级次：22

存货分类的编码级次：22

收发类别的编码级次：12

结算方式的编码级次：2

其他项目编码级次按系统默认

说明：设置编码方案主要是为了以后分级核算，统计和管理打下基础。

数据精度：按系统默认。

说明：设置数据精度主要是为了核算更精确。
(4)分配操作员权限：([权限]—>[权限])

操作员李英杰：拥有"公共单据"、"公用目录设置"、"应收款管理"、"应付款管理"、"总账"、"采购管理"、"销售管理"、"库存管理"、"存货核算"中的所有权限。

操作员陈文婷：拥有"出纳签字"，"出纳"中的所有权限。

2. 各系统的启用

(1)启动企业门户，以账套主管"01"身份进行注册。

(2)启用采购管理系统、销售管理系统、库存管理系统、存货核算系统、应收款管理系统、应付款管理系统、总账系统系统。启用日期为 2018-01-01。（进入基础设置，双击"基本信息"，再双击"系统启用"。）

3. 设置各项基础档案

可通过企业门户中的基础设置，选择"基础档案"，来增设下列档案。

1)设置部门档案

本企业部门档案信息，见表 7-1。

表 7-1　企业部门档案

部门编码	部门名称	部门属性
01	管理部	管理部门
0101	人力资源部	人事管理
0102	财务部	财务管理
02	采购部	采购供应
03	生产部	生产管理
04	销售部	市场营销
05	仓储部	仓储管理

2)设置人员类别

本企业在职人员分为 4 类，见表 7-2。

表 7-2　企业在职人员分类

分类编码	分类名称
10101	企业管理人员
10102	生产人员
10103	营销人员
10104	库管人员

3)设置人员档案

本企业人员档案信息，见表 7-3。

表 7-3　企业在职人员档案

人员编号	人员姓名	性别	行政部门	雇佣状态	人员类别	是否业务员
101	王超越	男	人力资源部	在职	企业管理人员	否
102	张琳	男	财务部	在职	企业管理人员	否

续表

人员编号	人员姓名	性别	行政部门	雇佣状态	人员类别	是否业务员
103	李英杰	男	财务部	在职	企业管理人员	否
104	陈文婷	女	财务部	在职	企业管理人员	否
105	周博文	男	采购部	在职	企业管理人员	是
106	刘莉莉	女	生产部	在职	生产人员	是
107	谢永强	男	销售部	在职	营销人员	是
108	林雨露	女	仓储部	在职	库管人员	是

4）设置供应商分类

本企业供应商分类资料，见表7-4。

表7-4 供应商分类资料

分类编码	分类编码和名称
01	原材料供应商
02	产成品供应商

5）设置供应商档案

本企业供应商档案资料，见表7-5。

表7-5 供应商分类资料

供应商编码	供应商名称	供应商简称	所属分类	税号	开户银行	银行账号	是否默认值
01001	深圳光耀有限公司	光耀公司	01	440107666121186	工行罗湖支行	6212264000035689866	是
01002	上海美胜制造厂	美胜公司	01	440201298922292	建行龙岗支行	6217007200020666888	是
01003	深圳远达有限公司	远达公司	01	440107666125588	农行闸北支行	6228480030023569986	是
02001	北京昌盛有限公司	昌盛公司	02	010012312896789	工行朝阳支行	6212260200001689315	是

6）设置客户分类

本企业客户分类资料，见表7-6。

表7-6 客户分类资料

客户分类编码	客户分类名称
01	批发商
02	经销商
03	代销商

7）定义客户档案

本企业客户档案资料，见表7-7。

表7-7 客户分类资料

客户编码	客户简称	客户简称	所属分类	税号	开户银行	银行账号
001	深圳利达电器公司	利达公司	批发	310003156	工行福田支行	6212266001168166898
002	杭州惠利电器公司	惠利公司	批发	310108799	中行余杭支行	6212268220011655612
003	广州友谊商城	友谊商城	经销	316000128	建行天河支行	6212263550032188926
004	海南佳购百货公司	佳购公司	代销	315952853	招行滨江支行	6212261002265300866

8) 设置存货分类
本企业存货分类资料,见表7-8。

表7-8 存货分类资料

分类编码	分类名称
01	原材料
02	产成品
03	外购商品
04	应税劳务

9) 设置存货计量单位
(1) 计量单位组:01无换算关系,计量单位组类别"无换算率"。
(2) 计量单位:
本企业存货计量单位资料,见表7-9。

表7-9 存货计量单位资料

计量单位编号	计量单位名称	所属计量单位组	计量单位组类别
01	个	无换算关系	无换算
02	盒	无换算关系	无换算
03	部	无换算关系	无换算
04	公里	无换算关系	无换算

10) 设置存货档案
本企业存货档案资料,见表7-10。

表7-10 存货档案资料

存货编码	存货名称	所属类别	计量单位	税率%	存货属性
001	手机壳	01	个	17	外购、生产耗用
002	数据线	01	盒	17	外购、生产耗用
003	显示屏	01	个	17	外购、生产耗用、内销
004	主板	01	个	17	外购、生产耗用
005	充电器	01	个	17	外购、生产耗用
006	耳机	01	个	17	外购、生产耗用
007	智能手机	02	部	17	自制、内销
008	非智能手机	03	部	17	外购、内销
009	运输费	04	公里	11	外购、内销,应税劳务

11) 设置会计科目
将"应收账款"、"应收票据"和"预收账款"设辅助核算为"客户往来",受控于"应收款管理系统";将"应付账款"、"应付票据"和"预付账款"设辅助核算为"供应商往来",受控于"应付款管理系统"。

增加"220201 应付货款"科目,设置为"供应商往来",受控于"应付款管理系统";增加"220202 暂估应付款"科目(不设"供应商往来",不受控);增加"222101 应交增值税"科目,增加"22210101 进项税额"科目,增加"22210102 销项税额"科目。

12) 设置凭证类别
选择凭证类别为"记账凭证"。

13) 设置结算方式
设置结算方式为：01 现金结算； 02 现金支票；03 转账支票； 04 电汇。

14) 设置本企业开户银行
编码：01；开户银行：工商银行福田支行，银行账号：201002136589。

15) 设置仓库档案
(1) 01：原料仓库，采用先进先出法。
(2) 02：成品仓库，采用移动平均法。
(3) 03：外购品仓库，采用全月平均法。

16) 设置收发类别
本企业收发类别，见表 7-11。

表 7-11 收发类别

一级编码及名称	二级编码和名称	一级编码和名称	二级编码和名称
1 入库	101 采购入库	2 出库	201 销售出库
	102 采购退货		202 销售退货
	103 产成品入库		203 生产领用
	104 盘盈入库		204 盘亏出库
	105 调拨入库		205 调拨出库
	106 其他入库		206 其他出库

17) 设置采购类型和销售类型
设置采购类型：01 普通采购，02 采购退回。
设置销售类型：01 批发，02 经销，03 委托代销，04 销售退回。

18) 费用项目
费用项目分类：无分类。
费用项目：01 运输费，02 包装费。

实验 7.2　录入期初余额

实验目的与要求：

掌握企业期初初始设置的内容和处理方法，以保证后续顺利进行日常业务处理。

实验内容：

1. 设置基础科目

(1) 根据存货大类分别设置存货科目(在存货核算系统中，进入科目设置，选择存货科目)，见表 7-12。

表 7-12 存货科目

存货分类	对应科目
原材料	原材料(1403)
产成品	库存商品(1405)
外购商品	库存商品(1405)

(2)根据收发类别确定各存货的对方科目(在存货核算系统中进入科目设置,选择对方科目),见表 7-13。

(3)设置应收款管理系统中的常用科目(在应收款管理系统中,进入初始设置)

① 基本科目设置:应收科目为1122,预收科目为2203,销售收入科目为6001,销售退回为6001,应交增值税科目为22210102。

表 7-13 存货对方科目

收发类别	对应科目	暂估科目
采购入库	材料采购(1401)	应付账款——暂估应付款(220202)
采购退货	材料采购(1401)	
产成品入库	生产成本(5001)	
盘盈入库	待处理财产损溢(1901)	
销售出库	主营业务成本(6401)	
销售退货	主营业务成本(6401)	
生产领用	生产成本(5001)	
盘亏出库	待处理财产损溢(1901)	

② 结算方式科目设置:现金结算对应科目为1001,现金支票结算对应科目为1002,转账支票结算对应科目为1002,电汇结算对应科目为1002。

③ 调整应收款管理系统的选项:将坏账处理方式设置为"应收余额百分比法"。

④ 设置坏账准备期初:坏账准备科目为1231,期初余额为1500元,提取比率为0.5%。

(4)设置应付款管理系统中的常用科目:(在应付款管理系统中,进入初始设置)

① 基本科目设置:应付科目为220201,预付科目为1123,采购科目为1401,应交增值税科目为22210101。

② 结算方式科目设置:现金结算对应科目为1001,现金支票结算对应科目为1002,转账支票结算对应科目为1002,电汇结算对应科目为1002。

2. 录入期初余额

(1)录入总账系统各科目的期初余额,见表 7-14。

表 7-14 总账系统科目余额

科目编码	科目名称	方向	期初余额
1001	库存现金	借	38 000
1002	银行存款	借	533 600
1122	应收账款	借	117 000
1401	材料采购	借	200 000
1403	原材料	借	860 000
1405	库存商品	借	1 650 000

续表

科目编码	科目名称	方向	期初余额
220201	应付账款——应付货款	贷	210 600
220202	应付账款——暂估应付款	贷	200 000
4001	实收资本	贷	2 986 500
1231	坏账准备	贷	1500

说明：应收账款的单位为利达公司，应付账款——应付货款的单位为美胜公司。

(2) 期初货到票未到的录入：

2017年12月26日，采购部周博文向美胜公司购买的主板200个，单价为1000元，材料已验收入原料仓库，至今尚未收到发票。

操作指导：

① 在采购管理系统中，录入期初采购入库单。

② 进行期初记账。

(3) 录入存货核算各仓库期初余额，见表7-15。

表7-15 存货核算期初余额

仓库名称	存货名称	数量	单价
原料仓库	手机壳	860	200
	数据线	900	100
	显示屏	656	300
	主板	300	1200
	充电器	220	60
	耳机	560	50
成品仓库	智能手机	600	2500
外购品仓库	非智能手机	500	300

操作指导：

① 在存货核算系统中，录入存货期初余额。

② 进行期初记账。

③ 进行对账。

(4) 录入库存管理系统各仓库期初库存，见表7-16。

表7-16 库存管理期初余额

仓库名称	存货名称	数量	单价
原料仓库	手机壳	860	200
	数据线	900	100
	显示屏	656	300
	主板	300	1200
	充电器	220	60
	耳机	560	50
成品仓库	智能手机	600	2500
外购品仓库	非智能手机	500	300

操作指导：
① 在库存管理系统中，录入并审核期初库存(可通过取数功能录入)。
② 与存货核算系统进行对账。

(5)应收账款期初余额的录入及对账：

应收账款科目的期初余额中涉及利达公司的余额为117 000元(以应收单形式录入)。

操作指导：
① 在应收款管理系统中，录入期初余额。
② 与总账系统进行对账。

(7)应付款期初余额的录入及对账：

应付款科目的期初余额中涉及美胜公司的余额为210 600元(以应付单形式录入)。

操作指导：
① 在应付款管理系统中，录入期初余额。
② 与总账系统进行对账。

实验7.3 采 购 业 务

实验目的与要求：

掌握企业日常采购业务处理的程序和方法及相关账表查询。

实验内容：

业务1：（普通采购款项未付业务）

(1)2018年01月01日，采购部周博文向光耀公司询问手机壳的价格(200元/个)，觉得价格可以接受，立马向公司上级主管提出请购要求，请购数量为500个。

(2)2018年01月02日，上级主管同意向光耀公司订购手机壳500个，单价为200元，要求到货日期为2018年01月05日。

(3)2018年01月05日，收到所订购的手机壳500个。

(4)2018年01月05日，将所收到的货物验收入原料仓库。

(5)当天收到该笔货物的一张专用发票，票号为88010。

(6)业务部门将采购发票交给财务部门，财务部门确认此业务所涉及的应付账款及采购成本。

操作指导：
① 在单据编号设置中，设置采购专用发票"允许手工修改发票号"。
② 在采购管理系统中，填制并审核请购单。
③ 在采购管理系统中，填制并审核采购订单。
④ 在采购管理系统中，填制到货单。
⑤ 在库存管理系统中，填制并审核采购入库单。
⑥ 在采购管理系统中，填制采购发票并进行采购结算(自动结算)。

⑦ 在应付款管理系统中，审核采购发票。
⑧ 在应付款管理系统中，对采购发票进行制单处理。
⑨ 在存货核算系统中，进行入库单记账。
⑩ 在存货核算系统中，生成入库凭证。

业务 2：（普通采购现付业务）

2018 年 01 月 06 日，采购部周博文向远达公司购买显示屏 300 个，单价为 320 元/个，验收入原料仓库；同时收到一张专用发票，票号为 86102，立即以转账支票（票号：201388）支付货款。

操作指导：
① 在库存管理系统中，填制并审核采购入库单。
② 在采购管理系统中，填制采购专用发票，并做现结处理。
③ 在采购管理系统中，进行采购结算（自动结算）。
④ 在应付款管理系统中，审核采购发票。
⑤ 在应付款管理系统中，对采购发票进行制单处理。
⑥ 在存货核算系统中，进行入库单记账。
⑦ 在存货核算系统中，生成入库凭证。

业务 3：（普通采购有运费业务）

2018 年 01 月 08 日，采购部周博文向美胜公司购买数据线 200 盒，单价为 150 元/盒，验收入原料仓库；同时收到一张专用发票，票号为 99210。另支付运输费 222 元（含税），税率为 11%，收到相应的运费增值税专用发票一张，票号为 22896，款项未付。

操作指导：
① 在库存管理系统，填制并审核采购入库单。
② 在采购管理系统中，填制采购专用发票。
③ 在采购管理系统中，填制运费增值税专用发票（因"营改增"，将运费填在采购专用发票上）。
④ 在采购管理系统中，进行采购结算（手工结算，按金额或数量分摊）。
⑤ 在应付款管理系统中，审核采购专用发票和运输增值税专用发票。
⑥ 在应付款管理系统中，对采购专用发票和运费增值税专用发票分别进行制单处理。
⑦ 在存货核算系统中，进行入库单记账。
⑧ 在存货核算系统中，生成入库凭证。

业务 4：（普通采购比价生单业务）

2018 年 01 月 09 日，采购部周博文想购买 600 个充电器，提出请购要求，经同意填制并审核请购单。

根据以往的资料得知提供充电器的供应商有两家，分别为光耀公司和昌盛公司，两家公司的报价分别为 65 元/个、60 元/个。通过比价，决定向昌盛公司订购，要求到货日期为 2018 年 01 月 12 日。

操作指导：
① 在采购管理系统中，填制并审核供应商调价单。
② 在采购管理系统中，填制并审核请购单(请购单不用填写单价和供应商)。
③ 在采购管理系统中，执行请购比价生成订单功能(要求操作日期为2018年01月9日)。
④ 在采购管理系统中，查询供应商催货函。即2018年01月12日尚未收到该货物，向昌盛公司发出催货函。

业务5：(暂估单到回冲业务)

2018年01月15日，收到美胜公司提供的上月已验收入库的200个主板的专用发票一张，票号为39876，发票单价为1200元。

操作向导：
① 在采购管理系统中，填制采购发票(可拷贝期初采购入库单)。
② 在采购管理系统中，执行采购结算(自动结算)。
③ 在应付款管理系统中，审核采购发票。
④ 在应付款管理系统中，对采购发票进行制单处理。
⑤ 在存货核算系统中，执行结算成本处理(相当于正常单据记账处理)。
⑥ 在存货核算系统中，生成凭证(红字回冲单、蓝字回冲单)。
⑦ 在采购管理系统中，查询暂估入库余额表。

业务6：(结算后采购退货业务)

2018年01月18日，从光耀公司购入的手机壳质量有问题，从原料仓库退回3个，单价为200元，同时收到一张红字专用发票，票号为55162。

操作指导：
① 在采购管理系统中，填制并审核采购退货单。
② 在库存管理系统中，填制并审核红字采购入库单。
③ 在采购管理系统中，填制采购红字专用发票。
④ 在采购管理系统中，执行采购结算(自动结算)。
⑤ 在应付款管理系统中，审核红字采购发票。
⑥ 在应付款管理系统中，对红字采购发票进行制单处理。
⑦ 在存货核算系统中，进行红字采购入库单记账。
⑧ 在存货核算系统中，生成入库红字凭证。

业务7：(开票前采购退货业务)

(1)2018年01月20日，收到远达公司提供的耳机，数量105个，单价为50元。验收入原料仓库。
(2)2018年01月21日，仓库反映有5个耳机有质量问题，要求退回给供应商。
(3)2018年01月21日，收到远大公司开具的一张专用发票，其发票号为58908，发票载明数量为100个。

操作向导：
① 收到货物时，在库存管理系统中填制并审核采购入库单。

② 退货时，在库存管理系统中填制并审核红字采购入库单。
③ 收到发票时，在采购管理系统中填制采购发票。
④ 在采购管理系统中，执行采购结算（手工结算）。
⑤ 在应付款管理系统中，审核采购发票。
⑥ 在应付款管理系统中，对采购发票进行制单处理。
⑦ 在存货核算系统中，进行采购入库单记账。
⑧ 在存货核算系统中，生成入库凭证。

业务 8：（货到票未到采购业务）

2018 年 01 月 30 日，收到昌盛公司提供的非智能手机 300 部，入外购品仓库（发票尚未收到）。由于到了月底发票仍未收到，故确认该批货物的暂估成本为 320 元/部。

操作向导：
① 在库存管理系统中，填制并审核采购入库单（先不录入单价）。
② 在存货核算系统中，录入暂估入库成本。
③ 在存货核算系统中，执行正常单据记账。
④ 在存货核算系统中，生成凭证（暂估记账）。
⑤ 账表查询（在采购管理系统中，查询到货明细表、采购明细表、入库明细表、结算明细表；在库存管理系统中，库存台账；在存货核算系统中，收发存汇总表）。

实验 7.4 销售业务

实验目的与要求：

掌握企业日常销售业务处理的程序和方法及相关账表查询。

实验内容：

业务 1：（普通销售款项未收业务）

（1）2018 年 01 月 10 日，批发商利达公司想购买 30 部智能手机，向销售部询问价格。销售部业务员谢永强给的报价为 5850 元/部，无税单价 5000 元/部。该客户了解情况后，提出订购 30 部，要求发货日期为 2018 年 01 月 12 日。

（2）2018 年 01 月 12 日，销售部从成品仓库向利达公司发出其所订货物，并据此开具一张专用销售发票，票号为：89760。

（3）2018 年 01 月 13 日，销售部将销售发票交给财务部门，财务部门结转此业务的销售收入及销售成本。

操作指导：
① 在单据编号设置中，设置销售专用发票"允许手工修改发票号"。
② 在销售管理系统中，填制并审核报价单。
③ 在销售管理系统中，填制并审核销售订单（建议先将系统日期修改为 2018 年 01 月 10 日再填销售订单，填完后再将系统日期调至 2018 年 01 月 31 日）。

④ 在销售管理系统中,填制并审核销售发货单。
⑤ 在销售管理系统中,调整选项(将新增发票默认"参照发货单生成")。
⑥ 在销售管理系统中,根据发货单填制并复核销售发票。
⑦ 在应收款管理系统中,审核销售发票并生成销售收入凭证。
⑧ 在库存管理系统中,审核销售出库单。
⑨ 在存货核算系统中,执行出库单记账。
⑩ 在存货核算系统中,生成结转销售成本的凭证。

业务 2:(销售外购成品业务)

(1)2018 年 01 月 15 日,销售部谢永强向批发商惠利公司出售非智能手机 20 部,报价为 585 元/部,无税单价为 500 元/部,货物从外购品仓库发出。

(2)2018 年 01 月 15 日,根据上述发货单开具一张专用发票,票号为 89761。

操作指导:
① 在销售管理系统中,填制并审核销售发货单。
② 在销售管理系统中,根据发货单填制并复核销售发票。
③ 在应收款管理系统中,审核销售发票并生成销售收入凭证。
④ 在库存管理系统中,审核销售出库单。
⑤ 在应收款管理系统中,审核销售发票并生成销售收入凭证。
⑥ 在库存管理系统中,审核销售出库单。
⑦ 在存货核算系统中,执行出库单记账。

提示:因外购成品库采用全月平均法,故暂时不能生成结转销售成本的凭证,等完成仓库的期末处理后才能制单。

业务 3:(普通销售现结业务)

(1)2018 年 01 月 16 日,销售部谢永强向经销商友谊商城出售智能手机 20 部,报价为 5616 元/部,无税单价为 4800 元/部,货物从成品仓库发出。

(2)2018 年 01 月 16 日,根据上述发货单开具一张专用发票,票号为:89762;同时收到客户以电汇(票号:6987398)方式支付的全部货款。

操作指导:
① 在销售管理系统中,填制并审核销售发货单。
② 在销售管理系统中,根据发货单填制销售发票,并进行现结,复核销售发票。
③ 在应收款管理系统中,审核销售发票并生成销售收入凭证。
④ 在库存管理系统中,审核销售出库单。
⑤ 在存货核算系统中,执行出库单记账。
⑥ 在存货核算系统中,生成结转销售成本的凭证。

业务 4:(分次发货一次开票业务)

(1)2018 年 01 月 17 日,销售部谢永强向批发商惠利公司出售智能手机 80 部,报价为 5967 元/部,无税单价 5100 元/部,货物从成品仓库发出。

(2) 2018 年 01 月 17 日，销售部谢永强向惠利公司出售非智能手机 50 部台，报价为 585 元/部，无税单价为 500 元/部，货物从外购品仓库发出。

(3) 2018 年 01 月 17 日，根据上述两张发货单开具一张专用发票，票号为：89763。

操作指导：

① 在销售管理系统中，填制并审核两张销售发货单。

② 在销售管理系统中，根据上述两张发货单填制并复核销售发票。

③ 在应收款管理系统中，审核销售发票并生成销售收入凭证。

④ 在库存管理系统中，审核两张销售出库单。

⑤ 在存货核算系统中，执行出库单记账。

提示：因外购成品库采用全月平均法，故此笔业务暂时不要生成结转销售成本的凭证。

业务 5：（一次发货分次开票业务）

(1) 2018 年 01 月 18 日，销售部谢永强向批发商利达公司出售智能手机 60 部，报价为 5850 元/部，无税单价为 5000 元/部，货物从成品仓库发出。

(2) 2018 年 01 月 18 日，应客户要求，对上述所发出的商品开具两张专用销售发票，第一张发票中所列示的数量为 50 部，票号为：89764；第二张发票上所列示的数量为 10 部，票号为：89765。

操作指导：

① 在销售管理系统中，填制并审核销售发货单。

② 在销售管理系统中，分别根据发货单填制并复核两张销售发票（考虑一下，在填制第二张发票时，系统自动显示的开票数量是否为 10 部）。

③ 在应收款管理系统中，审核两张销售发票并合并生成销售收入凭证。

④ 在库存管理系统中，审核销售出库单。

⑤ 在存货核算系统中，执行出库单记账。

⑥ 在存货核算系统中，生成结转销售成本的凭证。

业务 6：（销售随同代垫运费业务）

(1) 2018 年 01 月 19 日，销售部谢永强向经销商友谊商城出售 100 部非智能手机，报价为 585 元/部，无税单价为 500 元/部，货物从外购品仓库发出。并据此开具一张专用销售发票，票号为：89766。

(2) 2018 年 01 月 19 日，销售部在向友谊商城销售商品过程中发生了一笔代垫的包装费 100 元，以现金支付。

操作指导：

① 在销售管理系统中，填制并复核销售发票。

② 在销售管理系统中，填制并审核代垫费用单。

③ 在应收款管理系统中，审核销售发票并生成销售收入凭证。

④ 在应收款管理系统中，填制并审核付款单并生成付款凭证。

⑤ 在销售管理系统中，查询销售发货单。

⑥ 在库存管理系统中，审核销售出库单。

⑦ 在存货核算系统中，执行出库单记账。

业务 7：(一次发货开票分次出库业务)

(1)2018 年 01 月 20 日，销售部谢永强向批发商利达公司出售显示屏 100 个，由原料仓库发货，报价为 468 元/个，无税单价为 400 元/个；同时开具一张专用发票，票号为：89767。收到客户以现金支票(票号：998866)方式支付的全部货款。

(2)2018 年 01 月 20 日，根据客户订单从原料仓库领出 80 个显示屏。

(3)2018 年 01 月 21 日，根据客户订单再从原料仓库领出 20 个显示屏。

操作指导：

① 在销售管理系统中，调整有关选项(将"销售生成出库单"选项去掉)。

② 在销售管理系统中，填制并审核发货单。

③ 在销售管理系统中，根据发货单填制销售发票，并进行现结，复核销售发票。

④ 在应收款管理系统中，审核销售发票并生成销售收入凭证(收入应记入"其他业务收入")。

⑤ 在库存管理系统中，填制销售出库单(根据发货单生成销售出库单)。

⑥ 在存货核算系统中，执行出库单记账。

⑦ 在存货核算系统中，生成结转销售成本的凭证(成本记入"其他业务成本")。

提示：因此笔业务出售的是原材料，故收入应记入"其他业务收入"，对应的成本记入"其他业务成本"，相应的存货科目是"原材料"。

业务 8：(超额出库上限业务)

(1)2018 年 01 月 22 日，销售部谢永强向批发商惠利公司出售智能手机 30 部，由成品仓库发货，报价为 5967 元/部，无税单价为 5100 元/部，开具发票时，客户要求再多买 8 部，根据客户要求开具了 38 部智能手机的一张专用发票，票号为：89768。

(2)2018 年 01 月 22 日，根据客户订单从成品仓库领出 28 部智能手机。

(3)2018 年 01 月 22 日，根据客户订单再从成品仓库领出 10 部智能手机。

操作指导：

① 在库存管理系统中，调整选项(将"允许超发货单出库"选项置上对勾标记)。

② 在存货档案中，修改智能手机存货档案(在"控制"页签选项中设置超额出库上限为 0.3)。

③ 在销售管理系统中，填制并审核发货单。

④ 在销售管理系统中，调整选项(将"允许超发货量开票"选项置上对勾标记)。

⑤ 在销售管理系统中，填制并复核销售发票(注意开票数量应为"38")。

⑥ 在应收款管理系统中，审核销售发票并生成销售收入凭证。

⑦ 在库存管理系统中，填制并审核销售出库单，根据发货单生成销售出库单(生成第2张销售出库单时选择"按累计出库数调整发货数")。

⑧ 在存货核算系统中，执行出库单记账。

⑨ 在存货核算系统中，生成结转销售成本的凭证。

业务 9：(先发货后开票的分期收款业务)

(1)2018 年 01 月 23 日，销售部谢永强向经销商友谊商城出售智能手机 150 部，由成品仓库发货，报价为5850元/部，无税单价为5000元/部。由于金额较大，客户要求以分期付款形式购买该商品。经协商，客户分3次付款，并据此开具相应销售发票，票号为：89769。第一次开具的专用发票为数量50部，无税单价5000元。

(2)2018年01月23日，业务部门将该业务所涉及的出库单及销售发票交给财务部门，财务部门据此结转收入及成本。

操作指导：

① 在销售管理系统中，调整有关选项：将"有分期收款业务"选项置上对勾标记；将"销售生成出库单"选项置上对勾标记。

② 在销售管理系统中，填制并审核发货单(注意选择业务类型为"分期收款")。

③ 在库存管理系统中，审核销售出库单。

④ 在销售管理系统中，根据发货单填制并复核销售发票(开票数量为50部)。

⑤ 在应收款管理系统中，审核销售专用发票及生成收入凭证。

⑥ 在存货核算系统中，执行发出商品记账功能，对发货单和销售发票进行记账。

⑦ 在存货核算系统中，生成发出商品凭证和结转销售成本凭证。

业务10：（委托代销业务）

(1)2018年01月25日，销售部谢永强委托佳购公司代为销售智能手机120部，无税单价为5000元/部，货物从成品仓库发出。

(2)2018年01月29日，收到佳购公司的一张委托代销清单，结算智能手机20部，无税单价为5000元/部。立即开具销售专用发票给佳购公司，票号为：89770。

(3)业务部门将该业务所涉及的出库单及销售发票交给财务部门，财务部门据此结转收入及成本。

操作指导：

① 在销售管理系统中，调整有关选项，将"有委托代销业务"选项置上对勾标记。

② 在存货核算系统中，调整委托代销业务的销售成本结转方法为"发出商品"确定。

③ 在销售管理系统中，填制并审核委托代销发货单。

④ 在库存管理系统中，审核销售出库单。

⑤ 在存货核算系统中，对发货单进行记账并生成出库凭证。

⑥ 在销售管理系统中，填制并审核委托代销结算单。

⑦ 在销售管理系统中，复核销售发票。

⑧ 在应收款管理系统中，审核销售发票及生成销售收入凭证。

⑨ 在存货核算系统中，对发票进行记账。

⑩ 在存货核算系统中，生成结转成本的凭证。

提示：在填制委托代销结算单之前，先对委托代销结算单进行单据格式设置(在基础设置中进行)，在委托代销结算单表头项增加"发票号"。

业务11：（普通销售退货业务）

(1)2018年01月30日，销售部谢永强于本月10日售给利达公司的智能手机因质量问题退回2部，无税单价5000元/部，收回成品仓库。

(2) 2018年01月30日，开具相应红字销售发票，票号为：26986。

操作指导：

① 在销售管理系统中，填制并审核退货单。

② 在库存管理系统中，审核销售出库单。

③ 在销售管理系统中，填制并复核红字销售发票(选择发货单时应选择"红字记录")。

④ 在应收款管理系统中，审核红字销售发票并生成冲减收入凭证。

⑤ 在存货核算系统中，执行正常单据记账功能，对销售发票进行记账。

⑥ 在存货核算系统中，生成冲减销售成本凭证。

业务 12：(委托代销退货业务)

2018年01月31日，委托佳购公司销售的智能手机退回1部，入成品仓库。由于该货物已经结算，故开具一张红字专用发票，票号为：26987。

操作指导：

① 在销售管理系统中，填制并复核委托代销退货单。

② 在销售管理系统中，填制并审核委托代销结算退回单。

③ 在销售管理系统中，复核红字专用销售发票。

④ 在库存管理系统中，审核销售出库单。

⑤ 在应收款管理系统中，审核红字销售发票并生成冲减收入凭证。

⑥ 在存货核算系统中，执行发出商品记账功能，对发货单和销售发票进行记账。

⑦ 在存货核算系统中，生成冲减发出商品凭证和销售成本凭证。

⑧ 账表查询(在销售管理系统中，查询销售执行状况表、发货统计表、销售统计表、委托代销统计表；在存货核算系统中，查询出库汇总表、查询发出商品汇总表；在库存管理系统中，查询委托代销备查簿)。

实验 7.5 库 存 业 务

实验目的与要求：

掌握企业库存日常业务处理的程序和方法及相关账表查询。

实验内容：

业务 1：(材料领用业务)

2018年01月11日，生产部刘莉莉向原料仓库领用主板50个、显示屏50个、手机壳50个用于生产智能手机。

操作指导：

① 在库存管理系统中，填制并审核材料出库单(建议单据中的单价为空)。

② 在存货核算系统中，对材料出库单进行记账并生成材料领用凭证。

业务 2：(调拨业务)

(1) 2018年01月20日，因成品仓库装修，仓储部林雨露将该仓库中的105部智能手机暂时存放到原料仓库。

（2）2018 年 01 月 30 日，成品仓库装修完毕，仓储部林雨露将暂时存放到原料仓库的 105 部智能手机转回成品仓库。

操作指导：

① 在库存管理系统中，填制并审核调拨单。
② 在库存管理系统中，审核其他入库单。
③ 在库存管理系统中，审核其他出库单。
④ 在存货核算系统中，执行特殊单据记账。

提示： 因此笔调拨业务只是货物存放地点的改变，故不需要进行制单处理。

业务 3：（完工产品入库业务）

（1）2018年01月20日，生产完工 30 部智能手机，验收入成品仓库，做产成品入库处理。

（2）2018年01月31日，生产完工 20 部智能手机，验收入成品仓库，做产成品入库。

（3）2018年01月31日，收到财务部门提供的完工产品成本，其中智能手机的总成本 125000 元，立即做成本分配。

操作指导：

① 在库存管理系统中，填制并审核产成品入库单。
② 在存货核算系统中，查询收发存汇总表。
③ 在存货核算系统中，进行产成品成本分配。
④ 在存货核算系统中，执行单据记账并生成完工入库凭证。

业务 4：（盘点预警）

根据上级主管要求，智能手机应在每周五进行一次盘点。如果周五未进行盘点，需进行提示。

操作指导：

① 在基础设置中，修改存货档案，设定上次盘点时间、盘点周期。
② 假定周五未对该存货进行盘点，将业务日期调整为周六，进入库存管理系统时，系统会进行相应提示。

业务 5：（盘点业务）

2018年01月31日，对原料仓库的所有存货进行盘点。盘点后，发现手机壳多出 2 个，显示屏少 1 个。经确认，该手机壳的单价为 200 元/个。

操作指导：

① 在库存管理系统中，填制盘点单并修改盘点数量，确定盘点金额。
② 在库存管理系统中，审核盘点单。
③ 在库存管理系统中，审核其他入库单和其他出库单。
④ 在存货核算系统中，录入其他入库单的单价。
⑤ 在存货核算系统中，对出入库单进行记账。
⑥ 在存货核算系统中，对其他出入库单进行制单处理。

实验 7.6 出库与入库成本管理

实验目的与要求：

掌握企业日常出库与入库业务处理的程序和方法及相关账表查询。

实验内容：

1. 单据记账

将上述各出入库业务中所涉及的入库单和出库单进行单据记账。
(1) 调拨单进行记账(如果实验 1.5 中的调拨单未记账，则需要进行此项操作)
操作指导：
① 在存货核算系统中，进入"业务核算"|"特殊单据记账"。
② 正常单据记账：将采购、销售业务所涉及的入库单，出库单进行记账。
操作指导：
在存货核算系统中，进入"业务核算"|"正常单据记账"。

2. 财务核算

(1) 根据上述业务中所涉及的采购入库单编制相应凭证。
操作向导：
在存货核算系统中，进入"财务核算"|"生成凭证"，选择"采购入库单(报销)"生成相应凭证。
(2) 查询凭证。
操作指导：在存货核算系统中，进入"财务核算"|"凭证列表"。

3. 月末结账

(1) 采购管理系统的月末结账。
操作指导：在采购管理系统中，进入"业务"|"月末结账"。
(2) 销售管理系统的月末结账。
操作指导：在销售管理系统中，进入"业务"|"销售月末结账"。
(3) 库存管理系统的月末结账。
操作指导：在库存管理系统中，进入"业务处理"|"月末结账"。
(4) 存货核算系统的月末处理。
① 各仓库的期末处理。
操作指导：
● 在存货核算系统中，进入"业务核算"|"期末处理"。
● 生成结转销售成本的凭证(如果计价方式为"全月平均")。
操作指导：在存货核算系统中，进入"财务核算"|"生成凭证"，选择"销售专用发票"。
(5) 存货核算系统的月末结账。
操作指导：
在存货核算系统中，进入"业务核算"|"月末结账"。

参 考 文 献

[1] 石焱，程新华. 用友ERP供应链管理系统实验教程[M]. 北京：清华大学出版社，2006.
[2] 刘永芹，刘大斌，曹芳林. ERP供应链管理系统实训教程（用友 U8V10.1 版）[M]. 北京：高等教育出版社，2015.
[3] 汤华东，李勉，董文婧. 用友ERP供应链管理系统实验教程（U8.72 第 2 版）[M]. 北京：清华大学出版社，2016.

欢迎登录 免费 获取优质教学资源
华信 http://www.hxedu.com.cn

ERP 供应链管理系统
实验教程（用友 U8V10.1）

　　本实验教程基于用友 U8V10.1 软件编写，以"强化实践、培养技能"为目标，在简述各模块理论知识的基础上，以模拟商业企业和工业企业的购销存业务为主线，全面、系统地介绍了 ERP 供应链管理系统的整体工作流程。全书共分 6 章：第 1 章介绍了供应链管理系统基础信息设置，第 2～5 章分别对采购管理、销售管理、库存管理和存货核算等模块的主要功能、业务概述、应用流程及具体操作进行了详细介绍，第 6 章对各模块的期末处理方法进行了讲解。通过本实验教程的学习，使读者能更深入地理解企业的业务流、资金流和信息流的集成性、实时性和共享性的内涵。

　　本书既可作为高等院校（含高职）经管类专业"供应链管理系统"课程的教材，也可作为用友 ERP 认证系列和相关技能竞赛的实验用书，还可作为对会计信息化人才培养的培训教材或学习参考资料。

　　本书配有操作视频资料，读者可到华信教育资源网下载。

策划编辑：石会敏
责任编辑：石会敏
封面设计：创智时代

更多教材、教辅
请扫二维码查询

ISBN 978-7-121-33116-9

定价：42.00 元